U0501381

学术顾问　楼宇烈

王阳明与九华山

文献汇编

宗学　主编

中国社会科学出版社

图书在版编目(CIP)数据

王阳明与九华山文献汇编/宗学主编. — 北京：中国社会科学出版社，
2024.6
ISBN 978 – 7 – 5227 – 3335 – 7

Ⅰ.①王…　Ⅱ.①宗…　Ⅲ.①王守仁(1472 – 1528)—心学—研究
Ⅳ.①B248. 25

中国国家版本馆 CIP 数据核字(2024)第 065952 号

出 版 人	赵剑英
责任编辑	韩国茹
责任校对	张爱华
责任印制	张雪娇

出　　版	中国社会科学出版社
社　　址	北京鼓楼西大街甲 158 号
邮　　编	100720
网　　址	http://www.csspw.cn
发 行 部	010 – 84083685
门 市 部	010 – 84029450
经　　销	新华书店及其他书店

印刷装订	北京君升印刷有限公司
版　　次	2024 年 6 月第 1 版
印　　次	2024 年 6 月第 1 次印刷

开　　本	650 × 960　1/16
印　　张	21. 25
插　　页	2
字　　数	304 千字
定　　价	168. 00 元

明代九华山阳明书院阳明王先生小像石刻拓片
现藏九华山化城寺

清代周赟修《九华山志》插图《化城晚钟》局部
内有仰止亭和阳明祠

九华山阳明书院"高山仰止"牌坊，两侧有周赟题联：
千载良知传道脉，九华宴坐见天心。民国时期摄影

清代周赟修《九华山志》插图《东崖宴坐》局部
内有宴坐岩和锦衣石

王阳明东崖宴坐岩，上有"飞身处"石刻

明

王陽明先生九華詩冊有序

九華之山自太白更名而名始高自劉夢得稱為

尤物而名始震然太白僅江上一望而已夢得僅

山外一見而已豈若陽明先生涉險尋幽探奇攬

勝枕漱泉石出入烟霞往復流連歌詠成帙於九

十九峯愛之深而玩之熟哉方之交情九華於二

賢為一見垂青之知己於先生則平生歡洽之知

清代周赟修《九华山志》收录《王阳明先生九华诗册》书影

6

王阳明《铜陵观铁船录寄》书法作品局部
1520 年王阳明自南都献俘还，上九华山，途经铜陵时创作

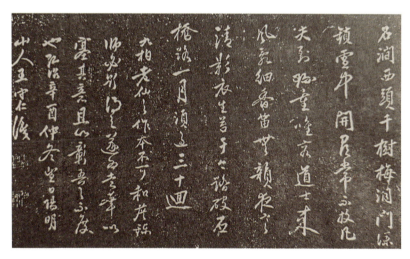

王阳明手书《和九柏老仙诗》拓本，选自计文渊《王阳明法书集》

1520 年 3 月，王阳明下九华山，回江西，
在齐山寄隐岩勒石题词

柯乔门坊

柯乔墓碑

湛若水手书"甘泉石"，位于九华山甘泉书院

李呈祥手书"十八公夫妇墓"碑，现存石台县仙寓镇源头村黄莲坑口

编委会

述而有作

楼宇烈

中国文化的根本精神是辩证的人文精神，一直贯彻在中国的历史文化中，体现在儒释道的思想中，呈现在经史子集里。它的根本与核心，即人类的自觉自律这一点始终未变，但其具体内容和形式随时代而变化。

如宋代理学讲求"格物致知"，目的是"诚意正心"，这是"穷理"的过程；而明代心学认为"心即理"，讲求"致良知"，这是"正心"的过程。从辩证的角度来看，理学和心学是没有冲突的，就像《中庸》说的"君子尊德性而道问学，致广大而尽精微，极高明而道中庸"，"穷理"和"正心"都是修身的重要方面。以辩证的思维方式思考，对立的事物可以相反相成。

人文精神这个中国传统文化中整体性的道理，"古今一也，万物一也"，似乎没有太大变化，但它又充满变化。要用智慧把这个"一"打破，运用到万事万物中，这才是真正的创造。对于传承和发扬辩证的人文精神，我们首先要了解中国传统文化的一个根本特点：观念上的"和而不同"与实践中的整体会通。具体地说，在中国传统文化中，无论是儒、释、道三家，还是文、史、哲三科，天、地、人三学，虽有其各自不同的探究领域，表述方法和理论特征，然却又都是相互渗透，相互吸收，"你中有我，我中有你"，难分难析。

就此，集儒、释、道三家之精华的阳明心学在当下具有重要的研究价值与启示意义。至于王阳明著名的"四句教"："无善无恶是心之本，有善有恶是意之动，知善知恶是良知，为善去恶是格物"（《传习录》卷下），明显地表现了儒佛的融合。其中，前两句就是从佛教的"不思善不思恶""本性清净""念起欲作"等理论中变化出来的。

　　王阳明心学的诞生与九华山佛教素有渊源，此领域的研究尚有很大空间。王阳明曾于 1501 年和 1520 年两次登临九华山，参禅问道、授徒讲学，"慨然欲建书院于化城寺之西，以资诸生藏修"。1528 年，青阳知县祝增在王阳明弟子柯乔等人帮助下，建成阳明书院。书院"中建正堂，大书曰'勉志'，东西有廊室，亭其后，曰'仰止'，合而命之名曰'阳明书院'"。池州太守韩楷、二守张邦教前往观看，嘉勉不已，商议购置良田以膳学者，希望把九华阳明书院建成与白鹿、云谷齐名之处。

　　四百余年来，九华山阳明书院虽几经兴废，但一直是江南儒学的中心之一。2019 年，宗学法师秉承先德精神，发愿恢复九华山阳明书院，再续禅与中华文化水乳交融、并弘共进的历史道路，旨在通过对中国传统文化的研究、交流、教学活动，阐扬中华优秀传统文化。取其精华，去其糟粕，用适合现代人理解的方式阐释传统。让年轻人能看到传统的珍贵。

　　那么，应该怎样传承和活化优秀传统文化？古人非常重视前人的研究成果，他们总是在继承前人思想的基础上来阐发自己的观点，推动文化向前发展。用古人的话来讲，这是"述而不作"，"述"即叙述；"作"即创作、发明。"述而不作"的意思是阐述了前人的思想，但并没有创造，这是一个谦虚的说法。我们可以看到，在"述"根源性典籍的过程中，产生了很多新的思想，便是"述而有作"。

　　对于王阳明心学的研究与借鉴，也应如此。编著《王阳明与九华山文献汇编》是首先要做的一项基础性工作。本书广泛而扎实地收集和整理了九华山历史文献，系统地考证了阳明先生与九华山文化的因缘，发挥了九华山史料的当代价值。希冀此书能够为王阳明九华证道的研究与借镜，为阐释儒释道融会贯通的文化传统，为传扬辩证的人文精神提供扎实和有力的理论支持。做到了，便是"述而不作"，又是"述而有作"。

凡　例

一、王阳明至少曾于弘治十四年（1501）、正德十五年（1520）两游九华，与当地文人高士交流、切磋。王阳明平定宁王之乱后，正是其心学酝酿成熟的关键时期。黄宗羲甚至称："盖阳明一生，精神俱在江右，亦其感应之理宜也。"人文荟萃的九华山，对阳明心学的孕育无疑有重要的触动——阳明洞，应该就是王阳明受到九华山地藏洞启发而设立的。而目前学界对此关注甚少，亟待发明。本书对收入王阳明文集以及散见于各类文献中的王阳明九华山诗文，进行了专题性搜罗。

二、湛若水与王阳明二人同为心学大师，并称"南王北湛"，两人的学问被尊称为"王湛之学"。湛若水在阳明之后也专程上九华山，在此留下讲学布道的深刻印记。故本书也重点整理了湛氏九华山诗文，以见一代学风在九华山地区的激荡景象。

三、深受王湛影响的池州籍名士柯乔、李呈祥等，思想精湛，实行超卓，多有撰述。柯乔其人，学而时习，为官清正，屡抗贼寇，固是彪炳史册的民族英雄，实为九华之光。李呈祥则专力于学术，今国家图书馆所藏《古源山人二论》，别为《古今人物论》《知行分合论》《先儒知行论》《朱子晚年论》《陆子晚年论》等，宣称："知行分合之义，近觉益见得亲切，恨地远不得与阳明面论也。"据此可知，李呈祥于知行学说确有独立见解。故本书将《古源山人二论》全部纳入，为呈现九华山文化与王湛心学交融的学术成果，深化了解明代心学的精神生态和实践价值，提供一标志性的例证。

四、王阳明、湛若水来游九华，九华山色为之开颜，九华山人更闻风趋附。王、湛不仅在此开坛讲学，且寻僧访道，赞叹九华山丰厚的人文底蕴和幽美的自然风光。如众所知，儒释道三教合流，是中国文化共生融合的典范。九华之游的种种机缘，为王湛心学的孕育和发展提供了难得的契机；反之，王、湛足迹所到，也在九华山留下了美好回忆与深远影响，其流风遗韵，历久弥新，永为九华增重。故本书亦对有关九华山王湛遗迹、王湛交游、王湛影响，以及后世对王湛的纪念等文献，作一选辑，不求其必全，但为嚆矢耳。

五、入选文献资料，均出以简体汉字，异体字改为正体，并加新式标点。原始文献各本流通，或有歧异，则尽量择取一权威出版物、通行本为准，而参酌他本加以编选。倘不影响阅览，一般不出校。工作中多有借重前辈时贤的整理成果，均遵循学术规范，于每条之末注明出处，并将所涉资料来源在参考文献处详细列出。

六、本书所附插图由尹文汉、李益仁、刘贵龙提供。

七、编选者学术水平有限，若有错漏，敬请读者批评指正，以便改正、完善。

目　录

甲编

王阳明与九华山

本编说明

1. 凡本编所录王阳明九华山诗文，倘不加特别说明，则以谢廷杰辑刊《王文成公全书》为底本，综合对比《王阳明全集》（吴光等编校）、《王阳明全集补编》（增补本）（束景南、查明昊辑编）以及《王文成公全书汇校》（王强、彭启彬汇校）等加以确定。除此之外，本部分的点校考证还参考了计文渊《王阳明法书集》、李庆《王阳明诗校注》、郝永《王阳明诗全集（编年校注评）》等。在此过程中，为了提供更加完备的基础性研究资料，对于历史上一些误收或者具有争议性的作品，本编也尽量按照原貌一并录入，以便阅读者参考、研究者使用。

2. 王阳明上九华期间，还去过齐山，齐山有"小九华"之美誉，是以，本编将王阳明与齐山的相关部分资料也一并收录，以更好地还原王阳明在九华游历时的历史原貌。

3. 《王阳明先生九华诗册》，由清代周赟编纂，既是周赟的独立作品，也可以反映王阳明在九华山的深远影响。民国印光大师重修《九华山志》亦摘录了《王阳明先生九华诗册》，并有所改动。本编以光绪《九华山志》为底本全文摘录了周赟《王阳明先生九华诗册》诗题。这是因为周赟在编纂《王阳明先生九华诗册》时，是按照王阳明两上九华创作诗歌的时间先后进行排序的，这种排序方式有助于读者了解王阳明游历九华的具体进程。

4. 王阳明的传记资料，主要节选王阳明与九华山有关者。选取的材料主要出自中华书局版《明史·王守仁传》、《阳明先生年谱》（钱德洪撰）、光绪《青阳县志》、民国《九华山志》等。在录入材料的过程中，有标点等改动。

一　王阳明文

九华山赋

九华为江南奇特之最，而《史记》所录独无其名，盖马迁足迹之所未至耳。不然，当列诸天台、四明之上，而乃略而不书耶！壬戌正旦，予观九华，尽得其胜，已而有所感遇，遂援笔而赋之。其辞曰：

循长江而南下，指青阳以幽讨。启鸿蒙之神秀，发九华之天巧。非效灵于坤轴，孰构奇于玄造？[①] 涉五溪而径入，宿无相之窈窕。访王生于邃谷，掏[②]金沙之清潦。凌风雨乎半霄，登望江而远眺。步千仞之苍壁，俯龙池于深宵。吊谪仙之遗迹，跻化城之缥缈。饮钵盂之朝露，见莲花之孤标。扣云门而望天柱，列仙舞于晴昊。俨双椒之辟门，真人驾阳云而独蹻。翠盖平临乎石照，绮霞掩映乎天姥。二神升于翠微，九子邻于积稻。炎爩[③]起于玉甑，烂石碑之文藻。回澄秋于枕月，建少微之星旗。覆瓯承滴翠之余沥，展旗立云外之旌纛。下安禅而步逍遥，览双泉于松杪。逾西洪而憩黄石，悬百丈之灏灏。瀔流觞而萦纡，遗石船于涧道。呼白鹤于云峰，钓嘉鱼于龙沼。倚透碧之岿岏[④]，谢尘寰之纷扰。攀齐云之巉峭[⑤]，鉴琉璃之浩

---

① 此赋被收录过程中有衍文，如顾元镜《九华志》卷八此处有文如下：迁史缺而弗录，岂足迹之所未到？白诗鄘夫九子，实兹名之所肇。予将穷秘密于崔嵬，极玄搜而历考。

② 根据王强、彭启彬汇校《王文成公全书汇校》（三），他本亦有作"掏"者，如董聪所刻《阳明先生文录》等皆是。

③ "爩"，一作"熇"。

④ "岏"，一作"屼"。"屼"有时用来形容山秃貌，而"岏"有时用来形容山锐貌。依前后文义及九华地貌特点或当为"岏"，李庆《王阳明诗校注》即采此意。

⑤ "峭"，一作"峭"。

渼。沿东阳而西历，飧九节之蒲草。樵人导余以冥探，排碧云之瑶岛。群峦翳其缪蔼，失阴阳之昏晓。垂七布之沉沉，灵龟隐而复佻。履高僧而屧招贤，开白日之杲杲。试胡茗①于春阳，汲垂云之渊湫。凌绣壁而据石屋，何文殊螺髻之蟠纠？梯拱辰而北盼，隳遗光于拾宝。缁裳迓于黄匏，休圆寂之幽俏。鸟呼春于丛篁，和云韶之鹭鹭，唤起促余之晨兴，落星河于檐橑。护山嘎其惊飞，怪游人之太早。揽卉木之如濯，被晨辉而争姣。静鑱声之剥啄，幽人劚参蕨于冥杳。碧鸡哢于青林，鹏翻云而失皓。隐捣药于樛萝，挟提壶饼焦而翔绕。凤凰承盂冠以相遗，饮沆瀣之仙醥。羞竹实以嬉翱，集梧枝之袅袅。岚欲雨而霏霏，鸣湿湿于蘴葆。躐三游而转青峭②，拂天香于茫渺。席泓潭以濯缨，浮桃泻而扬缟。淙澌澌而落荫，饮猿猱之捷狡。睨斧柯而升大还，望会仙于云表。周赟注：以上上声，筱韵，为前段。

悯子京之故宅，款知微之碧桃。倏金光之闪映，睫累景于穹坳。弄玄珠于赤水，舞千尺之潜蛟。并花塘而峻极，散香林之回飙。抚浮屠之突兀，泛五钗之翠涛。袭珍芳于绝巘，袅金步之摇摇。莎罗踯躅芬敷而灿耀，幢玉女之妖娇。搴龙须于灵宝，堕钵囊之飘摇。开仙掌于嵚嵌，散青馨之迢迢。披白云而踸崇寿，见参错之僧寮。日既夕而山冥，挂星辰于窿嶅。宿南台之明月，虎夜啸而罴嗥。鹿麋群游于左右，若将侣幽人之岑寥。迥高寒其无寐，闻冰壑之洞箫。溪女厉晴泷而曝术，杂精苓之春苗。邀予觞以玉液，饭玉粒之琼瑶。溘辞予而远去，飒霞裾之飘飘。复中峰而怅望，或仙踪之可招。乃下见阳陵之蜿蝘，忽有感于子明之宿要。逝予将遗世而独立，采石芝于层霄。虽长处于穷僻，乃永离乎黡嚣。彼苍黎之缉缉，固吾生之同胞。苟颠连之能济，吾岂靳于一毛！矧狂胡之越獗，王师局而奔劳。吾宁不欲请长缨于阙下，快平生之郁陶？顾力微而任重，惧

① “胡茗”，一作“明茗”。吴尔端《九华山历代名贤诗文笺注》以为胡茗即九华山金地茶。

② “三游”，或指三游洞；“青峭”，或指青峭弯（湾）。按：民国印光《九华山志》载，青峭弯在天柱五老之西南。

覆败于或遭。又出位以图远，将无诮于鹪鹩。嗟有生之迫隘，等灭没于风泡。亦富贵其奚为？犹荣菽之一朝。旷百世而兴感，蕨雄杰于蓬蒿。吾诚不能同草木而腐朽，又何避乎群喙之呶呶！已矣乎！吾其鞭风霆而骑日月，被九霞之翠袍。抟鹏翼于北溟，钓三山之巨鳌。道昆仑而息驾，听王母之云璈。呼浮丘于子晋，招句曲之三茅。长遨游于碧落，共太虚而逍遥。周赟注：以上平声，萧韵，为后段。

乱曰：蓬壶之巍巍兮，列仙之所逃兮。九华之矫矫兮，吾将于此巢兮。匪尘心之足搅兮，念鞠育之劬劳兮。苟初心之可绍兮，永矢弗挠兮！周赟注：乱用筱萧两韵，间而相叶。

按：《王文成公全书》无《九华山赋》序，今据明顾元镜撰《九华山志》卷八全文录入。民国印光重修《九华山志》亦收录此序。后世多在《九华山赋》旁标有"壬戌"二字。

周赟在其所编光绪《九华山志》卷七"杂文"中考证该序为伪作，摘录如下：

姚江斯赋分两段，一束前段上声韵，后段平声韵，而筱与萧自相协。末以乱束，则用筱萧。两韵相间互叶，其用韵谋篇之奇，为赋家创格，乃俗学不知此意。旧志于造韵之下，妄增三联，又本其所增之意衍而为序。予初见其词意荒谬，以为紫荠而删之。笔力不类一也，九子字重复二也，押到字出韵三也。序称壬戌正旦，与年谱不合四也。时人复执县志为证，且以本赋九华亦复筱巧古韵相通为辨。不知乱与赋复是有法之复笔，赋中文复乃犯重复之病。筱与巧可通，而筱与啸不可通。奈所见相左，难服众心，幸自浙求得文成全集核之，此赋本无序，亦无此三联，乃益自信所辨《太白联句步韵》及《地藏谢米》诸诗为赝鼎之不为无见。谨注其用韵谋篇之法，以见貂之不容再续云。

二 王阳明诗

题四老围棋图

世外烟霞亦许时，至今风致后人思。却怀刘项当年事，不及山中一着棋。

书梅竹小画

寒倚春霄苍玉杖，九华峰顶独归来。柯家草亭深云里，却有梅花傍竹开。

登莲花峰

莲花顶上老僧居，脚踏莲花不染泥。夜半花心吐明月，一颗悬空黍米珠。

夜宿天池月下闻雷次早知山下大雨三首

昨夜月明峰顶宿，隐隐雷声在山麓。晓来却问山下人，风雨三更卷茅屋。

野人权作青山主，风景朝昏颇裁取。岩傍日脚半溪云，山下雷声一村雨。

天池之水近无主，木魅山妖竞偷取。公然又盗山头云，去向人间作风雨。

文殊台夜观佛灯

老夫高卧文殊台，拄杖夜撞青天开。散落星辰满平野，山僧尽道佛灯来。

书汪进之太极岩二首

一窍谁将混沌开，千年样子道州来。须知太极元无极，始信心非明镜台。

始信心非明镜台，须知明镜亦尘埃。人人有个圆圈在，莫向蒲团坐死灰。

按：研究可知，太极岩即道州月岩的可能性较大。汪进之，即汪循，为新安理学代表，曾与阳明数相论辩，后力斥阳明心学。此诗当为王阳明缅怀之作。又，根据钱明考证，《阳明先生文录》记此诗名为《题太极窝》，邓显鹤编纂《周子全书》附录则记此诗名为《濂溪图意》。

化城寺六首

化城高住万山深，楼阁凭空上界侵。天外清秋度明月，人间微雨结浮阴。钵龙降处云生座，岩虎归时风满林。最爱山僧能好事，夜堂灯火伴孤吟。

云里轩窗半上钩，望中千里见江流。高林日出三更晓，幽谷风多六月秋。仙骨自怜何日化，尘缘翻觉此生浮。夜深忽起蓬莱兴，飞上青天十二楼。

云端鼓角落星斗，松顶袈裟散雨花。一百六峰开碧汉，八十四梯踏紫霞。山空仙骨葬金椁，春暖石芝抽玉芽。独挥谈麈拂烟雾，一笑天地真无涯。

化城天上寺，石磴入星躔。云外开丹井，峰头耕石田。月明猿听偈，风静鹤参禅。今日揩双眼，幽怀二十年。

僧屋烟霏外，山深绝世哗。茶分龙井水，饭带石田砂。香细云岚杂，窗高峰影遮。林栖无一事，终日弄丹霞。

突兀开穿阁，氤氲散晓钟。饭遗黄稻粒，花发五钗松。金骨藏灵塔，神光照远峰。微茫竟何是？老衲话遗踪。

江上望九华山二首

当年一上化城峰，十日高眠雷雨中。霁色晓开千嶂雪，涛声夜渡九江风。此时隔水看图画，几岁缘云住桂丛？却负洞仙蓬海约，玉函丹诀在崆峒。

穷探虽得尽幽奇，山势须从远望知。几朵芙蓉开碧落，九天屏嶂列旌麾。高同华岳应无忝，名亚匡庐却稍卑。信是谪仙还具眼，九华题后竟难移。

泊舟大同①山溪间诸生闻之有挟册来寻者

扁舟经月住林隈，谢得黄莺日日来。兼有清泉堪洗耳，更多修竹好衔杯。诸生涉水携诗卷，童子和云扫石苔。独奈华峰隔烟雾，时劳策杖上崔嵬。

芙蓉阁

九华之山何崔嵬，芙蓉直傍青天栽。刚风倒海吹不动，大雪裂地冻还开。夜半峰头挂明月，宛如玉女临妆台。我拂沧海写图画，题诗还愧谪仙才。

重游无相寺次旧韵

旧识仙源路未差，也从谷口问桃花。屡攀绝栈经残雪，几度清溪踏月华。虎穴相邻多异境，鸟飞不到有僧家。频来休下仙翁榻，

---

① "大同"，当指大通。大通古镇，为"九华山头天门"。按：乾隆《铜陵县志》卷十四"艺文"收此诗，题名为《泊舟大通》。

9

只借峰头一片霞。

劝酒

平生忠赤有天知，便欲欺人肯自欺？毛发暗从愁里改，世情明向笑中危。春风脉脉回枯草，残雪依依恋旧枝。谩对芳樽辞酩酊，机关识破已多时。

重游化城寺二首

爱山日日望山晴，忽到山中眼自明。鸟道渐非前度险，龙潭更比旧时清。会心人远空遗洞，识面僧来不记名。莫谓中丞喜忘世，前途风浪苦难行。

山寺从来十九秋①，旧僧零落老比丘。檐松尽长青冥干，瀑水犹悬翠壁流。人住层崖嫌洞浅，鸟鸣春涧觉山幽。年来别有闲寻意，不似当时孟浪游。

游九华

九华原亦是移文，错怪山头日日云。乘兴未甘回俗驾，初心终不负灵均。紫芝香暖春堪茹，青竹泉高晚更分。幽梦已分尘土累，清猿正好月中闻。

岩头闲坐漫成

尽日岩头坐落花，不知何处是吾家。静听谷鸟迁乔木，闲看林蜂散午衙。翠壁泉声穿乱石，碧潭云影透晴沙。痴儿公事真难了，须信吾生自有涯。

将游九华移舟宿寺山二首

逢山未惬意，落日更移船。峡寺缘溪径，云林带石泉。钟声先

---

① "从"，郭朝宾本《王文成公全书》作"重"。按，"重"字于义为佳。

度岭，月色已浮川。今夜岩房宿，寒灯不待悬。

维舟谷口傍烟霏，共说前冈石径微。竹杖穿云寻寺去，藤筐采药带花归。诸生晚佩联芳杜，野老春霞缀衲衣。风咏不须沂水上，碧山明月更清辉。

有僧坐岩中已三年诗以励吾党

莫怪岩僧木石居，吾侪真切几人如？经营日夜身心外，剽窃糠秕齿颊余。俗学未堪欺老衲，昔贤取善及陶渔。年来奔走成何事？此日斯人亦起予。

九华山下柯秀才家

苍峰抱层嶂，翠瀑绕双溪。下有幽人宅，萝深客到迷。

无相寺三首

老僧岩下屋，绕屋皆松竹。朝闻春鸟啼，夜伴岩虎宿。

坐望九华碧，浮云生晓寒。山灵应秘惜，不许俗人看。

静夜闻林雨，山灵似欲留。只愁梯石滑，不得到峰头。

双峰

凌崖望双峰，苍茫竟何在？载拜西北风，为我扫浮霭。

莲花峰

夜静凉飙发，轻云散碧空。玉钩挂新月，露出青芙蓉。

列仙峰

灵峭九万丈，参差生晓寒。仙人招我去，挥手青云端。

云门峰

云门出孤月，秋色坐苍涛。夜久群籁绝，独照宫锦袍。

芙蓉阁二首

青山意不尽，还向月中看。明日归城市，风尘又马鞍。

岩下云万重，洞口桃千树。终岁无人来，惟许山僧住。

重游无相寺次韵四首

游兴殊未尽，尘寰不可留。山青只依旧，白尽世间头。

人迹不到地，茅茨亦数间。借问此何处？云是九华山。

拔地千峰起，芙蓉插晓寒。当年看不足，今日复来看。

瀑流悬绝壁，峰月上寒空。鸟鸣苍涧底，僧住白云中。

夜宿无相寺

春宵卧无相，月照五溪花。掬水洗双眼，披云看九华。岩头金佛国，树杪谪仙家。仿佛闻笙鹤，青天落绛霞。

李白祠二首

千古人豪去，空山尚有祠。竹深荒旧径，藓合失残碑。云雨罗文藻，溪泉系梦思。老僧殊未解，犹自索题诗。

谪仙栖隐地，千载尚高风。云散九峰雨，岩飞百丈虹。寺僧传旧事，词客吊遗踪。回首苍茫外，青山感慨中。

观九华龙潭

飞流三百丈，潀洞秘灵湫。峡坼开雷斧，天虚下月钩。化形时试钵，吐气或成楼。吾欲鞭龙起，为霖遍九州。

双峰遗柯生乔

尔家双峰下，不见双峰景。如锥处囊中，深藏未脱颖。盛德心愈卑，幽人迹多屏。悠然望双峰，可以发深省。

归途有僧自望华亭来迎且请诗

方自华峰下，何劳更望华。山僧援故事，要我到渠家。自谓游已至，那知望转佳。正如酣醉后，醒酒却须茶。

无相寺金沙泉次韵

黄金不布地，倾沙泻流泉。潭净长开镜，池分或铸莲。兴云为大雨，济世作丰年。纵有贪夫过，清风自洒然。

江上望九华不见

五旬三过九华山，一度阴寒一度雨。此来天色稍晴明，忽复昏霾起亭午。平生山水最多缘，独此相逢容有数。人言此山天所秘，山下居人不常睹。蓬莱涉海或可求，瑶水昆仑俱旧游。洞庭何止吞八九，五岳曾向囊中收。不信开云扫六合，手扶赤日照九州。驾风骑气览八极，视此琐屑真浮沤。

江施二生与医官陶野冒雨登山人多笑之戏作歌

江生施生颇好奇，偶逢陶野奇更痴。共言山外有佳寺，劝予往游争愿随。是时雷雨云雾塞，多传险滑难车骑。两生力陈道非远，野请登高舰路歧。三人冒雨陟冈背，既仆复起相牵携。同侪咻笑招之返，奋袂径往凌崾崎。归来未暇顾沾湿，且说地近山径夷。青林宿霭渐开霁，碧巘绛气浮微曦。津津指臂在必往，兴剧不到傍人嗤。予亦对之成大笑，不觉老兴如童时。平生山水已成癖，历深探隐忘饥疲。年来世务颇羁缚，逢场遇境心未衰。野本求仙志方外，两生学士亦尔为。世人趋逐但声利，赴汤踏火甘倾危。解脱尘嚣事行乐，尔辈狂简翻见讥。归与归与吾与尔，阳明之麓终尔期。

游九华道中

微雨山路滑，山行入轻舟。桃花夹岸迷远近，回峦叠嶂盘深幽。奇峰应接劳回首，瞻之在前忽在后。不道舟行转屈曲，但怪青山亦奔走。薄午雨霁云亦开，青鞋布袜无尘埃。梅蹊柳径度村落，长松白石穿林隈。始攀风磴出木杪，更俯悬崖听瀑雷。乱山高顶藏平野，茅屋高低自成社。此中那得有人家？恐是当年避秦者。西岩日色渐欲下，且向前林秣吾马。世途浊隘不可居，吾将此地营兰若。

登云峰望始尽九华之胜因复作歌

九华之峰九十九，此语相传俗人口；俗人眼浅见皮肤，焉测其中之所有？我登华顶拂云雾，极目奇峰那有数？巨壑中藏万玉林，大剑长枪攒武库。有如智者深韬藏，复如淑女避谗妒。暗然避世不求知，卑己尊人羞逞露。何人不道九华奇，奇中之奇人未知。我欲穷搜尽拈出，秘藏恐是天所私。旋解诗囊旋收拾，脱颖露出锥参差。从来题诗李白好，渠于此山亦潦草。曾见王维画辋川，安得渠来拂纤缟？

弘治壬戌尝游九华值时阴雾竟无所睹至是正德庚辰
复往游之风日清朗尽得其胜喜而作歌

昔年十日九华住，云雾终旬竟不开。有如昏夜入宝藏，两目无睹成空回。每逢好事谈奇胜，即思策蹇还一来。频年驱逐事兵革，出入贼垒冲风埃。恐恐昼夜不遑息，岂复山水能徘徊？鄱湖一战偶天幸，远随归凯停江隈。是时军务颇多暇，况复我马方虺隤。旧游诸生亦群集，遂将童冠登崔嵬。先晨霏霭尚暝晦，却疑山意犹嫌猜。肩舆一入青阳境，忽然白日开西岭。长风拥彗扫浮阴，九十九峰如梦醒。群峦踊跃争献奇，儿孙俯伏摩其顶。今来始识九华面，恨无诗笔为传影。层楼叠阁写未工，千朵芙蓉抽玉井。怪哉造化亦安排，天下奇山此兼并。揽衣登高望八荒，双阙下见日月光。长江如带绕山麓，五湖七泽皆陂塘。蓬瀛海上浮拳石，举足可到虹可梁。仙人为我启阊阖，鸾軿鹤驾纷翱翔。从兹脱屣谢尘世，飘然拂袖凌苍苍。

按：王阳明曾手书此诗（改名《再游九华》）赠顾应祥。阳明书法可见杨儒宾、马渊昌也主编《中日阳明学者墨迹》。

无题①

岩头有石人，为我下嶙峋。脚踏破履五十两，身披旧衲四十斤。任重致远香象力，餐霜坐雪金刚身。夜寒双虎与温足，雨后秃龙来伴宿。手握顽砖镜未光，舌底流泉梅未熟。夜来拾得遇寒山，翠竹黄花好共看。同来问我安心法，还解将心与汝安。

登云峰二三子咏歌以从欣然成谣二首

淳气日凋薄，邹鲁亡真承。世儒倡臆说，愚瞽相因仍。晚途益沦溺，手援吾不能。弃之入烟霞，高历云峰层。开茅傍虎穴，结屋依岩僧。岂曰事高尚？庶免无予憎。好鸟求其侣，嘤嘤林间鸣。而我在空谷，焉得无良朋？飘飘二三子，春服来从行。咏歌见真性，逍遥无俗情。各勉希圣志，毋为尘所萦！

深林之鸟何间关？我本无心云自闲。大舜亦与木石处，醉翁惟在山水间。晴窗展卷有会意，绝壁题诗无厚颜。顾谓从行二三子，随游麋鹿俱忘还。

（以上"王阳明诗"出自《王文成公全书》卷十九、卷二十）

---

① 民国印光重修《九华山志》卷七"艺文门"题作《送周经和尚（经，有本作金）》。

附：其他与王阳明九华山诗歌相关者

按：以下摘抄诗文或是与王阳明九华山诗文有关联者，或是未在《王文成公全书》出现而后来补录者。

陆广晓发

初日瞳瞳似晓霞，雨痕新霁渡头沙。溪深几曲云藏峡，树老千年雪作花。白鸟去边回驿路，青崖缺处见人家。遍行奇胜才经此，江上无劳羡九华。

（《王阳明全集》卷十九外集一"居夷诗"）

按：陆广，位于今贵阳市修文县。

书九江行台壁

九华真实是奇观，更是庐山亦耐看。幽胜未穷三日兴，风尘已觉再来难。眼余五老晴光碧，衣染天池积翠寒。却怪寺僧能好事，直来城市索诗刊。

（《王阳明全集》卷二十外集二"江西诗一百二十首"）

实庵和尚像赞

从来不知光闪闪气象，也不知圆陀陀的模样。翠竹黄花，说甚么蓬莱方丈？看那九华山里金地藏，好儿孙，又生个实庵和尚。噫！那些儿妙处，丹青莫状。

（喻成龙、李灿重辑《九华山志》卷八）

地藏洞访老道诗①

路入岩头别有天，松毛一片自安眠。高谈已散人何处，古洞荒凉散冷烟。

（冯梦龙《皇明大儒王阳明先生出身靖乱录》卷上）

按：

周赟《九华山志》卷六人物"地藏洞异人"条云：

宏治十四年，阳明先生初游九华，闻地藏洞有异人，坐卧松毛，不火食，历岩险访之，正熟睡，先生坐抚其足，有顷，醒，惊曰："路险何得至此？"因论最上乘，曰："周濂溪、程明道是儒家两个好秀才。"后再至，其人已他移，故有会心人远之叹。

此传据阳明年谱宏治十四年补，一字不改。乾隆旧志不录此人，盖以周金和尚当之耳，不知此人决非周金。周金有姓名，此人无姓名，一也。周金是正德年值先生后游，此人是宏治年值先生初游，二也。周金住东岩，人所常至处，此人栖地藏洞，径岩险，人迹不到处，三也。此人是先生往访，周金是谒先生，四也。周金儒名而释行，此人释貌而儒心，此先生所以不名之为异僧，而名之为异人也。"后至"指正德年，其《重游化城寺》诗有"会心人远空留洞，识面僧来不记名"之句，则先生两游九华所心折者惟此异人可知，而后游于方外无所遇又可知矣。

赠周金和尚偈

不向少林面壁，却来九华看山。锡杖打翻龙虎，只履踏破巉岩。这个泼皮和尚，如何容在世间？呵呵！会得时，与你一棒。会不得

① 束景南、查明昊辑编《王阳明全集补编》（增补本）题此诗名为《地藏洞再访异僧不遇》。

时，且放在黑漆筒里偷闲。

（喻成龙、李灿重辑《九华山志》卷八）

按：关于此偈真伪，尚有争议。道光《九华纪胜》卷八"东岩磨崖"条记载云：

宴坐岩内悬石倒覆处，仰刻王阳明与周金和尚偈云："不向少林面壁，却来九华看山。锡杖打翻龙虎，只履蹋倒巉岩。这个泼皮和尚，如何留在世间？呵呵！会得时，与你一棒。会不得时，且放在黑漆桶里偷闲。"后有"正德庚辰三月八日阳明山人王守仁到"十六字。

然至光绪时，周赟等已提出异议。考光绪《九华山志》卷九"国朝诗"收录有王安夫（韵古，余姚人）《东岩五首》，该诗后有自注云："安夫昔登东崖，见宴坐岩内，人指为阳明先生赠周金和尚偈者剥蚀不堪读，字上又重勒小字两行。因仰卧读之，乃'正德庚辰三月八日阳明山人王守仁到'十六字，婉似先生留题。虽疑先生不当于偈上重勒，然漫不稽考，作诗注之题下。故第五首落句有'阳明题姓氏，苔藓未曾侵'，以其字尚明也，但疑亦未释。询访始知是近僧所为。似因先生全集内，无送周金偈，将借是以欺后世耳。归考先生全集年谱：庚辰正月，先生因召至芜湖，拒不令前，乃入九华。二月已有观兵九江之作，勒字称三月，岂不谬甚？况先生于弘治壬戌尝游九华，何至正德庚辰，始纪游日到。噫！余好事疏率，几误后人。过矣过矣，兹改落句，附志以辨。"

与此同时，光绪《九华山志》卷九"国朝诗"收录有《周赟书王韵古东岩诗注后》，全文曰："阳明岂有题名偈，太白曾无联句诗。寄语九华后来客，游山切莫被山欺。"然以时间先后论，道光《九华纪胜》在光绪《九华山志》前。

和九柏老仙诗①

石涧西头千树梅，洞门深锁雪中开。寻常不放凡夫到，珍重唯容道士来。风乱细香笛无韵，夜寒清影衣生苔。于今踏破石桥路，一月须过三十回。

九柏老仙之作本不可知，詹炼师必欲得之，遂为走笔，以塞其意，且以彰吾之不度也。弘治辛酉仲冬望日，阳明山人王守仁识。

按： 此诗有王阳明手书拓本，可见计文渊编《王阳明法书集》

九华杂言十首

老僧檐下屋，绕屋栽松竹。朝听春鸟鸣，夜伴岩虎宿。
岩下万重云，洞口桃千树。终岁无人来，惟许老僧住。
长风扫浮云，天开翠万重。玉钩挂新月，露出青芙蓉。
青山意不尽，更向月中看。明日归尘市，风尘又马鞍。
静夜闻淋雨，山灵似欲留。只愁梯石滑，不得到峰头。
坐望九华碧，浮云生晚寒。山灵应秘惜，不许俗人看。
苍峰抱层嶂，翠瀑绕双溪。下有幽人居，萝深客到迷。
凌崖望双峰，苍茫竟何在？载拜西北风，为我扫浮霭。
灵峭九万丈，参差生晓寒。仙人招我去，挥手青霞端。
云间出孤月，秋色坐苍涛。夜入群籁绝，独照宫锦袍。

（光绪《青阳县志》卷十"艺文志"）

地藏塔

渡海离乡国，辞荣就苦空。结茅双树底，成塔万花中。

（光绪《青阳县志》卷十"艺文志"）

---

① 《（正德）嘉兴志补》卷九题此诗作《梅涧》。

按：乾隆《池州府志》则记录为宋代周必大作。民国印光重修《九华山志》卷三"梵刹门"则记载为唐释一夔诗。

登莲花绝顶书赠章汝愚

灵峭九十九，此峰应最高。岩栖半夜日，地隐九江涛。天碍乌纱帽，霞生紫绮袍。翩翩云外侣，吾亦尔同曹。

（光绪《青阳县志》卷十"艺文志"）

云岩

岩高极云表，溪环疑磬折。壁立香炉峰，正对黄金阙。钟响天门开，笛吹岩石裂。掀髯发长啸，满空飞玉屑。

（明鲁点《齐云山志》卷四）

齐山赋并序

齐山在池郡之南五里许。唐齐映尝刺池，丞游其间，后人因以映姓名山。继又以杜牧之诗，遂显名于海内。宏治壬戌正旦，守仁以公事到池，登兹山以吊二贤之遗迹，则既荒于草莽矣。感慨之余，因拂崖石而赋之以记岁月云。

适公事之甫暇，乘案牍之余晖，岁亦徂而更始，巾予车其东归。循池阳而延望，见齐山之崔巍。寒阴惨而尚湿，结浮霭于山扉。振长飚而舒啸，麾彩见于虹霓。千岩豁其开朗，扫群林之霏霏。羲和阆危巅而出候，倒回景于苍矶。蹑晴霞而直上，凌华盖之葳蕤。俯长江之无极，天风飒其飘衣。穷岩洞之幽邃，坐孤亭于翠微。寻遗躅于烟莽，哀壑悄而泉悲。感昔人之安在，菊屡秋而春菲。鸟相呼而出谷，雁流声而北飞。叹人事之倏忽，晞草露于须斯。际遥瞩于云表，见九华之参差。忽黄鹤之孤举，动陵阳之遐思。顾泥途之溷浊，困盐车于枥马。苟长生之可期，吾视去富贵如砾瓦。吾将旷八极以遨游，登九天而视下。餐朝露而饮沆瀣，攀子明之逸驾。岂尘网之足羁，叹仙质之未化。

乱曰：旷观宇宙，漠以广兮。仰瞻却顾，终焉仿兮。吾不能局促以自污兮，复虑其谬以妄兮。已矣乎，君亲不可忘兮，吾安能长驾而独往兮。

（明陈蔚《齐山岩洞志》卷七）

按：此赋当作于弘治十五年，收录于乾隆《池州府志》卷六、光绪《贵池县志》卷二、《古今图书集成·方舆汇编·山川典》卷九十"齐山部"等。乾隆《池州府志》卷六题为《游齐山赋》。据束景南、赵玉强考证，此《游齐山赋》与《九华山赋》皆为王阳明于弘治年间在京与李梦阳诸公以才名争驰骋，学古诗文之作。

春日游齐山寺用杜牧之韵二首

即看花发又花飞，空向花前叹式微。自笑半生行脚过，何人未老乞身归？江头鼓角翻春浪，云外旌旗闪落晖。羡杀山中麋鹿伴，千金难买芰荷衣。

倦鸟投枝已乱飞，林间暝色渐霏微。春山日暮成孤坐，游子天涯正忆归。古洞湿云含宿雨，碧溪明月弄清晖。桃花不管人间事，只笑山人未拂衣。

（《王阳明全集》卷二十外集二"江西诗一百二十首"）

按：此诗所作因缘可参王阳明《游齐山赋并序》。

寄隐岩

每逢山水地，便有卜居心。终岁风尘里，何年沧海浔？洞寒泉滴细，花暝石房深。青壁须留姓，他时好共寻。

（《王阳明全集》卷二十外集二"京师诗二十四首"）

按：齐山寄隐崖石刻："正德庚辰清明日，阳明山人王守仁献俘，自南都还，登此。时参政徐琏、知府何绍正同行。主事林豫、周昺，评事孙甫适至，因共题名。"

三　王阳明先生九华诗册

　　周赟（1834—1911），字子美，号山门，安徽宁国人。同治三年（1864）乡试中举。曾任青阳县训导，以及徽州府学教授。主持纂修《青阳县志》、《九华山志》等，著有《山门新语》等。周赟诗画俱佳，绘有《九华山水全图》。周赟又将王阳明吟咏九华山的诗赋，辑为《王阳明先生九华诗册》。民国印光重修《九华山志》所录周赟《王阳明先生九华诗册》，多所变动。比如，增补《无题》并改名《送周金和尚》。又如，将阳明原诗《重游无相寺次旧韵》、《无相寺》三首、《重游无相寺次韵》四首、《夜宿无相寺》、《无相寺金沙泉次韵》移入《九华山志》卷三"梵刹门""无相寺"条下，并改为《夜宿无相寺》诗四首、《重游无相寺》诗四首、《又重游次旧韵》、《无相寺金沙泉次韵》。今据光绪《九华山志》摘录诗题如下。

王阳明先生九华诗册_{有序}

周　赟

　　九华之山，自太白更名，而名始高。自刘梦得称为尤物，而名始震。然太白仅江上一望而已，梦得仅山外一见而已。岂若阳明先生，涉险寻幽，探奇揽胜，枕漱泉石，出入烟霞，往复流连，歌咏成帙，于九十九峰，爱之深，而玩之熟哉。方之交情，九华于二贤，为一见垂青之知己；于先生，则平生欢洽之知己也。

　　夫二贤在唐诗三百年中洵为无敌诗豪，自少陵、昌黎外故无其匹。若专以九华诗论之，绿水芙蓉醉笔未免潦草，造化尤物收句颇觉索然。反不如先生短什长篇之一气卷舒而皆踌躇满志也,则先生诗诚九华之衮冕矣。又况诗以人重,先生以道学而建奇功,盛德大业,灿著两间,其品谊更出谪仙诗豪上哉!乃乾隆间所修山志收诗颇滥,而独于先生诗反零星掇拾,仅取少半,又复以双行细注附见于山水寺院之下,至诗集中大书而特书者,仅列《宿柯秀才家》寥寥二十字而已。其诗与九华不甚相关,甚非所以推重先生,亦非所以表扬九华也。予自光绪丙戌到青,阅山志而异之,举以示人,有识者莫不同深扼腕。逮庚子春,以邑人士三次禀请,主稿重修始得。按《王文成公全书》中,宏治正德前后两游诸作,以次登之,不遗只字,予之夙愿于以偿,而众心亦于以慊。因于诗集中,特树一帜,曰:《阳明先生九华诗册》云。

　　九华山下宿柯秀才家　宏治壬戌春前游

　　宿无相寺

　　题四老围棋图

　　无相寺三首

　　化城寺六首

　　太白祠二首

　　双峰

　　莲华峰

　　列仙峰

　　云门峰

　　芙蓉阁二首

　　书梅竹小画

　　江上望九华二首正德庚辰正月后游。此诗乃由江西赴诏,趋南都行在途中作。

　　泊舟大同山溪间诸生闻之有挟册来寻者此至芜湖,为忠泰等所阻,不得见帝,乃折回入九华山也。

　　江上望九华不见

　　将游九华移舟宿山寺本集二首,误列《岩头闲坐》之后,谨移置于此。

江施二生与医官陶野冒雨登山人多笑之戏作歌

游九华道中

芙蓉阁

重游无相寺次韵四首

重游无相寺次旧韵

登莲华峰

观九华龙潭本集在前，谨移置于此。

登云峰望始尽九华之胜因复作歌

双峰遗柯生乔

夜宿天池月下闻雷次早知山下大雨三首

文殊台夜观佛灯

书汪进之太极岩二首

重游化城寺

游九华

宏治壬戌尝游九华值时阴雾竟无所睹至是正德庚辰复往游之风日清朗尽得其胜喜而作歌

岩头闲坐漫成

登云峰二三子咏歌以从欣然成谣二首

有僧坐岩中已三年诗以励吾党①

无相寺金沙泉次韵

归途有僧自望华亭来迎且请诗

　　　　　　　（以上录自周赟纂修光绪《九华山志》卷八"诗词"）

---

　　① 此诗原有周赟按语，摘录如下：或疑有僧坐关三年，不语不视。先生喝起，询知家有老母，以爱亲本性谕之。僧感泣而去。事在西湖。不知彼事在壬戌年是与僧语，未尝作诗。此事在庚辰年是以诗励诸生，非与僧语。且彼是明儒本性以感释，此则借释苦功以励儒，功同事异，自是两事，而此诗列《登云峰谣》后，固九华僧耳。

附：　王阳明传记资料

明史·王守仁传

清张廷玉等

王守仁，字伯安，余姚人。父华，字德辉，成化十七年进士第一。授修撰。弘治中，累官学士、少詹事。华有器度，在讲幄最久，孝宗甚眷之。李广贵幸，华讲《大学衍义》，至唐李辅国与张后表里用事，指陈甚切。帝命中官赐食劳焉。正德初，进礼部左侍郎。以守仁忤刘瑾，出为南京吏部尚书，坐事罢。旋以《会典》小误，降右侍郎。瑾败，乃复故，无何卒。华性孝，母岑年逾百岁卒。华已年七十余，犹寝苫蔬食，士论多之。

守仁娠十四月而生。祖母梦神人自云中送儿下，因名云。五岁不能言，异人拊之，更名守仁，乃言。年十五，访客居庸、山海关。时阑出塞，纵观山川形胜。弱冠举乡试，学大进。顾益好言兵，且善射。登弘治十二年进士。使治前威宁伯王越葬，还而朝议方急西北边，守仁条八事上之。寻授刑部主事。决囚江北，引疾归。起补兵部主事。正德元年冬，刘瑾逮南京给事中御史戴铣等二十余人。守仁抗章救，瑾怒，廷杖四十，谪贵州龙场驿丞。龙场万山丛薄，苗、僚杂居。守仁因俗化导，夷人喜，相率伐木为屋，以栖守仁。瑾诛，量移庐陵知县。入觐，迁南京刑部主事，吏部尚书杨一清改之验封。屡迁考功郎中，擢南京太仆少卿，就迁鸿胪卿。

兵部尚书王琼素奇守仁才。十一年八月，擢右佥都御史，巡抚南、赣。当是时，南中盗贼蜂起。谢志山据横水、左溪、桶冈，池仲容据浰头，皆称王，与大庾陈曰能、乐昌高快马、郴州龚福全等攻剽府县。而福建大帽山贼詹师富等又起。前巡抚文森托疾避去。志山合乐昌贼掠大庾，攻南康、赣州，赣县主簿吴玭战死。守仁至，知左右多贼耳目，乃呼老黠隶诘之。隶战栗不敢隐，因贳其罪，令诇贼，贼动静无勿知。于是檄福建、广东会兵，先讨大帽山贼。

明年正月，督副使杨璋等破贼长富村，逼之象湖山，指挥覃桓、县丞纪镛战死。守仁亲率锐卒屯上杭。佯退师，出不意捣之，连破四十余寨，俘斩七千有奇，指挥王铠等擒师富。疏言权轻，无以令将士，请给旗牌，提督军务，得便宜从事。尚书王琼奏从其请。乃更兵制：二十五人为伍，伍有小甲；二伍为队，队有总甲；四队为哨，哨有长，协哨二佐之；二哨为营，营有官，参谋二佐之；三营为阵，阵有偏将；二阵为军，军有副将。皆临事委，不命于朝。副将以下，得递相罚治。

其年七月，进兵大庾。志山乘间急攻南安，知府季斅击败之。副使杨璋等亦生絷曰能以归。遂议讨横水、左溪。十月，都指挥许清、赣州知府邢珣、宁都知县王天与各一军会横水，斅及守备郏文、汀州知府唐淳、县丞舒富各一军会左溪，吉安知府伍文定、程乡知县张戬遏其奔轶。守仁自驻南康，去横水三十里，先遣四百人伏贼巢左右，进军逼之。贼方迎战，两山举帜。贼大惊，谓官军已尽犁其巢，遂溃。乘胜克横水，志山及其党萧贵模等皆走桶冈。左溪亦破。守仁以桶冈险固，移营近地，谕以祸福。贼首蓝廷凤等方震恐，见使至大喜，期仲冬朔降，而珣、文定已冒雨夺险入。贼阻水阵，珣直前搏战，文定与戬自右出，贼仓卒败走，遇淳兵又败。诸军破桶冈，志山、贵模、廷凤面缚降。凡破巢八十有四，俘斩六千有奇。时湖广巡抚秦金亦破福全。其党千人突至，诸将擒斩之。乃设崇义县于横水，控诸瑶。还至赣州，议讨浰头贼。初，守仁之平师富也，龙川贼卢珂、郑志高、陈英咸请降。及征横水，浰头贼将黄金巢亦以五百人降，独仲容未下。横水破，仲容始遣弟仲安来归，而严为战守备。诡言："珂、志高，仇也，将袭我，故为备。"守仁佯杖系珂等，而阴使珂弟集兵待，遂下令散兵。岁首大张灯乐，仲容信且疑。守仁赐以节物，诱入谢。仲容率九十三人营教场，而自以数人入谒。守仁呵之曰："若皆吾民，屯于外，疑我乎？"悉引入祥符宫，厚饮食之。贼大喜过望，益自安。守仁留仲容观灯乐。正月三日大享，伏甲士于门，诸贼入，以次悉擒戮之。自将抵贼巢，连破上、中、下三洑，斩馘二千有奇。余贼奔九连山。山横亘数百里，陡绝不可攻。乃简壮士七百人衣贼衣，奔崖下，贼招之上。官军进攻，内外合击，擒斩无遗。乃于下洑立和平县，置戍而归。自是境内大定。

初，朝议贼势强，发广东、湖广兵合剿。守仁上疏止之，不及。桶冈既灭，湖广兵始至。及平洑头，广东尚未承檄。守仁所将皆文吏及偏裨小校，平数十年巨寇，远近惊为神。进右副都御史，予世袭锦衣卫百户，再进副千户。

十四年六月，命勘福建叛军。行至丰城而宁王宸濠反，知县顾泌以告。守仁急趋吉安，与伍文定征调兵食，治器械舟楫，传檄暴宸濠罪，俾守令各率吏士勤王。都御史王懋中，编修邹守益，副使罗循、罗钦德，郎中曾直，御史张鳌山、周鲁，评事罗侨，同知郭祥鹏，进士郭持平，降谪驿丞王思、李中，咸赴守仁军。御史谢源、伍希儒自广东还，守仁留之纪功。因集众议曰："贼若出长江顺流东下，则南都不可保。吾欲以计挠之，少迟旬日无患矣。"乃多遣间谍，檄府县言："都督许泰、郤永将边兵，都督刘晖、桂勇将京兵，各四万，水陆并进。南赣王守仁、湖广秦金、两广杨旦各率所部合十六万，直捣南昌，所至有司缺供者，以军法论。"又为蜡书遗伪相李士实、刘养正，叙其归国之诚，令从臾早发兵东下，而纵谍泄之。宸濠果疑。与士实、养正谋，则皆劝之疾趋南京即大位，宸濠益大疑。十余日诇知中外兵不至，乃悟守仁绐之。七月壬辰朔，留宜春王拱樤居守，而劫其众六万人，袭下九江、南康，出大江，薄安庆。

守仁闻南昌兵少，则大喜，趋樟树镇。知府临江戴德孺、袁州徐琏、赣州邢珣，都指挥余恩，通判瑞州胡尧元、童琦①、抚州邹琥、吉安谈储，推官王暐、徐文英，知县新淦李美、泰和李楫、万安王冕、宁都王天与，各以兵来会，合八万人，号三十万。或请救安庆，守仁曰："不然。今九江、南康已为贼守，我越南昌与相持江上，二郡兵绝我后，是腹背受敌也。不如直捣南昌。贼精锐悉出，

---

① 按，根据进士题名碑以及同治《瑞州府志》卷七，"童琦"当为"董琦"。

守备虚。我军新集气锐，攻必破。贼闻南昌破，必解围自救。逆击之湖中，蔑不胜矣。"众曰："善。"己酉次丰城，以文定为前锋，先遣奉新知县刘守绪袭其伏兵。庚戌夜半，文定兵抵广润门，守兵骇散。辛亥黎明，诸军梯絚登，缚拱㭼等，宫人多焚死。军士颇杀掠，守仁戮犯令者十余人，宥胁从，安士民，慰谕宗室，人心乃悦。

居二日，遣文定、珣、琏、德孺各将精兵分道进，而使尧元等设伏。宸濠果自安庆还兵。乙卯，遇于黄家渡。文定当其前锋，贼趋利。珣绕出贼背贯其中，文定、恩乘之，琏、德孺张两翼分贼势，尧元等伏发，贼大溃，退保八字脑。宸濠惧，尽发南康、九江兵。守仁遣知府抚州陈槐、饶州林城取九江，建昌曾玙、广信周朝佐取南康。丙辰复战，官军却，守仁斩先却者。诸军殊死战，贼复大败。退保樵舍，联舟为方阵，尽出金宝犒士。明日，宸濠方晨朝其群臣，官军奄至。以小舟载薪，乘风纵火，焚其副舟，妃娄氏以下皆投水死。宸濠舟胶浅，仓卒易舟遁，王冕所部兵追执之。士实、养正及降贼按察使杨璋等皆就擒。南康、九江亦下。凡三十五日而贼平。京师闻变，诸大臣震惧。王琼大言曰："王伯安居南昌上游，必擒贼。"至是，果奏捷。

帝时已亲征，自称"威武大将军"，率京边骁卒数万南下。命安边伯许泰为副将军，偕提督军务太监张忠、平贼将军左都督刘晖将京军数千，溯江而上，抵南昌。诸嬖幸故与宸濠通，守仁初上宸濠反书，因言："觊觎者非特一宁王，请黜奸谀以回天下豪杰心。"诸嬖幸皆恨。宸濠既平，则相与媢功。且惧守仁见天子发其罪，竟为蜚语，谓守仁先与通谋，虑事不成，乃起兵。又欲令纵宸濠湖中，待帝自擒。

守仁乘忠、泰未至，先俘宸濠，发南昌。忠、泰以威武大将军檄邀之广信。守仁不与，间道趋玉山，上书请献俘，止帝南征。帝不许。至钱唐遇太监张永。永提督赞画机密军务，在忠、泰辈上，而故与杨一清善，除刘瑾，天下称之。守仁夜见永，颂其贤，因极言江西困敝，不堪六师扰。永深然之，曰："永此来，为调护圣躬，非邀功也。公大勋，永知之，但事不可直情耳。"守仁乃以宸濠付永，而身至京口，欲朝行在。闻巡抚江西命，乃还南昌。忠、泰已先至，恨失宸濠。故纵京军犯守仁，或呼名嫚骂。守仁不为动，抚之愈厚。病予药，死予棺，遭丧于道，必停车慰问良久始去。京军谓"王都堂爱我"，无复犯者。忠、泰言："宁府富厚甲天下，今所蓄安在?"守仁曰："宸濠异时尽以输京师要人，约内应，籍可按也。"忠、泰故尝纳宸濠贿者，气慑不敢复言。已，轻守仁文士，强之射。徐起，三发三中。京军皆欢呼，忠、泰益沮。会冬至，守仁命居民巷祭，已，上冢哭。时新丧乱，悲号震野。京军离家久，闻之无不泣下思归者。忠、泰不得已班师。比见帝，与纪功给事中祝续、御史章纶谗毁百端，独永时时左右之。忠扬言帝前曰："守仁必反，试召之，必不至。"忠、泰屡矫旨召守仁。守仁得永密信，不赴。及是知出帝意，立驰至。忠、泰计沮，不令见帝。守仁乃入九华山，日晏坐僧寺。帝觇知之，曰："王守仁学道人，闻召即至，何谓反?"乃遣还镇，令更上捷音。守仁乃易前奏，言"奉威武大将军方略讨平叛乱"，而尽入诸嬖幸名，江彬等乃无言。

当是时，谗邪构煽，祸变叵测，微守仁，东南事几殆。世宗深知之。甫即位，趣召入朝受封。而大学士杨廷和与王琼不相能。守仁前后平贼，率归功琼，廷和不喜，大臣亦多忌其功。会有言国哀未毕，不宜举宴行赏者，因拜守仁南京兵部尚书。守仁不赴，请归省。已，论功封特进光禄大夫、柱国、新建伯，世袭，岁禄一千石。然不予铁券，岁禄亦不给。诸同事有功者，惟吉安守伍文定至大官，当上赏。其他皆名示迁，而阴绌之，废斥无存者。守仁愤甚。时已丁父忧，屡疏辞爵，乞录诸臣功，咸报寝。免丧，亦不召。久之，所善席书及门人方献夫、黄绾以议礼得幸，言于张璁、桂萼，将召用，而费宏故衔守仁，复沮之。屡推兵部尚书，三边总督，提督团营，皆弗果用。

嘉靖六年，思恩、田州土酋卢苏、王受反。总督姚镆不能定，乃诏守仁以原官兼左都御史，总督两广兼巡抚。绾因上书讼守仁功，请赐铁券、岁禄，并叙讨贼诸臣，帝咸报可。守仁在道，疏陈用兵之非，且言："思恩未设流官，土酋岁出兵三千，听官征调。既设流官,我反岁遣兵数千防戍。是流官之设,无益可知。且田州邻交址,深山绝谷,悉瑶、僮盘据,必仍设土官,斯可藉其兵力为屏蔽。若改土为流,则边鄙之患,我自当之,后必有悔。"章下兵部,尚书王时中条其不合者五,帝令守仁更议。十二月,守仁抵浔州,会巡按御史石金定计招抚。悉散遣诸军,留永顺、保靖土兵数千,解甲休息。苏、受初求抚不得,闻守仁至益惧,至是则大喜。守仁赴南宁,二人遣使乞降,守仁令诣军门。二人窃议曰:"王公素多诈,恐绐我。"陈兵入见。守仁数二人罪,杖而释之。亲入营,抚其众七万。奏闻于朝,陈用兵十害,招抚十善。因请复设流官,量割田州地,别立一州,以岑猛次子邦相为吏目,署州事,俟有功擢知州。而于田州置十九巡检司,以苏、受等任之,并受约束于流官知府。帝皆从之。

断藤峡瑶贼,上连八寨,下通仙台、花相诸洞蛮,盘亘三百余里,郡邑罹害者数十年。守仁欲讨之,故留南宁。罢湖广兵,示不再用。伺贼不备,进破牛肠、六寺等十余寨,峡贼悉平。遂循横石江而下,攻克仙台、花相、白竹、古陶、罗凤诸贼。令布政使林富率苏、受兵直抵八寨,破石门,副将沈希仪邀斩轶贼,尽平八寨。

始,帝以苏、受之抚,遣行人奉玺书奖谕。及奏断藤峡捷,则以手诏问阁臣杨一清等,谓守仁自夸大,且及其生平学术。一清等不知所对。守仁之起由璁、萼荐,萼故不善守仁,以璁强之。后萼长吏部,璁入内阁,积不相下。萼暴贵喜功名,风守仁取交址,守仁辞不应。一清雅知守仁,而黄绾尝上疏欲令守仁入辅,毁一清,一清亦不能无移憾。萼遂显诋守仁征抚交失,赏格不行。献夫及霍韬不平,上疏争之,言:"诸瑶为患积年,初尝用兵数十万,仅得一田州,旋复召寇。守仁片言驰谕,思、田稽首。至八寨、断藤峡贼,阻深岩绝冈,国初以来未有轻议剿者,今一举荡平,若拉枯朽。议者乃言守仁受命征思、田,不受命征八寨。夫大夫出疆,有可以安国家,利社稷,专之可也,况守仁固承诏得便宜从事者乎?守仁讨平叛藩,忌者诬以初同贼谋,又诬其辇载金帛。当时大臣杨廷和、乔宇饰成其事,至今未白。夫忠如守仁,有功如守仁,一屈于江西,再屈于两广。臣恐劳臣灰心，将士解体，后此疆圉有事，谁复为陛下任之！"帝报闻而已。

守仁已病甚，疏乞骸骨，举郧阳巡抚林富自代，不俟命竟归。行至南安卒，年五十七。丧过江西，军民无不缟素哭送者。

守仁天姿异敏。年十七谒上饶娄谅，与论朱子格物大指。还家，日端坐，讲读《五经》，不苟言笑。游九华归，筑室阳明洞中。泛滥二氏学，数年无所得。谪龙场，穷荒无书，日绎旧闻。忽悟格物致知，当自求诸心，不当求诸事物，喟然曰："道在是矣！"遂笃信不疑。其为教，专以致良知为主。谓宋周、程二子后，惟象山陆氏简易直捷，有以接孟氏之传。而朱子《集注》、《或问》之类，乃中年未定之说。学者翕然从之，世遂有"阳明学"云。

守仁既卒，桂萼奏其擅离职守。帝大怒，下廷臣议。萼等言："守仁事不师古，言不称师。欲立异以为高，则非朱熹格物致知之论；知众论之不予，则为朱熹晚年定论之书。号召门徒，互相倡和。才美者乐其任意，庸鄙者借其虚声。传习转讹，背谬弥甚。但讨捕畲贼，擒获叛藩，功有足录，宜免追夺伯爵以章大信，禁邪说以正人心。"帝乃下诏停世袭，恤典俱不行。

隆庆初，廷臣多颂其功。诏赠新建侯，谥文成。二年，予世袭伯爵。既又有请以守仁与薛瑄、陈献章同从祀文庙者。帝独允礼臣议，以瑄配。及万历十二年，御史詹事讲申前请。大学士申时行等言："守仁言致知出《大学》，良知出《孟子》。陈献章主静，沿宋儒周敦颐、程颢。且孝友出处如献章，气节文章功业如守仁，不可谓禅，诚宜崇祀。"且言胡居仁纯心笃行，众论所归，亦宜并祀。帝皆从之。终明之世，从祀者止守仁等四人。

始守仁无子，育弟子正宪为后。晚年，生子正亿，二岁而孤。既长，袭锦衣副千户。隆庆初，袭新建伯。万历五年卒。子承勋嗣，督漕运二十年。子先进，无子，将以弟先达子业弘继。先达妻曰："伯无子，爵自传吾夫。由父及子，爵安往？"先进怒，因育族子业洴为后。及承勋卒，先进未袭死。业洴自以非嫡嗣，终当归爵先达，且虞其争，乃谤先达为乞养，而别推承勋弟子先通当嗣，屡争于朝，数十年不决。崇祯时，先达子业弘复与先通疏辨。而业洵兄业浩时为总督，所司惧怍业浩，竟以先通嗣。业弘愤，持疏入禁门诉。自刎不殊，执下狱，寻释。先通袭伯四年，流贼陷京师，被杀。

守仁弟子盈天下，其有传者不复载。惟冀元亨尝与守仁共患难。

冀元亨，字惟乾，武陵人。笃信守仁学。举正德十一年乡试。从守仁于赣，守仁属以教子。宸濠怀不轨，而外务名高，贻书守仁问学，守仁使元亨往。宸濠语挑之，佯不喻，独与之论学，宸濠目为痴。他日讲《西铭》，反复君臣义甚悉。宸濠亦服，厚赠遣之，元亨反其赠于官。已，宸濠败，张忠、许泰诬守仁与通。诘宸濠，言无有。忠等诘不已，曰："独尝遣冀元亨论学。"忠等大喜，搒元亨，加以炮烙，终不承，械系京师诏狱。

世宗嗣位，言者交白其冤，出狱五日卒。元亨在狱，善待诸囚若兄弟，囚皆感泣。其被逮也，所司系其妻李，李无怖色，曰："吾夫尊师乐善，岂他虑哉！"狱中与二女治麻枲不辍。事且白，守者欲出之。曰："未见吾夫，出安往？"按察诸僚妇闻其贤，召之，辞不赴。已就见，则囚服见，手不释麻枲。问其夫学，曰："吾夫之学，不出闺门衽席间。"闻者悚然。

赞曰：王守仁始以直节著。比任疆事，提弱卒，从诸书生扫积年逋寇，平定藩。终明之世，文臣用兵制胜，未有如守仁者也。当危疑之际，神明愈定，智虑无遗，虽由天资高，其亦有得于中者欤。矜其创获，标异儒先，卒为学者讥。守仁尝谓胡世宁少讲学，世宁曰："某恨公多讲学耳。"桂萼之议虽出于娼忌之私，抑流弊实然，固不能以功多为讳矣。

（张廷玉等撰《明史》）

钱德洪《王文成公年谱》（节选）

年谱一

先生讳守仁，字伯安，姓王氏。其先出晋光禄大夫览之裔，本琅琊人，至曾孙右军将军羲之，徙居山阴；又二十三世迪功郎寿，自达溪徙余姚；今遂为余姚人。寿五世孙纲，善鉴人，有文武才。国初诚意伯刘伯温荐为兵部郎中，擢广东参议，死苗难。子彦达缀羊革裹尸归，是为先生五世祖。御史郭纯上其事于朝，庙祀增城。彦达号秘湖渔隐，生高祖，讳与准，精《礼》、《易》，尝著《易微》数千言。永乐间，朝廷举遗逸，不起，号遯石翁。曾祖讳世杰，人呼为槐里子，以明经贡太学卒。祖讳天叙，号竹轩，魏尝斋瀚尝立传，叙其环堵萧然，雅歌豪吟，胸次洒落，方之陶靖节、林和靖。所著有《竹轩稿》、《江湖杂稿》行于世。封翰林院修撰。自槐里子以下，两世皆赠嘉议大夫、礼部右侍郎，追赠新建伯。父讳华，字德辉，别号实庵，晚称海日翁，尝读书龙泉山中，又称为龙山公。成化辛丑，赐进士及第第一人，仕至南京吏部尚书，进封新建伯。龙山公常思山阴山水佳丽，又为先世故居，复自姚徙越城之光相坊居之。先生尝筑室阳明洞，洞距越城东南二十里，学者咸称阳明先生云。

（成化）十有四年辛酉，先生三十岁，在京师。

奉命审录江北。

先生录囚多所平反。事竣，遂游九华，作《游九华赋》，宿无相、化城诸寺。是时道者蔡蓬头善谈仙，待以客礼。请问。蔡曰："尚未。"有顷，屏左右，引至后亭，再拜请问。蔡曰："尚未。"问至再三，蔡曰："汝后堂后亭礼虽隆，终不忘官相。"一笑而别。闻地藏洞有异人，坐卧松毛，不火食，历岩险访之。正熟睡，先生坐傍抚其足。有顷醒，惊曰："路险何得至此！"因论最上乘曰："周濂溪、程明道是儒家两个好秀才。"后再至，其人已他移，故后有会心人远之叹。

（以上年谱录自《王文成公全书》卷三十二）

年谱二

（正德）十有五年庚辰，先生四十九岁，在江西。

正月，赴召次芜湖。寻得旨，返江西。

忠、泰在南都谮先生必反，惟张永持正保全之。武宗问忠等曰："以何验反？"对曰："召必不至。"有诏面见，先生即行。忠等恐语相违，复拒之芜湖半月。不得已，入九华山，每日宴坐草庵中。适武宗遣人觇之，曰："王守仁学道人也，召之即至，安得反乎？"乃有返江西之命。始忠等屡矫伪命，先生不赴，至是永有幕士顺天检校钱秉直急遣报，故得实。

（以上年谱录自《王文成公全书》卷三十三）

按：束景南《王阳明年谱长编》考证此事："二十三日，武宗遣锦衣卫来九华山侦伺阳明，见无反状，乃再召赴南都。"束景南《王阳明年谱长编》还认为："钱德洪于此叙述混乱舛误，意义不明，至不堪卒读。按其时阳明受命并非自九华山返回江西，而是自九华山再北赴南都，故此处'乃有返江西之命'应改为'乃有返南都之命'，方与下面'先生赴召至上新河（南都）'意思衔接。以阳明八日退入九华山半月计之，则武宗遣锦衣卫来九华山侦伺阳明在二十三日。又阳明又与克彰太叔称己正月二十六日得旨至南都，则其自九华山起程当亦在二十三日。"

除此之外，束景南《王阳明年谱长编》还引用民国《九华山志》卷二所载蒋维乔《九华山纪游》的内容："东岩，原名东峰，其上有岩，深如屋。相传金地藏始卓锡于此。明王守仁更名曰'东岩'。岩前悬崖峻绝，俗呼舍身岩。正德十四年（按：当作十五年），守仁再入九华，武宗遣锦衣使侦之，见守仁在此宴坐，故又名宴坐岩。"又："锦衣石，在宴坐岩右。明武宗所使锦衣卫侦王阳明所坐石也。若非此公忠直，则先生危矣。周凤冈诗：'九华一路看山行，引路偏劳念佛声。宴坐堂前锦衣石，心香一瓣为先生。'"

补充说明：束景南此处所引"锦衣石"条，亦出自民国《九华山志》卷二。

年谱附录二

巡按直隶监察御史曹煜建仰止祠于九华山，祀先生。（按：此当在嘉靖十四年。）

九华山在青阳县，师尝两游其地，与门人江□（按：当是指江学曾）、柯乔等宿化城寺数月。寺僧好事者，争持纸索诗，通夕洒翰不倦。僧蓄墨迹颇富，思师凤范，刻师像于石壁，而亭其上，知县祝增加茸之。是年煜因诸生请，建祠于亭前，扁曰"仰止"。邹守益捐资，令僧买赡田，岁供祀事。越隆庆戊辰，知县沈子勉率诸生讲学于斯，增茸垣宇赡田。煜祭文见《青阳志》。

（以上年谱录自《王文成公全书》卷三十五）

按：周赟《九华山志》卷六"人物"有"王阳明"条，记载云："阳明祠在化城寺西，其下有仰止亭。"其下则有小注："九华阳明祠，以去城远，官吏祭祀不便。每岁春秋，修祀于城内之阳明祠。咸丰间，毁于兵。光绪壬辰，训导周赟，邀四乡绅士于祠基，倡捐建良知书院。后与知县汤寿潜率诸绅，改东向定界。汤独捐廉百元为工费，又捐五十元，已为之置田为膏火。其百元现存育婴堂，适汤侯解组，而赟又调署事，遂中止，尚俟后之贤宰及留心世教者玉成焉。"

王守仁传

王守仁，字伯安，余姚人，称阳明先生。尝两至九华，爱山水之胜，居数月，题咏颇多。尝示人曰："无善无恶心之体，有善有恶意之动，知善知恶是良知，为善去恶是格物。"学者宗之，从游日众。建祠九华山中。

（光绪《青阳县志》第四卷"人物志"）

王守仁传

王守仁，字伯安，号"阳明"，浙江余姚人。父华，仕至吏部尚书。母怀孕十四月而生，祖母梦神人自云中送儿下，因名"云"。五岁不能言，有异僧过之，曰："可惜道破。"更名"守仁"，乃言。宏治己未，进士第二。十四年辛酉，以刑部清吏司，审录江北，多所平反。事竣，游九华，因见道者蔡蓬头，及地藏洞不火食之异人，论最上乘。异人曰："周濂溪、程明道是儒家两个好秀才。"次年壬戌，告病归越，筑室阳明洞，行导引术，故号"阳明"。遂能先知，众惊异，以为得道。久之，悟曰："此簸弄精神，非道也。"即屏去。思遗弃世累，独不能置念于祖母与父。久之，忽悟此念生于孩提，若可去，是断灭种性矣。明年，移疾西湖，往来南屏、虎跑诸刹。乙丑在京师，专志讲学，时年三十四。正德改元，奄瑾窃柄，逮系言官。守仁抗疏救之，下诏狱，杖，谪贵州龙场驿丞。瑾遣贼欲加害，守仁至钱塘，托迹投江，附估舶遁。风飘至闽境，夜奔山寺，不纳，趋野庙卧。夜半虎绕廊，哮吼不入。于是由武夷归省亲，冬赴龙场。其地在万山丛棘中，蛇虺蛊毒瘴疠之薮。无屋舍，就石穴而处。从行仆病，躬析薪汲水，自为石椁以待尽。于时，不唯得失荣辱胥已解脱，即生死念头亦无动于中。端居澄默，日夜参求。一夕，忽大悟，不觉呼跃。至此，始信圣人之道，吾性自足，时年三十六也。庚午移庐陵，不事威刑，专开导人心，仅七月，治几无讼。正德十一年丙子，以尚书王琼荐，升左佥都御史，巡抚南赣汀漳等处。时江西、福建、广东、湖广之交，方千余里，皆乱。以赣南为巢穴，阻山作寨。而宸濠阴与之通，以至啸聚至数十万。守仁莅任旬日，练民兵进勦。凡三月，而破贼巢三十八。积年通寇悉平。十四年己卯，宁藩宸濠反，陷南康、九江，进围安庆。守仁举兵破南昌，宸濠悉众回援，守仁迎击，大破之，遂擒濠。太监张忠等，导上亲征。令纵濠于鄱阳湖，俟驾至，战而执之。守仁以宸濠付张永，而还南昌。张忠、许泰等，恨失濠，谮守仁必反。帝诏之，立驰至。忠、泰沮不令见，乃入九华山，宴坐一室。帝觇之，曰："道学人也，何谓反乎？"遣还镇。庚辰，重过开元寺，留石刻读书堂后，仍还南昌。辛巳，年五十岁，始揭"致良知"之教。六月，进兵部尚书。世宗践祚，录擒宸濠功，封"新建伯"。嘉靖元年壬午，守父丧。丁亥，以左都御史，征广西思田蛮。开示恩信，自缚来降者七万余人。薄惩之，令归农。以归师袭破两广断藤峡猺，剧寇万众。猺寇盘据三百余里，郡县罹害者数十年，至是一举悉平。而桂萼谮之，赏格不行。守仁病笃，乞骸骨归。至南安，门人问遗言。答曰："此心光明，亦复何言？"遂卒。时嘉靖七年戊子，十一月二十九日也，年五十七。按《通鉴纲目》，先生平断藤猺，在戊子九月，其卒在己丑正月。今据黄梨洲《明儒学案》先生传所载。以梨洲与先生同为余姚人，纪载较确也。隆庆初，赠新建侯，谥文成。守仁自经宸濠、忠、泰之变，益信良知真足以忘患难、出生死。自言："近来信得'致良知'三字，真圣门正法眼藏。自经多事以来，只此良知，无不具足。某于此良知之说，从百死千难中得来，不得已，与人一口说尽。只恐学者得之容易，把作一种光景玩弄，不落实用功，负此知耳。若向里寻求，见得自己心体，即无时无处不是此道。亘古亘今，无始无终，更有甚同异？知是心之本体，心自然会知，不假外求，善恶自辨。彻头彻尾，无始无终，即是前念不灭，后念不生。今却欲前念易灭，后念不生，是佛所呵为断灭种性，入于槁木死灰矣。心体上，著不得一念留滞，如眼著不得些子尘沙。便好念头，亦著不得，如眼中放金屑，亦开不得。七情皆良知之用，不可分别善恶，但不可有所著。有著谓之欲，俱为良知之蔽。然才有著，良知亦自会觉，觉即蔽去，复其体矣。良知不由见闻而有，而见闻莫非良知之用。故良知不滞于见闻，亦不离于见闻。单言心，恐无入处，故醒之以知。单言知，恐以情识当之，故揭之以良。良知者，无知而知也。知来本无知，觉来本无觉，然不知则遂沦埋。妄心则动，照心非动。恒照，则恒动恒静。照心固照，妄心亦照，有刻暂停则息矣，非至诚无息之学矣。照心非动者，以其发于本体明觉之自然，而未尝有所动也，有动即妄矣。妄心亦照者，以其本体明觉之自然者，未尝不在于其中；但有所动耳，无所动即照矣。有妄有照则犹贰，贰则息矣。无妄无照则不贰，不贰则不息矣。"人问："用功收心时，有声色之闻见，恐不专一。"守仁曰："非耳聋目盲，如何不闻见？只虽闻见，而不流去，便是。"有人欲屏绝事为。守仁曰：

"使在我无功利之心，虽钱谷甲兵，搬柴运水，无往而非实学。使我尚存功利之心，虽日谈道德仁义，亦只是功利之事。用功在澄心，不在无事也。"问上达功夫。答曰："凡目可得见，耳可得闻，口可得言，心可得思者，皆下学也。不可见闻言思者，上达也。故凡可用功者，皆下学；而上达，即在下学里。吾辈用功，要心真切，见善即迁，有过即改，方是真切工夫。若求用功时光景，或效验，却是助长外驰，不是工夫。"问："心无恶念时，亦须存个善念否？"曰："既无恶念，便是善念，若又要存个善念，即是日光之下添燃一灯。"问："己私难克，奈何？"曰："将己私来替汝克。"问："古人论性，各有异同，何者为定论？"曰："性之本体，原是无善无恶；至发用上，则可为善为恶。譬如眼有喜时眼、怒时眼，若执定一边，便错。孟子说性善，从源头上说。荀子说性恶，从流弊上说。只是这个性，所见不同耳。"每常诲人，谓无善无恶心之体，有善有恶意之用，知善知恶是致知，为善去恶是格物，而以默坐澄心为下手工夫。其学遍天下，而分各派。东流至日本，成明治维新事业，实有体有用之学也。有《九华诗册》，见本志"艺文门"。九华立阳明祠，在化城寺西，下为仰止亭。《明儒学案》及《圣学宗传》。

（民国印光重修《九华山志》卷六"流寓门"）

乙编
湛若水九华山诗文

本编说明

1. 此部分所选湛若水讲章、问答及书翰，以明万历七年（1579）刻《湛甘泉先生文集》三十五卷本（讲章在卷十四，问答出卷三《雍语》，书翰出卷八《新泉问辨录》）为底本，简称文集本，以明嘉靖十九年（1540）岭南朱明书院刻万历二十一年（1593）重修《泉翁大全集》十七种八十五卷本（讲章在卷十二，问答出卷六《雍语》，书翰出卷七十《新泉问辨录》）为校本，简称大全本。

2. 所选湛若水诗，则以今人黄明同主编《湛若水全集》（简称全集本）所收陈永正精校整理本《湛若水诗集》为底本。

3. 湛若水传记资料，选自中华书局 2003 年版《明史》、中华书局版《明儒学案》，以及文集本、大全本、清康熙二十年（1681）黄楷刻《湛甘泉先生文集》三十二卷本、民国二十七年（1938）铅印《九华山志》本等。

一　湛若水文

九华山甘泉书院讲章

子谓子夏曰："汝为君子儒，无为小人儒。"

青阳江生学曾以宁生极从九华山来，告于甘泉先生曰："今督学闻人公，及太守侯公、贰守任公作兴斯文，九华山既成甘泉书院，是有竹实万斛之瑞，征文明也。先生且未遂往，必先得先生教言以往莅之，则俨□若先生之临也。学者习服其言，则慨乎如闻先生之謦欬也，惟先生俯从而幸惠焉。"乃取《论语》"子谓子夏曰'女为君子儒，无为小人儒'"一章为讲义，以授江生，将刻石以归，昭示来学云。①

这一章书，是《论语》二十篇中圣人示人最痛切的说话。君子，大人之称；小人，细民之称；儒者，学士之称。此同一儒字，即分别君子、小人之归。世间衣儒衣、冠儒冠、言儒言、行儒行，皆似是同一个儒者，岂知儒之中，又大有君子、小人之别乎！读之至此，不能不令人警惕。盖此立心之初，便是生死路头，便是内外歧径，便是君子小人之分，愈骛愈远，便如水火冰炭之相反，故术不可不辨其初。

所谓术者，非他也，乃心术也。所谓心术者，非他也，乃一念之邪正也。方其立心正时，则便真切，真切则便由中出，由中出则言不必信，行不必果，惟义所在。此孟子所谓集义所生之学，所谓

---

① "青阳江生"至"昭示来学云"一百五十二字，原无，据大全本补。

由仁义行之学，所谓大人之事。如此便为君子矣。何也？为君子儒，则其术不得不为君子也。方其立心邪时，则便作伪，作伪则便徇外，徇外则言必信，行必果，不惟义所在。此孟子所谓义袭而取之学，所谓行仁义之学，夫子他章所谓硁硁然小人之事。如此便为小人矣。何也？为小人儒，则其术不得不为小人也。世间人见这言行必信果之儒，谁不道他为君子之人？谁不道他为圣人之徒？虽此人亦岂不以君子圣人之徒自居而不疑也？然而卒为小人之归而不自知，人亦不知之者，其心术都已一齐坏了也。

由是推之，世间学者同读圣人之书，同为君子之谈，同訾小人之非。然毕竟君子之儒，以圣人之训入乎耳，感乎心，蕴之为德行，行之为事业者，皆集义所生，由仁义行之类也。若夫小人之儒，剽窃圣人之言，为记诵，为词章，以取科第，以干利禄者，皆义袭而取，行仁义之类也。一得志则扬扬于闾里，侈然以君子自安。若使此人一旦觉悟，岂不自哀、自伤、自痛其身为小人之归乎？

今夫常人闻人詈己为小人，其心岂无羞耻而不肯受之者？及其为小人之儒，为小人之归，因恬而不觉不耻者，何也？其心术先为之惑，如醉如梦，终其身而不悟也，哀哉！昔在孔门弟子，惟德行之科，如颜、闵、曾、开之徒为君子之儒，决不至为小人矣。至于文学、言语、政事之科而不本于德行者，如游、夏之伦，难保其不出入于君子小人之间。故夫子告之以此，实下顶门一针，打开生死路头，欲人猛省，早辨其学术也。尔诸生虽或聪明过人，恐未及游、夏。于为学立心之始，可不自决择，辨之于早，而察之于微乎？

江生进，问曰："何谓立正心？"曰："勿忘勿助之间，则正念见矣。""何谓立邪心？"曰："或助或忘，则邪念生矣。""然则今之欲为君子儒者，何如？"曰："二业合一，心事无间，即古所谓德行道艺之儒，是为君子耳矣。夫为君子者，不出乎一念内外之间，岂不易简？岂为烦难？诸生何让而不为君子？"

嘉靖乙未六月十四日。

（《湛甘泉先生文集》卷十四）

九华山中华书堂讲章有序①

子曰:"古之学者为己,今之学者为人。"

嘉靖丙申八月二十三日,予携扬、浙、广、福、徽、宁、太、池诸生沈生珠等游九华山。至,止于侍御闻人子、虞子、池阳前太守侯子、今太守陆子、贰守任子所作之书院焉,而太守陆子咨节推米子以居守,同前御史柯子、乡进士汪子、施子、前进士章子、贵池贰尹刘子、三学教授、司训,与夫三学诸生实从陆子、柯子以诸子同词曰:"夫闻人侍御及吾池之大夫士经始书院于此山,正以待先生游从之临,以惠教一方之士也。今诸生人各静心竭诚,听先生开讲,以发明人心之要领,俾人人各有立志。幸先生垂惠焉。"乃取《论语》书中"古之学者为己,今之学者为人"一章,略为提掇其大义奥旨,直指学者立心之始,而诚伪之分、死生之判系焉。然又以词不尽意,士难卒会,人无实益,徒为虚文耳,则又为之述为讲章,使人各传诵,因词以达其义,由义以契诸心,岂徒事言语文词云乎哉!②

这章书全在"为"字上,是圣人分别古今学者之心术,而示人以立心之始的说话。夫古今同此一天地也,同此天地则同此人,同此人则同此心、同此性,而何有古今学者之别③乎!盖天地人物无古今,而学者自有古今。此心此性无古今,而为己为人者自有古今。圣人之学,心学也,劈初只看其立心立志何如耳。一念所志,顷刻之间,合下圣愚便别,古今便别,为己为人便别,其终所成亦必如此。譬如树艺者,树以五谷之种,则其萌、其穗、其实,无非五谷之美;树以黄稗之种,则其萌、其穗、其实,亦无非黄稗之恶,自有不可掩者,亦有不可易者。是故学者之要,莫先乎决择于立志之初。初志既审,如识宝者之爱宝,日日亲切,日进日亲;今日志之,

---

① "有序",原无此二字,据大全本补。
② "嘉靖丙申"至"文词云乎哉"二百九十七字,原无,据大全本补。
③ "别",原作"引",据大全本改。

明日志之；今年志之，明年志之；①　将有欲已之而不能自已，虽不期成而自成者矣。

何谓初志？其初一念为学之志也。一念之初，便有为己为人之别，便有义利公私之判。何谓义？何谓公？古之学者为己是也。三代之学皆所以明人伦也。明人伦者，尽为人之道也。尽为人之道者，尽己也。心，己之心也；性，己之性也。学、问、思、辨、笃行，皆以存己之心、养己之性，是无所为而为。心又不为人而存，性又不为人而养，这便是古之学者为己。何谓利？何谓私？今之学者为人是也。三代而下，经残教弛，道丧学绝，失了古人为学本意。虽亦从事于学、问、思、辨、笃行，而不知所行者何事，故或流而为词章以媒爵禄，而不知词章爵禄何与于己之心，不过要得意扬扬，欲人观美耳。或流而为功利以夸时人，而不知随世功名何益于己之性，不过沾沾自足，欲人称颂耳。是有所为而为，既以为人观美，又以为人称颂，这便是今之学者为人。

夫苟志于为己，则念念在己，有天下而不与，这便是立诚。诚立则遁世无闷②，人不知而不愠，可与圣人同归矣。夫苟志于为人，则念念外慕，人之与夺仅如毫毛，而必动心自失，安能无闷？安得不愠？这便是小人，便与夷狄禽兽同归矣。虽同乎人之心性，失其所以为人之道也，已非人类，虽同在天地间，实天地之罪人，实为天地不孝之子。③　岂是其智弗若人哉？乃其自失之耳，岂不可哀！④

宋儒程子，又为推广此章之义曰："古之仕者为人，今之仕者为己。"与此实相表里。盖学有为己之实心，则己之性尽，而能尽人物之性。人物之性皆在己性分内事了，其仕也，自不能以不为人矣。学有为人之私心，则凡所以损人害物以益己者，无不为之，其仕也，自不能以不为己矣。夫为己为人皆是一为字，但其萌于一念邪正之间耳。一念之机甚微，极而至于古今圣愚，得失存亡，若天渊之相

---

① "今日志之"至"明年志之"十六字，原无，据大全本补。
② "闷"，原作"间"，据大全本改。
③ "已非"至"之子"二十四字，原无，据大全本补。
④ "岂不可哀"，原无，据大全本补。

悬绝，岂非大可畏耶？夫人莫不有一生耳，苟不蚤自决择而勇为之，至于为小人、为夷狄禽兽之归，临死时，平生之为人者泯，而天地之性于己者定，未有不悔者，然悔之亦晚矣。兴言及此，不觉为之垂涕饮泣也。夫惟学贵专于为己而已，己立而人归焉。修其天爵而人爵从之，然后人己两尽而天人协应，二者皆得而无复悔尤矣。吾之所可为诸君言者尽之矣①，惟诸君其共商确焉敬之哉②。

（《湛甘泉先生文集》卷十四）

会华书院讲章

孟子曰："仁，人心也；义，人路也。舍其路而弗由，放其心而不知求，哀哉！人有鸡犬放，则知求之，有放心而不知求。学问之道无他焉，求其放心而已矣。"

这章书是孟子备举天理之全体大用，欲人切己体认的说话。何谓切己？人心、人路皆是切于人之身者，其中"哀哉"二字，最是切于人心猛省处。其曰求放心，最是切于人之用力处。今太守陆大夫同贰守任君、节推米君创作此书院，时予过此，与诸贤共论此作圣之学，是太守以圣人望诸贤也。以圣人望诸贤者，欲诸贤尽为人之道，立全体，具大用，以为国家之柱石耳。③ 正合孟子此章之意。

《易》曰："立人之道，曰仁与义。"仁者全体，义者大用。性之而成圣，体之而成贤，会而通之而成身。故仁义者，天地之大德，圣学之极功，舍是则无可致力于学者矣。何谓仁也？仁非甚远难知，即人之心也。恻隐之心，人心也；好生之心，人心也。人心之理，生生不息，此便是仁，故仁即人之本心也。何谓义也？义非甚高难行，即人之路也。以心制事，由体达用，身之所在，义亦在焉。所以为人伦之纲维，庶物之裁制，出入必于斯，往来必于斯，行乎万

---

① "吾之"句，原无，据大全本补。
② "敬之哉"三字，原无，据大全本补。
③ "是太守"至"柱石耳"三十七字，原无，据大全本补。

事万变之间，人虽欲顷刻违之而不可得，此便是义也。故义即人之正路也。在心为仁，天理之全体也；在事为义，天理之大用也。人或顷刻心无所裁制，则天理灭而义亡①，义亡便是自舍其路而弗由。人或顷刻心无所存主，则天理灭而仁亡，仁亡便是自放其心而不知求。内则失心，外则失路。失心、失路，自丧其所以为人之道，冥冥然居则不安，怅怅然行则不前，岂非大可哀哉！夫哀莫大于心死，而身死随之。盖叹其可哀之甚，欲人知可哀而自哀。苟知其可哀而自哀，未有不痛哭流涕，而自省自怨自艾不能自已②者矣。若自哀自求，反身而诚，则乐莫大矣，何惮而不为乎？

然心又为事之本，失其路由失其心，故又推本于心而言之，以为人之本心根于性命，非若鸡犬之为外物者。然今之人有鸡犬放，则知求之，有放心而不知求，爱外物之至轻，而忘夫身心之至重者，岂为难知哉？弗思之甚矣耳。然求放心者，学问而已矣。何谓学问？博学、审问、慎思、明辨、笃行皆是学问，所从事于斯者无他，求放心之道，在此而已矣。知以开其心，行以恒其心，知行并进，觉其明，去其蔽，而放心自存。存其心即所以存其性，成性存存而道义出，万化行。是学问者，非求放心之道乎？心存而义出，居无不安，行无不利，是向之可哀者，今则反为大乐矣。或谓求放心即学问之道，或谓求放心而后可学问，则未有不至于以心求心，累其天君，憧憧往来，朋从尔思，而心愈放愈远矣。此章即孔门"博学笃志，切问近思，仁在其中"之指。明道先生亦曰："圣贤千言万语，只欲人将已放之心反复入身来，自能寻向上去，下学而上达也。"学者所当猛省慎思，不可失之过，失之不及，至于忘助之病也。③ 吾虽老矣，愿与诸贤共勉之。

（《湛甘泉先生文集》卷十四）

---

① "亡"，文集本作"忘"。下"亡"字同。
② "不能自已"前，大全本有"而"字。
③ "学者"至"忘助之病也"二十四字，原无，据大全本补。

答诸生问①

沈珠问："天理何以见?"甘泉子曰："其主一乎!天理者,吾心本体之中正也。一则存,二则亡,觉不觉而已。"

施宗道问："学当何先?"甘泉子曰："先识仁,否则何的乎!能与我《心性》之图者,其庶矣。"未达。曰："知斯图者,其天地万物之同体矣。是故宇宙之内,一而已矣。夫然后能知性。"

施宗道问："人己何以能合一?"甘泉子曰："理无二也,二之者,有我也。夫天,一而已矣。"

沈珠问："知而行不及者,何也?"甘泉子曰："未真知耳,知之真,其能已于行乎?"曰："亦有真知而不能行,何与?"曰："汝谓知果真耶?譬之饮食,知其味,斯嗜之矣。知所嗜,斯食之矣。汝之真知亦犹饮食者乎?"

沈珠问："观山水有要乎?"甘泉子曰："游息皆涵养也,在觉之耳。逐则忘,忘则流,流而不止,天理灭矣。"

沈珠问横渠。甘泉子曰："勇何可当也!皋比之撤,其几于忘己与!"

施宗道问延平之学。甘泉子曰："李子之于道,其深矣。观其气质之变,非涵养之深者能之乎?"

施宗道虑无以日②新。甘泉子谓之曰："夫学必有根,斯能日新。日新不息,斯谓盛德。"

沈珠问曰："甚矣!明道之懿也,而门人鲜得其真,何也?"甘泉子曰："游、杨,明道之所取尔,然或离而去之。气质之性则固然也,非独程门尔。孔门自颜、曾、闵、冉之外,亦有然者矣。"曰："岂其信不及与?"曰："当其授受时也,精神所感,斯信之矣。但离违之久,学力不足以胜气质,而学遂分矣。故学至气质变化而后能不反。诸生今日之相聚也,不去成心,他日可保乎?"

---

① 题为编者自拟。
② "日",原作"自",据大全本改。

沈珠问：“孔子曰：‘无终食之间违仁。’其弗已于仁者与？”甘泉子曰：“奚但终食尔，虽一息弗可已也。”①

沈珠问理气之辨。甘泉子曰：“夫道器一而已矣。孟氏养浩然之气，配义与道，配斯一矣。”未达。曰：“气而中正焉，斯理而已矣。孰或离之？孰或混之？”②

沈珠问：“心苟中正矣，其无待于审几与？”甘泉子曰：“中正者，心之本体也，既感而应则几也。或几而中正，或几而邪僻，其可以不审诸？其可以不慎诸？”③

施宗道问：“夫子何以取空空？”甘泉子曰：“鄙夫非能空者也，云空空，夫子之设言也。虽鄙夫而能空空，斯取之矣。空空则无物矣，无物则虚矣，虚则能受矣。是故大虚则大受，小虚则小受。”

陈应期问尽心存心之异。甘泉子曰：“性也者，心之生理也，心尽而性见矣。存心也者，恒其所尽之心而已，其知行并进者乎！”

陈应期偕施宗道问学。甘泉子曰：“学莫先于立心，心立而后可与论学，学可以养心。”童子歌《鹿鸣》《南山》之诗。甘泉子曰：“心存而后可以听歌，歌可以消固滞。”④

陈应期问：“学而时习，何谓也？”甘泉子曰：“学其觉也，觉其心之神明也，神明之昏，习心蔽之耳。及其感于简策，警于人言，本然之觉，如寐者之唤，寤而神全焉，知斯至矣。时而存习焉，行斯至矣。悦焉，乐焉，君子焉，其皆本于此乎。”

施宗道问：“随处体认天理，则既闻命矣。然不先时讲明，□争得无舛乎？”甘泉子曰：“然。夫谓随处体认，则讲明在□□矣。讲明所以合天理也，故学之不讲，圣人忧之。”⑤

沈珠问：“体认、扩充、存养三者有序乎？”甘泉子曰：“孰或先焉？孰或后焉？体认也者，知至至之也，是为存养，其扩充之功

---

① 此条原无，据大全本补。
② 此条原无，据大全本补。
③ 此条原无，据大全本补。
④ 此条原无，据大全本补。
⑤ 此条原无，据大全本补。

尽之矣。"①

沈珠问："未发之中，圣凡同乎？"甘泉子曰："曷不同也？时而若无然，时而若有然，其本体之明晦，蔽与不蔽焉耳。察而存之，久将复圣矣，夫奚外假之与？"②

沈珠问："体认之功多间断焉，则如之何？"甘泉子曰："是在恒其志耳。志存则恒知，知其间焉，斯续矣。"③

（《湛甘泉先生文集》卷三"雍语"）

先生新泉随笔书付周克道

智崇而礼卑，中行之士也，行者，中路也，以上便可到圣人地位。狂者有智崇而无礼卑，狷者有礼卑而无智崇，孔子思得狂狷，盖欲因其一偏之善抑扬进退之。狂狷交用，则智崇礼卑，天地合德，便是中行，可践迹而入圣人之至矣。杨慈湖岂是圣贤之学？乃真禅也，盖学陆象山而又失之者也。闻王阳明谓慈湖远过于象山，象山过高矣，又安可更过？观慈湖言"人心精神是谓之圣"，是以知觉为道矣。如佛者以运水搬柴无非佛性，又蠢动含灵无非佛性，然则以佛为圣，可乎？

聪明圣知，乃达天德，故入道系乎聪明。然聪明亦有大小远近浅深，故所见亦复如此。曾记张东所谓"《定性书》静亦定，动亦是定，有何了期？"王阳明近谓："勿忘勿助，终不成事。"夫动静皆定，忘助皆无，则本体自然，合道成圣，而天德王道备矣。孔、孟之后，自明道之外，谁能到此？可知是本习经历。二君亦号聪明，亦止如此。故人之聪明，亦有限量。

有以知觉之知为道，是未知所知者何事。孟子言："予将以斯道觉斯民。"则所觉者，道也。儒、释之分正在此。

人情有以仇为恩者，有以恩为仇者。如人被邪魔所迷惑，或入深山大谷中，或入恶秽坑里，其时鲜不以彼邪魔为恩，有人嗔而醒，

---

① 此条原无，据大全本补。

② 此条原无，据大全本补。

③ 此条原无，据大全本补。

未必不反以为仇，盖心迷惑不知故也，如柳子厚所说李赤被鬼迷，引入溷厕，恶人救之之事是也。使其一旦觉知，岂不可叹？明道出入释老，后大觉悟其非，反力攻之，方为善觉，方为大勇。其终身迷惑，不知反者，溷厕中鬼耳。

古之称禅师者，所在必有数千百人听法，一时之盛，皆自以为觉矣。殊不知自具眼观之，师弟相迷，载胥及溺耳。乃自以为是，终身迷惑而不知反。程子曰："《传灯录》几千人，敢道无一人觉者。若有一人觉者，临死须求一尺帛裹头而死矣。"①

（《泉翁大全集》卷七十"新泉问辨录"）

答吕怀问②

吕怀问："气之中处便是理，民受天理之中，与心俱生，便是性。故性即中、即天之理也。性者，天地万物一体者也，所以天理无不包贯，即此便是仁体。学者只是随处体认天理，便是求仁，便是养中，便是格物，便是天人、人己、内外合一之学，虽执中一贯，其致一也。未知是否？"

在天地与在人一般，其在天地，一阴一阳合德，是之谓中，是之谓理；民受天地之中，在生生不息，刚柔合德，即是天地之性，所谓天地万物一体者也。识得此意，便是仁体，便是天理。如是体认，须于不助不忘，心得其正时识取。

吕怀问："体认天理最难。天理只是吾心中正之体，不属有无，不落方体，才欠一毫，已便不是；才添一毫，亦便不是。须是义精仁熟，此心洞然与之为体。如怀虽是随处体认天理也。③ 或曰：知勿忘勿助之间则见之。窃谓勿忘勿助固是中规，

---

① 此篇原无，据大全本补。
② 题为编者自拟。
③ "如怀"句，原无，据大全本补。

然而其间间不容发，又不是个有硬格尺可量定的，只这功夫，何缘便得正当？"

观此可见吾契曾实心寻求来，所以发此语。天理在心，求则得之。夫子曰："我欲仁，斯仁至矣。"但求之自有方，勿忘勿助是也。千古惟有孟子发挥出来，须不费丝毫人力，欠一毫已便不是，才添一毫亦不是，此语最是。只不忘助时，便添减不得。天理自见，非有难易也，何用硬格尺量耶？孟子曰："物皆然，心为甚。"吾心中规矩，何用权度？明道先生与吴师礼谈介甫之学错处，谓师礼曰："为我尽达诸介甫，如有说，愿往复，此天下公理，果能明辨，不有益于彼，则有益于我。"

（《湛甘泉先生文集》卷八"新泉问辨录"）

二 湛若水诗

寄题九华山书院有序

九华山甘泉书院，在书堂记之址，与阳明书院相上下。门人江学曾诸生既不得于五溪者之所改图，池守侯君绒、贰守任君柱之所请，前御史柯君乔之所赞，督学闻人君诠、巡按虞君守愚之所定，卜而创置，以为甘泉子他时归隐之所憩息，而与诸生之所欲习之地者也。余欲拂衣以往而未能也，聊作诗，寄意神游焉。

昔年阳明子，为我说九华。夜夜梦此山，令我胸嵯峨。九华同一根，是为太极门。得意何必登，神游九有全。两君闻、虞也。开两堂，二侯侯、任也。为赞襄。下上如生平，千载同徜徉。堂在化城外，九华于兹会。甘泉山堂前，堂胜益可爱。诸贤若爱泉，人人有真源。自酌乃自得，且勿信吾言。

（《湛若水全集·湛若水诗集》卷五）

送周克道、吕汝德入九华，兼寄先在山诸君有序

九华山甘泉书院，盖为甘泉子他时退藏之地也。青阳尹祝君增与庠诸生江生学曾、施生宗道成之，而太学生李君呈祥亦与经营焉。周纪善冲、尹生唐先往居之，今乡进士周生孚先、吕生怀送予至彭城而还，亦浩然以往，朋友道义之会，乐当何如？诗以赠之。

祝尹开山主，江施檀樾成。李子尚清修，亦来同经营。尹生周藩史，长住心期亭。周吕同声应，翕然迅遐征。四野云龙集，五星奎壁明。九华九仙人，举手来相迎。八君称八逸，归心共惟精。为

山不厌高，山高必有灵。为水不厌深，水深蛟龙生。神物贵变化，九仞安可停。

（《湛若水全集·湛若水诗集》卷四）

登九华

爱鱼数临渊，安知网罟愆。爱山见山好，安知上山难。山高高无极，步步如升天。有如入大道，疾徐无所先。无先即高步，造诣何超然。俯视众山小，洒落如云烟。特立在中峰，邈矣坐忘言。

（《湛若水全集·湛若水诗集》卷八）

题甘泉精舍

山下涓涓石下泉，惟应与尔洗心言。先生已在忘言处，一任滔滔赴大川。

（《湛若水全集·湛若水诗集》卷十）

中亭诗有序

中亭者，九华中峰之亭也。夫一阴一阳，刚柔合德，是之谓中，圣人之道也。亭在中峰，中峰在湛子中堂之后。嘉靖丙申八月二十六日，池州太守陆子所默冈赞予登九华而堂适成，乡进士南陵汪子道夫景、青阳施子观卿大观登绝顶，穷其最胜，憩于中峰石上，人人快乐。汪子慨然为作石亭于其上，湛子名之曰中亭。作诗镵于崖石，以示来者。

逍遥上九华，洒落山中央。中央在何处，山水围书堂。旧名书堂记。中坐得中心，中道靡猖狂。有如诣道者，广大极高明。叶。幸逢贤郡主，导我从施汪。施子撰杖屦，凌空步中冈。道夫起中亭，倒影临天光。昊天及明旦，游衍共出王。人人有泰山，毋曰让未遑。我诗研崖石，千秋永不忘。

（《湛若水全集·湛若水诗集》卷八）

寄题心期院诗有序

心期，心学也。亭旧卜五溪，已而不果。督学闻人君诠、巡按虞君守愚既定九华山两书院，池州守侯君缄、贰守任君柱，以前御史柯君乔及诸生吴筥、江学曾之请，卜无相寺后地为心期下院，以便来学登山者之小憩讲习也。甘泉子闻而作是诗，刻之院壁。

心期在何处，十载念存存。不住五溪流，超然无相前。无相夫何如，有物为之先。举手见九华，回头看逝川。梦中此何景，与我同自然。前朝谁地主，高人王季文。昔为讲席地，今化梵林禅。天道有往复，邪正互相沿。闻虞并骢马，指顾来开山。徘徊两书院，仍结心期缘。黄堂有贤主，吴江诸席珍。双峰子柯子，同洗金沙泉。院西泉名。一洗心体真，再洗天地新。何以天地新，熙穆如初春。作诗矢心期，他时看浴云。

（《湛若水全集·湛若水诗集》卷五）

过柯双华侍御山居有序

予游九华，往返两过柯双华侍御家，见阳明子诗，以为未见双峰，予以能会双峰之道，即是双峰，何必更见双峰？双峰今为双华也，因次韵焉。

如我爱双峰，到眼心会景。爱此峰下人，苗秀方实颖。云开山露光，云合山色屏。开合如我心，对之心数省。

（《湛若水全集·湛若水诗集》卷八）

长江杂咏（三十首选十二）

曾见阳明说九华，千重山锁万重霞。中岩觅得幽人宅，中夜无言自月斜。右《述九华》。

多年梦与九华通，到眼山山似梦中。已见九华同面目，九华疑与此心同。右《望九华》。

九山翠色入云齐，一角青天为尔低。即欲拨云问天路，云深天路恐无蹊。① 右《将入九华》。

见说齐山九华根，此根合是无穷门。若非万嶂千峰拱，未见华山是极尊。右《齐山》。

山绕如城是化城，城中佛子但知耕。高低心地田塍在，未许町畦起妄争。右《化城寺》。

不见高人新建公，旧游脚迹已成空。当时吟弄人何在，明月清风只自同。右《访阳明书院》。

地藏金地藏塔。峰头咏五钗，奇松名。阳明去后我升阶。到来阶级无多在，拄杖飞空无伴侪。右《登金地藏塔》。

无相心期期亦无，此心直与天为徒。从前欲问天何似，无相参前即是吾。右《无相寺心期亭》。

神龙卧处池水清，龙池水涸龙不兴。上天若欲作雷雨，泽世舍子其谁能。右《龙池》。

无相中间真相在，有期前路是真期。有无并作中霄梦，似到羲黄穆穆时。右《宿无相寺心期亭》。

华山看了又齐山，始悟山山与性关。山水若无关涉处，如何山水得怡颜。

已度仙桥窥石鼓，上清还在上方头。今霄知有来朝否，胜景应须秉烛游。右《游齐山》。

（《湛若水全集·湛若水诗集》卷九）

九思九歌有序（选一）

所思，思所之也。甘泉子年将九十，犹不赖于时，有避人避地之思，逾河蹈海之志，是故托之九歌焉。

我所思兮在九华，中华 峰名。顶上为吾家。洒落中居控四维，如精中军敌四邪。予将欲往亮非远，湛然池州江边堂名。发轫齐山山名。崖。

（《湛若水全集·湛若水诗集》卷十二）

---

① 此诗嘉靖《池州府志》卷八"艺文"题作"九华道中"；"九山"，《池州府志》作"九华"。

望祝融峰

祝融非自高，维以众峰卑。卑若不敢班，高若耻独为。孤顶分日月，秀色连华疑。九华、九疑。尧舜大事业，太虚浮云移。谩夸天尺五，犹有天尚之。去入无穷门，造之无穷期。

（《湛若水全集·湛若水诗集》卷十三）

附：湛若水传记资料

明史·湛若水传

张廷玉

　　湛若水，字符明，增城人。弘治五年举于乡，从陈献章游，不乐仕进。母命之出，乃入南京国子监。十八年会试，学士张元祯、杨廷和为考官，抚其卷曰："非白沙之徒不能为此。"置第二。赐进士，选庶吉士，授翰林院编修。时王守仁在吏部讲学，若水与相应和。寻丁母忧，庐墓三年。筑西樵讲舍，士子来学者，先令习礼，然后听讲。嘉靖初，入朝，上《经筵讲学疏》，谓圣学以求仁为要。已，复上疏言："陛下初政，渐不克终。左右近侍争以声色异教蛊惑上心。大臣林俊、孙交等不得守法，多自引去，可为寒心。亟请亲贤远奸，穷理讲学，以隆太平之业。"又疏言日讲不宜停止，报闻。明年进侍读，复疏言："一二年间，天变地震，山崩川涌，人饥相食，殆无虚月。夫圣人不以屯否之时而后亲贤之训，明医不以深锢之疾而废元气之剂，宜博求修明先王之道者，日侍文华，以裨圣学。"已，迁南京国子监祭酒，作《心性图说》以教士，拜礼部侍郎。仿《大学衍义补》，作《格物通》，上于朝，历南京吏、礼、兵三部尚书。南京俗尚侈靡，为定表葬之制颁行之。老，请致仕，年九十五卒。

　　若水生平所至，必建书院以祀献章。年九十，犹为南京之游。过江西，安福邹守益，守仁弟子也，戒其同志曰："甘泉先生来，吾辈当宪老而不乞言，慎毋轻有所论辩。"若水初与守仁同讲学，后各立宗旨，守仁以致良知为宗，若水以随处体验天理为宗。守仁言若水之学为求之于外，若水亦谓守仁格物之说不可信者四。又曰："阳明与吾言心不同。阳明所谓心，指方寸而言。吾之所谓心者，体万物而不遗者也，故以吾之说为外。"一时学者遂分王、湛之学。

湛氏门人最著者，永丰吕怀、德安何迁、婺源洪垣、归安唐枢。怀之言变化气质，迁之言知止，枢之言求真心，大约出入王、湛两家之间，而别为一义。垣则主于调停两家，而互救其失。皆不尽守师说也。怀，字汝德，南京太仆少卿。迁，字益之，南京刑部侍郎。垣，字峻之，温州府知府。枢，刑部主事，疏论李福达事，罢归，自有传。

（《明史》卷二百八十三）

湛若水传

湛若水，字符明，广东增城人。魁宏治壬子乡试，寻从白沙先生游，即以随处体认天理为宗，誓不复仕。以母命，出应乙丑会试第三，入编修。时阳明王公在史馆，相与倡道京师，而吕柟、王崇辈皆公场屋所取士，和之。道望日著，咸称"甘泉先生"。游九华，爱其奇秀，即刻"甘泉"二字于石，创书院于山。

（光绪《青阳县志》卷四"人物志"）

湛若水，字符明，号甘泉，广东增城人。魁宏治壬子乡试。寻从白沙先生游，即以"随处体认天理"为宗，誓不复仕。以母命，出应乙丑会试第二，入编修。时阳明王公在史馆讲学，相与倡道京师。而吕柟、王崇辈皆公场屋所取士，和之。道望日著，学者称"甘泉先生"。母丧，庐墓三年。游九华，爱其奇秀，即刻"甘泉"二字于石，创书院于山。平生足迹所至，必建书院以祀白沙。从游者遍天下，卒年九十五。

（民国《九华山志》卷六"流寓门"）

文简湛甘泉先生若水

黄宗羲

王、湛两家，各立宗旨，湛氏门人，虽不及王氏之盛，然当时学于湛者，或卒业于王，学于王者，或卒业于湛，亦犹朱、陆之门下，递相出入也。其后源远流长，王氏之外，名湛氏学者，至今不绝，即未必仍其宗旨，而渊源不可没也。

湛若水，字元明，号甘泉，广东增城人。从学于白沙，不赴计偕，后以母命入南雍。祭酒章枫山试《晬面盎背论》，奇之。登弘治乙丑进士第。初，杨文忠、张东白在闱中，得先生卷，曰："此非白沙之徒不能为也。"拆名果然。选庶吉士，擢编修。时阳明在吏部讲学，先生与吕仲木和之。久之，使安南，册封国王。正德丁亥，奉母丧归，庐墓三年。卜西樵为讲舍，士子来学者，先令习礼，然后听讲，兴起者甚众。嘉靖初，入朝，升侍读，寻升南京祭酒，礼部侍郎，历南京礼、吏、兵三部尚书，致仕。平生足迹所至，必建书院以祀白沙，从游者殆遍天下。年登九十，犹为南岳之游。将过江右，邹东廓戒其同志曰："甘泉先生来，吾辈当献老而不乞言，毋轻有所论辨也。"庚申四月丁巳卒，年九十五。

先生与阳明分主教事，阳明宗旨致良知，先生宗旨随处体认天理。学者遂以良知之学，各立门户。其间为之调停者，谓："天理即良知也，体认即致知也。何异何同？"然先生论格物，条阳明之说四不可。阳明亦言随处体认天理为求之于外，是终不可强之使合也。先生大意，谓阳明训格为正，训物为念头，格物是正念头也，苟不加学问思辨行之功，则念头之正否未可据。夫阳明之正念头，致其知也，非学问思辨行，何以为致？此不足为阳明格物之说病。先生以为，心体万物而不遗，阳明但指腔子里以为心，故有是内而非外之诮。然天地万物之理，实不外于腔子里，故见心之广大。若以天地万物之理即吾心之理，求之天地万物，以为广大，则先生仍是旧说所拘也。天理无处而心其处，心无处而寂然未发者其处，寂然不动，感即在寂之中，则体认者，亦惟体认之于寂而已。今曰随处体认，无乃体认于感？其言终觉有病也。

湛甘泉《心性图说》：性者，天地万物一体者也。浑然宇宙，其气同也。心也而不遗者，体天地万物者也。性也者，心之生理也。心性非二也，譬之谷焉，具生意而未发，未发故浑然而不可见。及其发也，恻隐、羞恶、辞让、是非萌焉，仁义礼智自此焉始分矣，故谓之四端。端也者，始也，良心发见之始也。是故始之敬者，戒惧慎独以养其中也。中立而和发焉，万事万化自此焉，达而位育不外是矣。故位育非有加也，全而归之者耳。终之敬者，即始之敬而不息焉者也。曰："何以小圈？"曰："心无所不贯也。""何以大圈？"曰："心无所不包也。"包与贯，实非二也。故心也者，包乎天地万物之外，而贯夫天地万物之中者也。中外非二也，天地无内外，心亦无内外，极言之耳矣。故谓内为本心，而外天地万事以为心者，小之为心也甚矣。

(《明儒学案》卷三十七)

墓表

罗洪先撰

呜呼！兹惟南京兵部尚书甘泉湛先生之墓乎！维德、齿、爵三达尊之兼隆，上接孔、孟之正脉者乎！先生有言曰："尧、舜精一之训，至宣圣而益明。宣圣一贯之旨，至孟夫子而益精。夫尧、舜、孔、孟之学，贯心事，合内外，彻上下，而极其天理之中正焉者也。"尝观先生之论学，有曰："夫道无内外，内外一道也。心无动静，动静一心也。知动静之皆心，则内外一。内外一，则何往而非道？合内外，浑动静，则澄然无事矣。"其论格物则有曰："物不外乎意、心、身之于国、家、天下，而格则在于诚、正、修之与齐、治、平，实惟体用同原之理，窃窥心事一贯之传。"其诗有曰："万物宇宙间，浑沦同一气。就中有灿然，即一惟万理。外此以索万，舍身别求臂。逝川及鸢鱼，昭昭已明示。"其论儒、释有曰："儒有动静，释亦有动静。儒之静也体天，其动也以天。是故寂感一矣。释之静也违天，其动也灭天。是故体用二矣。儒者体天地万物而无我，释者外四体六根而自私。"观此，则先生纯粹中正之学，而非偏内偏外、分析支离异说者明矣。其洒落似濂溪，其温雅似明道，其气魄似紫阳，其自得似白沙，又非以下诸儒可得而论矣。

先生讳若水，字元明。初名露，字民泽，避祖讳，改名雨，后定今名。湛氏居广之增城甘泉都，四方学者宗之，称为甘泉先生。其先莆人，元有讳露者，德庆路总管府治中，卜居甘泉都之沙贝村，遂为沙贝之始祖。传至高大父讳怀德，因元乱率义兵保障其乡。其部卒有罹于重典者，令归辞其所亲，约期就死，如期悉至。咸贷之，人服其德，今有义士祠。大父讳江，号樵林。父讳英，号怡庵。母陈氏，以成化丙戌十月有三日巳时，生先生于沙贝。先是数月，有中星见于越之分野，识者以为文明之象，今午会属岭南，当有圣贤生于其间，先生适应其期。故居弟子员之时，都宪临省视学，教官率诸生跪迎于门，先生独昂立，以门外非衣冠跪迎之地，后遂成式。乡试禁令，入试诸生皆徒跣，先生唱名当首，执不肯从，御史为之废法。遂以《书经》领乡荐第四。鹿鸣宴用优乐，先生曰："宾兴盛典，而可戏耶？"德器雅重，偃然有台辅之望。其禀赋之正，得天之厚，为何如耶？从游江门，得自然之教，取所给部檄焚之，绝意仕进。深思力诣，悟"随处体认天理"之旨。白沙先生喜曰："着此一鞭，何患不到古人佳处？"复嘉鱼李世卿守台之问，则曰："近得湛雨，始放胆居之。然而又别，冷焰迸腾，直出楚云之上。"又指先生于人曰："此子为参前倚衡之学者。"遂以江门钓台付之，诗曰："皇王帝霸都归尽，雪月风花未了吟。莫道金针不传与，江门风月钓台深。"又曰："小坐江门不算年，蒲裀当膝几回穿。于今老去还分付，不卖区区敝帚钱。"跋云："达磨西来，传衣为信。江门钓台，病夫之衣钵也，今付与湛民泽收管，将来有无穷之祝。珍重，珍重。"白沙终，先生曰："道义之师，成我者与生我者等。"为之制斩衰之服，庐墓三年不入室，如丧父然。其精诚义气，凝聚于师弟之间，视孔门之筑室反场独居三年者，为何如耶？

及感母夫人与金宪徐公纮强之出仕，先生北上，见祭酒枫山章公懋，试以《晬面盎背论》，即以魁天下奇之。会试，学士东白张公元祯得《中者天下之大本论》读之，叹曰："真儒复出矣。"置名第二。廷试，入翰林。两选会试同考试官，一选廷试受卷官，一选武举考试官，一奉命同修《孝宗皇帝实录》，一奉命同修《武宗皇帝实录》，一奉命册封瑞昌王副使，一奉命封安南国王正使，赐一品服以行。王以金馈，三却之。非其表表于科第及始仕中乎？

会阳明先生，讲于金台。论学者须先识仁，仁者浑然与天地万物为一体。阳明先生叹曰："予求友于天下，三十年来未见此人。"其叙别先生曰："颜子没，而圣人之学亡。曾子唯一贯之旨，传之孟轲。又千余年，而周、程续。自后言益详，道益晦，析理益精，学益支离无本。夫求以自得，而后可以言学。甘泉之学，务求自得者也，世未之能知，然则甘泉非圣人之徒欤？"渭崖先生疏于朝，以先生为孔、孟绝学自期待。非其表表于朋友中乎？

太夫人卒于京师，先生奉枢南归，过大庾岭，恐震惊，扶灵轝山行数十里，暮卧于旅次、葬于荷塘，先生庐墓，朝夕号泣，禽鸟为之喧噪，助其悲哀。时方冬，有笋生于庐墓外，有五色瓜生于墓新土上，一本数蔓，九实连蒂，其孝感之可表如此。服阕，上疏养病，许之。筑室于西樵山大科峰下，日与泉石猿鹤优游，非问学之士不接，安闲恬淡，若将终身，其韬晦之可表如此。

今上登极，都御史吴公廷举、御史朱公节疏荐，复起用。先生虽非言路，志在格君。因暑月辍讲，上《戒逸游疏》，奉圣旨："这本所言豫戒逸游，召问大臣，并择内臣中老臣忠厚的给侍左右。朕知道了。"上《论圣学疏》，则奉圣旨："知道了。"上《圣学格物通》，则奉圣旨："这所编集，足见用心，朕已留览。该衙门知道。"进《天德王道第一疏》并赋、颂，则奉圣旨："览奏，足见忠爱。赋、颂增入史馆。该衙门知道。"上《申明天德王道之要以裨圣治疏》，则奉圣旨："览奏，足见纯正有本知学。朕知道了。"进《君臣同游雅诗》，则奉圣旨："览奏，足见忠爱。诗增入史馆。该衙门知道。"奉诏进《无逸讲章》，则奉圣旨："览奏，具见忠爱，讲章留览。该衙门知道。"上《申明天德王道第三疏》，因发明敬一圣训以劝圣学，则奉圣旨："知道了。"上《劝收敛精神疏》，则奉圣旨："这所言，朝廷已知。尔既欲朕收敛精神，便不须烦扰。该衙门知道。"进《演乐疏》，则奉圣旨："览奏，具见忠爱。《演雅》留览。该衙门知道。"进《古文小学疏》，则奉圣旨："所进《小学》，足见忠爱，书留览。礼部知道。"进《瑞鹿赋疏》，则奉圣旨："览奏，足见忠爱，赋留览。礼部知道。"上《引年疏》，则奉圣旨："卿虽七十，精力未衰，宜照旧用心供职，所辞不准。吏部知道。"进《权论疏》《大葬回銮》等疏，皆出于至诚衷恸，有都俞之风，上每嘉纳焉。故虽明农，而报主恋阙之心，犹如在朝之日。建祝圣台于北城之上，每于圣旦、元旦，则率同乡致仕大小官员，望阙朝贺，祝万寿，宣《敬一箴》，读《大诰》，行燕会。况前此传闻，朝廷每问先生于宰执，皆不对，问于近侍，近侍又不知所对。及于先生出朝，则注目久之，至以'今之古儒'称之。是表之在朝廷矣。

道德尊崇，四方风动，虽远蛮夷，皆知向慕。相从士三千九百有余，于其乡则有甘泉、独冈、莲洞馆谷。于增城、龙门，则有明诚、龙潭馆谷。于羊城，则有天关、小禺、白云、上塘、蒲涧馆谷。于南海之西樵，则有大科、云谷、天阶馆谷。惠之罗浮，则有朱明、青霞、天华馆谷。韶之曲江则有帽峰，英德则有清溪、灵泉馆谷。南都则有新泉、同人、惠化馆谷。溧阳则有张公洞口、甘泉馆谷。扬州则有城外行窝、甘泉山馆谷。池州则有九华山中华馆谷。在徽州则有福山、斗山馆谷。福建武夷则有六曲仙掌、一曲王湛会讲馆谷。湖南则有南岳紫云馆谷。先生以兴学养贤为己任，所至之地，咸有精舍赡田，以馆谷来学。故所造就之士，皆有得于先生之学，以淑其身，以惠诸人，是表之在门弟矣。

平生所著之书，则有《心性图说》《四书训测》《古本小学》《春秋正传》《二礼经传》《古易经传》《尚书问》《诗经厘正》《节定仪礼燕射纲目》《遵道录》《杨子折衷》《樵语》《雍语》《明论》《新论》《非老子》《大科训规》《新泉问辨》《圣学格物通》《白沙诗教解》《二业合一训》《天关问答》《湛氏家训》《息存箴》《四勿总箴》《自然铭》《大宗小宗合食训》《察伦铭》诸书行于世。其实得实见，发自本源，皆于斯道有力，可以羽翼乎六籍，而与天地化生同运并行，是表之在著述矣。

嘉靖庚申四月念有二日戌时，一星从东南而来，其大如斗，其光烛天，其声如雷，举城皆惊，殒于文院，先生即终于正寝。夫先生之生，应中星之见而生；其殁也，应中星之殒而殁。天运气机，是表之在天地矣。阖城内外，奔哭者以万计。海内诸生，服衰绖朝夕哀临，如丧考妣。道德之感人，其有涯哉？呜呼！斯时也，何时也？心佛老而诬圣经，借圣经以文佛老。于佛老则师其意而不用其词，于圣经则用其词而不用其意。异说猖狂，敢为大言以欺人，残蚀浸淫，为祸之烈，甚于洪水猛兽。先生以中正之学，独遏横流，明天理之本然，救人心于既死。先生之功，顾不伟欤？当不在抑洪水、辟杨墨之下也。洪先不佞，不能粉饰文辞，皆据实而表之。凡具此理之同然者，其不以为然乎？

先生大父樵林、父怡庵公，皆以先生贵，赠资政大夫、南京礼部尚书。祖妣梁氏、妣陈氏、妻袁氏，皆赠夫人。子三人：长东之，袁氏所出，以恩荫入太学，娶黎氏，无子。妾张氏，产一子敬先。东之卒，敬先娶增城何氏，归六月而敬先卒。再三月，而敬先遗腹子寿鲁生。先生率族人告于宗庙，以寿鲁嫡孙承祀事。次子柬之，侧室李宜人所出，娶彭氏，太常卿芝田公之女。以恩荫历官至广西太平府知府，封生母李氏、妻彭氏为宜人。彭氏生一子，名曰光先。季子涞之，侧室王氏所出，娶霍氏，尚书文敏公之女，充广州府学廪膳生员。涞之卒，霍氏有遗腹未诞。先生以三子俱早逝，诸生幼小，择长应继人天润为涞之后。率族人告于宗庙，其略曰："家有长子、长孙，家之福也。"遂命天润服涞之三年丧，付以各房长家事权。未几，而涞之妻遗腹生子，名曰恭先，承涞之祀。兹以癸亥年冬十月二十五日，藏先生于天蚕岭巽巳向之原，皆所当备书而表之也。

（《泉翁大全集》外集卷三十二）

墓志铭

洪垣

天下非无学也，而真学为难。后世非无儒也，而真儒为难。真儒真学，如凤鸟、《河图》，不恒见于天下，而天下恒惑于所见。故非但得之之难，其知之亦难也。噫！天下不惑于所见，而又恒多以其所见者自惑，是故其知先生者鲜矣。先生以自得之学，发明中正求仁之旨，芜蔓支离，净荡如洗。人无异学，学无异言。一念向往，尧舜羹墙，匹夫转途，汤武家室。学者所至，虽未必一一能际阃域，轨毂既同，羁的自正，生徒满天下，并有仁让其乡，尧舜其君之念。谓先生纯然圣人，不敢。谓先生非纯为圣学，不可也。郢书燕说，谬妄是惧，谨按状录，略为缉拾，以俟后之知者。

先生湛氏，讳若水，字元明。初名露，字民泽，避祖讳改为雨，后定今名。因居广之增城甘泉都，学者称为甘泉先生。先为莆人，卜居是都，自元德庆路治中露公始。高大父怀德，元乱起义保障，恩信在祠。大父樵林公江，父怡庵公瑛，俱以先生贵，累赠资政大夫、南京礼部尚书。祖妣梁氏，母陈氏，俱夫人。先是，成化丙戌，中星明于越之分野，先生适以是年十月十三日应期有生。相甚异，颡中双胪隆然若辅弼，两耳傍各有黑子，左七类北斗，右六类南斗。稍长，凝然若愚，遭家多故，十四始入小学，十六学为文。游府庠，抚台视学，教官肃诸生以跪迎，先生执不可。弘治壬子，秋闱入试，士子例应徒跣听检阅，先生当首检，固净之曰："此非所以礼士也。"以《书经》中式第一卷。甲寅二月，往学于江门，语之曰："此学非全放下，终难凑泊。"遂焚原给会试部檄，独居一室，游心千古，默约圣贤，用功总括，因悟"随处体认天理"六字符诀。白沙先生喜曰："着此一鞭，不患不到圣贤佳处。"于是定居楚云台。台谓楚者，楚进士李承箕筑也。李善诗文，尝以书来问守台者，白沙先生复曰："时有湛雨者，始放胆来居之，冷焰迸腾，直出楚云之上。"盖以进承箕，亦知先生所谓能全放下者，直欲以斯文属之矣。己未，赠《江门钓台诗》云："皇王帝伯都归尽，雪月风花未了吟。莫道金针不传与，江门风月钓台深。"又曰："小坐江门不计年，蒲裀当膝几回穿。如今老去还分付，不卖区区敝帚钱。"且曰："达摩西来，传衣为信。江门钓台，亦病夫衣钵也。兹以付民泽，将来有无穷之祝。"庚申二月，白沙先生殁，先生为之服衰。

甲子，金宪徐君纮劝驾，奉母命北上，祭酒枫山章公，一见与论君子所性，倾倒纳交，不敢以举子相视。乙丑就试礼闱，学士张东白公得先生卷，叹曰："真儒复出矣！"廷试选翰林院庶吉士，寻授编修。戊辰，充会试同考试官，识高陵吕公柟于文，置第一。复命册封瑞昌王副使，同修《孝宗实录》。壬申，命封安南国王正使，赐一品服以行。乙亥二月，丁母忧，庐于荷塘墓侧。丁丑服阕，得疏养病，筑室讲学于西樵山大科峰下。

嘉靖壬午，都御史吴公廷举、御史朱公节交荐，复补编修，同修《武宗实录》，升翰林院侍读。甲申秋，升南京国子监祭酒。筑观光馆，集居四方学者，申明监规，陈为六事，大要不违今日科举之制，而兼德行道艺之教；不违今日考察之法，而寓乡举里选之实，期以渐复古意。丁亥冬，秩满，考绩。戊子夏，升南京吏部右侍郎。己丑秋，转礼部右侍郎，预议南北郊分祭礼仪。先生以为，北郊之说，起于汉儒师丹、郑玄之徒，国家初行分祭，后复合而为一。或者我皇祖之心，亦深见其可疑，故能勇决改之。是非之归，必求尽出古礼，使世为天下则，不尔亦聚讼耳。辛卯冬，转本部左侍郎。癸巳秋，升南京礼部尚书。丙申夏，转南京吏部尚书二品，秩满，赴京考绩。己亥秋，转南京兵部尚书，奉敕参赞机务。庚子夏，疏请得致仕。

南京讲武之余，兴学厘俗，劝农裁费，禁火化，立义阡，定丧葬式，隔光漏①泽，皆为仁政。其于莫登庸之伐也，先生以职在司马，为作《治权论》，以明大义。大意谓：天子讨而不伐。所谓讨者，声罪彼国，而使彼国之人自伐之，则莫氏虽强，黎有可复之理。

---

① "漏"，原作"溜"，据大全本改。

今不出此，恐大诏之行，不能越莫以及黎。如特为莫，适足以惑国人而成其篡。一时文武诸臣视为迂远，苟且了事，卒为黎氏之怨，而莫反得以自立，为国体病。甲辰，归天关，行乡约，立约亭于华光里。八月九日，发西樵，游衡山，卜筑创白沙祠。庚申二月，致书新安，约垣辈复游武夷，时翁九十五矣。垣走候洪都，溯流南上，至南安，闻先生讣，以四月二十二日终于禺山精舍。

先终之三月十日，偕诸生开讲龙潭书院，提掇性道之蕴，尧、舜、禹、汤、文、武相传之绪，自下学立心，以至笃恭不显、无声无臭之妙为详。曰："予于此不敢不勉，死而后已。"十一日，还禺山。十五日，讲颜子克己复礼章，申《四勿总箴》之义。四月六日，出讲堂，令诸生澄心默坐，久之而退。十九日，寝病，诸生侍药，叮咛以"讲习会约，相观而善致"语。二十日，渊默自定。时罗一中、钟景星、康时聘、冯望在侍，执一中手良久。二十二日，沐浴毕，是夕大星殒于西北，其光亘地，顷之长逝。盖先生宇宙一体之量，必为圣人之志，参天地而动星辰，有非偶然者。德宇天定，克养性成，根心生色，金玉莹然。不问贤愚贵贱，一见如故。春阳时雨，随地发生，白日明星，四方起仰。至于矩严数析截然不可爽者，则又不怒而人畏之。每夜瞑目坐，率至漏分，未五鼓，即摄衣起，对空斋遽思疾书，更寒暑不易。每当会，遍询诸生退处所用功，设有因循逐行辈及失期不至者，则戚然创艾，且戒之曰："从古岂有自在无事圣人？圣人惜阴如是，况学者乎？"初为"体认天理"，后觉有未尽，复加"随处"二字，动静、物我、内外、始终、无起处亦无止时，与阳明先生致良知之说，交证于天下。

先生尝曰："吾之所谓随处体认天理者，格物尔。即孔子求仁造次颠沛必于是，曾子所谓仁以为己任死而后已者也。孔子称颜子好学，曰：'不迁怒，不贰过。'都在心性上用功，则古人所谓学者可知矣。岂若后儒寻行数墨，如春蚕作茧丝一层，即自蔽一层，毙毙焉不知天地四方，为可哀也。"又曰："造次颠沛不违。欲人于本上用，贯通只一理，若无此本，只于制行上便了，则必信必果者，夫子何以谓之小人？孟子何以有由仁义行、非行仁义之辨？故曰：执德不弘，可以为善士，不可以入大道。不入大道，非学也，得其门而入者或寡矣。得其门而不至圣者有之，未有不得其门而能至圣者也。"又曰："人心与万物为一体，心体物而不遗。认得心体广大，则物不能外矣。格物非在外也，格之致之之心不在外也。"故答阳明先生书曰："物者，天理也。即'言有物'，'舜明于庶物'之物，即道也。格则造诣之义，格物即造道也。知行并进，博学审问慎思明辨笃行，皆所以造道也。意、身、心一齐俱到，诚、正、修功夫皆于格物上用了。其家、国、天下即此扩充，不是二段，此即所谓止至善。止至善，则明德亲民皆了，如是方谓之知至。盖心非独知觉已也，知觉而察知天理焉，乃为心之全体。至其所谓察知者，全体存存，无间动静，少有非礼，当几融晰，原非有理，欲二念相持取决而后克者。乾知太始，圣人之学也。故得圣人之学，颜子而已矣，故曰请事斯语矣。颜氏之子，其殆庶几乎！有不善未尝不知，知之未尝复行。意见知识，一切无所倚藉。"是则先生所自得于格物，体认天理之说者，真如饥食寒衣，安身悦口，参前倚衡，坐步不离，盖有知我其天，而不可告语之妙。修己治人，事上使下，得此则为实学，为集义，为天德王道；离此则为伪言，为义袭，为霸术邪说。

至集古帝王君相行政之得失，心术之诚伪，权术裁正，而发以己意，名曰《格物通》，以进于上。曰："致知在所养，养知莫过于寡欲。以涵养寡欲言格物，则格物有知行之实，非但见闻之粗矣。君得之以成其仁，臣得之以成其敬，士人得之以成其德，天下之臣民得之以会极归极。"逸豫有疏，体群情有疏，劝圣学、济圣治有疏，谨天戒、急亲贤有疏，君臣同游、收敛精神有疏，天德王道一疏再疏。又因发明敬一，且至三疏。随事格心，引君志道，如孟子道性善，论古乐今乐，无非所以根极乎此，并未尝敢以第二等迁就其说。且自言曰："臣之为说虽多，其要不过'体认天理'四字，最为简易易行。"则先生之于四字，真仁义之七篇矣。是时朝廷锐志于治，每见疏，深加奖纳，称为纯正有本之学。方切倚重，而执政辅臣无有深知学者。先生囊曰："主上真有尧、舜之资，而无其辅。

初问人主当读何书，辅臣以《大学衍义补》对。又问敬一何处下手，辅臣以范浚《心箴》为说。启心沃心，竟无一语可称上意。"此《收敛精神》一疏，虽颇苦口，而先生忠爱一念，屡疏乞休，犹惓惓不忍于遽去也。尝答蒋卿实，有曰："吾卿实以决去为名高，果躯壳上起念耶？抑同体痛痒上念耶？吾惧仕止久速之时义不明，遂终以沮溺长往是道，则斯道之忧不小故也。吾归装久矣，以感圣主之仁，屡下问焉，一月凡三旨，意见留焉。若孔子去鲁，几微之际，子路之贤，犹未尽知，则群弟子之疑者多矣。故用之则行，舍之则藏，惟与颜子有之。"盖先生之学，真能得其大者，世儒之波波泯泯，踽踽嘐嘐，俱奚①足以知之？盖未之为②中正之学也。

　　合天下之士③，出其门者④三千九百余人，车从所至，咸有精舍。平生所著书训：《格物通》《心性图说》《古本小学》《古本大学测》《中庸论孟训测》《古易经传测》《尚书问》《厘正诗经小序诵》《春秋正传》《二礼经传训测》《古乐经传》《节定仪礼燕射纲目》《遵道录》《杨子折衷》《非老子》《樵语》《雍语》《新论》《明论》《大科训规》《新泉问答》《湛氏家训》《大小宗合食训》《二业合一训》。微词大旨，于《易》则以夫子之《传》解《彖》《象》，而占变自在其中。卦变往来，止主本卦刚柔上下，而不为庞赘牵附之烦。于《书》，则以明德敬天为全体大用，比其汶乱，缺其可疑，蔡氏执泥章句，似未窥其要领。《诗》则取据小序，为国史明是非之迹，每章略为吃紧诵语一二言，使人吟咏可思，而独喜晦翁集注多得诗人风旨。《春秋》正《公》《穀》义例之弊，论程、胡诸儒沿袭之非。其事则齐桓、晋文，其文则史，其义则丘窃取之，昭然的案，更无可疑。《礼记》则以二礼为经，戴记为传，又别其未纯者为杂传。吴文正之三礼，与二戴之全篇章句，补《仪礼》之缺者，则皆在所不取。乐则只论度数，为礼之终，故记以礼与乐对说，便有根本。又

---

①　"奚"，原作"不"，据大全本改。
②　"未之为"，原作"非"，据大全本改。
③　"合天下之士"，原作"天下士"，据大全本改。
④　"者"，原作"合"，据大全本改。

谓文公《小学》兼入大人之事，复汇弟子职之所能者另为一书。有胎教之道，有接子见子之礼，有辅养太子之法，通乎天子元子、众子之事，且告于君，以为圣人为必可教而成，古道为必可修而复。凡所著述，必欲尽考古人立言至意，使之得所。繁陋邪诐，洗濯划削，一切归之天理，真可为再复浑沦矣。至若老子、慈湖，非无格言，而先生非且折衷之。盖先生承接孔、孟正脉，主于卫道，一字固有不可苟者。论朱子曰："晦翁气魄之大，发愤刊落，奇功一原，后学不可以多识见病。"论象山曰："象山多灼见道体之言，惟是气质未化，以象山为禅，则吾不敢；以学象山而不至于禅，则吾亦不敢。一传而有慈湖，象山高矣，后人又以慈湖远过之，则何过焉？今人见慈湖书每说皓皓，便亦说皓皓，而不知理会江汉以濯、秋阳以暴的工夫，恰似说梦。不知者以我为禅，知我者又以我为行格式，只我真在中间尔。"

谨礼明义，致孝鬼神，家庙、师祠，祭告必有常节。至于自奉，则勤俭约素。官至上卿，服食如儒。时推有所余，尽以给诸家人弟子。小宗大宗，有义田，有合食田。门生善士捐数百金，曾不顾惜，如义有不可，一芥不苟与之。所志不在一家，而在天下后世，有非常情可窥者。

嫡配夫人袁氏，有淑德。子三人：长东之，袁出，娶黎氏，生子敬先。癸丑秋，东之卒。敬先娶增城何氏，归数月而敬先亦卒。未几，遗腹生寿鲁。次柬之，侧室李氏出，娶彭氏，芝田公女，生子光先。柬之以公荫，官至广西太平府知府，封李宜人。辛亥春，柬之卒。季涞之，侧室王出，娶霍氏，文敏公女，补广州府学廪膳生。壬子冬，涞之卒，先生以子逝孙幼，择立长房应继人天润入为涞之后，告于祖庙，其略曰："家有长孙，家之福也。"付以掌家事权。未几，涞之遗腹生子恭先，承涞之祀。公三女，长适吴，仲适刘，季适黎。先生存日，预卜地于乡之天蚕岭，以癸亥年冬十月二十五日襄葬事。因僭为铭，致诸弥唐庞子嵩，纳之于墓。曰：

天地於默，日月昭回。圣贤曷去，而有曷来。宇宙之内，先生之心。自心自得，体认金针。理岂在克，其克者人。先生有言，磨镜磨尘。是谓物格，天德日崇。天下国家，都在此中。上以告君，下以成身。我非尧舜，不敢前陈。除此四字，更无妙诀。止此四字，广大难说。砣砣小夫，朝谏暮离。痛痒秦越，先生恻而。训语文辞，人心痼疾。天理一丸，回生起死。谆谆仁义，沛沛江河。陶冶耒耟，孰云其多。雨施云和，未究厥施。周航如砥，上下同趋。呜呼！先生作仰圣之功，电迅天宽。孰得其门，宗庙百官。朱明之日，天蚕之云。必有乎尔，以作斯文。

（《湛甘泉先生文集》卷三十五）

泉翁大全文集序

闻人诠

闻人子曰：书以纪言也，言以达意也。是故有德者必有言，德成则言不期文而自文矣。有刻《甘泉先生文录》于维扬者，间尝取而阅之，渊渊乎至理之言也，道德显矣，而辑之者若漫而无纪也。有刻《樵风》于嘉禾者，沨沨乎乐进之言也，情性顺矣，而辑之者若举而未备也。有刻《两都风咏》于吴门者，便便乎时出之言也，感应通矣，而辑之者若偏而匪全也。今夫山，一卷石之多，及其广大，而宝藏兴焉。今夫水，一勺之多，及其不测，而后货财殖焉。先生之学，随处体认天理，片言单词，罔非斯道之发，固无俟于博求尽取。犹之为卷石勺水焉耳矣，学者窃睹一斑，未必不为坐井之见，固不可谓之非山与水，欲求见夫宝藏货财之兴殖，则眇焉无所于得。是故君子之志于闻道，每恨无以窥见其全，而陟崇涉深，若昧津麓。诠窃忧之，乃命郡博士高子简、乡进士沈子珠，博采精较，汇类编摹，去分部之烦，合诗文之粹，定为内外两编。会同统异，若网在纲；以帙叙年，如鱼在贯。先生身体力行之实，立言垂训之意，灿然明白。诠举而伏读之，乃知古今圣愚，本同一性，随处体认天理之外，真无余学。内编所载，说理为详，而子臣弟友之道无不尽；外编所载，纪事为悉，而鸟兽草木之类无不该。大之则有以尽天地之变化，小之则有以穷万物之幽微。远不御，近而正，以言乎天地之间则备矣。登太山而小天下，观于海者难为水。集诗文之大成，阐德礼之精蕴，夫岂卷石勺水而已哉！读之余月，肉味俱忘，犹惧所传之不广也，仍命江都学火生增刻梓，置诸新泉精舍，俾来学者咸得有所宗云。时嘉靖十有五年春正月上元辛未。

（《泉翁大全集》卷首）

泉翁大全序

洪垣

吾师甘泉先生倡明斯学，于时四方学者各以其所□见先后编次，或自刻于其乡，以淑诸人，散漫不一，年久易亡。后有作者，其考弗究，不能不重贻无极之疑。垣奉上命，按兹岭南，与少汾冼子遍访同志，乃得十有九册，八十五卷，汇梓于朱明书院，谓之《大全》，以其全集诸子之所录也。而先生之学之全体，见于语默辞受、仕止久速之间者，亦在兹矣！亦在兹矣！夫道无多少，亦无小大，语默辞受，仕止久速，无先后，亦无彼此，而求之以其□也。何居？曰：非以其道也，以言先生之学道者□□□□身也。非以其学也，以言观先生之□□者之以会□□□。犹之天地然，观天者以春，观地者以冬，冬与春焉，尽之矣。然必合春、夏、秋、冬四时以为言者，见天地之全体，自元至贞，流行而不息也。观先生之用者，以语以受以仕以久；观先生之体者，以默以辞以止以速。四者观其一焉，尽之矣。然必合体用始终彼此以为言者，见先生之学之全体，自少至老，流行而不倚也。是故不观归鲁，则栖栖者佞矣；不观无言，则终日言者支矣；不观辞万钟，则后车数十乘者泰矣。归与不归、言与不言、辞与不辞，时也；一辞一受、一言一默、一归一出之间，阖辟交成者，中[①]也。中即天理别名。自孔、孟、周、程而后，知此懿者，鲜矣。先[②]生崛起数千百载之后，痛斯道之失传，遂毅然以兴起为己任。虽其所得于白沙、阳明师友之间者，固有所自，

---

① "中"，原阙，据上下文补。
② "先"，原阙，据文义补。

至其潜心默会，洞见道体，以上接精一执中之传，则有非诸儒所及知者。故其学以理为至，以勿忘勿助、不着丝毫人力为功。止至善者，止此者也；格物者，格此者也；言行顺应者，言行乎此者也。至近而远，至博而约，即事而理存焉，即体而用在焉，体用而中见焉，即中而功夫不外是矣。是故观先生之问辩，与其欲无言、欲无作文之类也，语语默默，全体之中焉见矣；观□□□从者数百，与其辞赙、辞有司之馈之类也，辞辞受受①，全②体之中焉见矣。观先生之居樵，与其应召出，出而求归之类也，而其仕止久速，全体之中焉见矣。中无不在，观者或昧焉，故不得不集其全以示之。见其全焉，虽一言至道可也。若徒以文求之，斯末矣。先生所著，有《古文小学》《遵道录》《白沙诗教》《二礼经传测》《春秋正传》《古易经传测》《学庸训测》《圣学格物通》，此则各为全书云。皇明嘉靖十九年季秋朔后二日，赐进士、山东道监察御史、门人新安洪垣撰。

（《泉翁大全集》卷首）

湛甘泉先生文集序

洪垣

道其有统乎？曰：道无不在，又焉统之？然则千圣所授受，何谓也？曰：其所授受者，无统而有宗也。宗果何物哉？孟子固尝语之矣，其言曰："天之生物也，使之一本。"一者道之体，千圣之血脉也。一则同，二则异，二则有蘗出者矣。是故夫子以一贯之道祖述于尧舜，夫曷远乎？而不禹汤文武也，不禹汤文武而直上于尧舜者，溯源而求真，示人以信乎！其必不可二也。是故尧舜真则禹汤文武之道真矣，禹汤文武之道真则周程诸子之道皆真也，吾斯信之矣。是故禹之祗德，汤之圣敬，文之丕显无射，武之不泄不远，周之一而无欲，程之大公顺应，皆一之真脉也。脉不可见而见之于数者之中，是夫子之定谱也。前乎此者必由是而有所考，后乎此者必

---

① "受受"，原阙，据上下文补。

② "全"，原阙，据上下文补。

由是而有所承，非承其形色之似，承其血脉之真而已。然则孔门自颜、曾、思、孟而下又鲜有得其真者，其将外之与？曰：何可外也？承其真而孝敬之未至焉耳。是故孝敬之不至由乎人，而吾之上溯真脉以率作乎吾宗者，不因是而敢有二议，是立谱之法也。由周程而下，得其真者莫如江门，而甘泉先生又面授而师承之，主敬自然之说，天理中正之说，卓哉其苦心焉。不惟于形色之似，而务体认以克肖其血脉之真，宛然尧舜之如在矣。善乎念庵罗子曰："先生以纯粹中正之学，上接尧舜精一执中之传，明天理之本然，救人心于既死，其功不在抑洪水、辟杨墨之下。"若其在门之士，有得与未得，亦前所谓孝敬之未至者，而其所为真脉者未尝不在也。何者？尧舜之道不坠于地，贤者识大，不贤者识小，浑浑然与天地元气相为流通，其必有不可息者。但得脉谱在焉，则其所未至者又安知不观感而思奋，而又何所不至也？传曰"大匠不为拙工改废绳墨，羿不为拙射变其彀率"，设由是而犹有所不至，而吾之所持于彀率绳墨以待后之识者，虽百喙不少贬焉。盖有所不敢也。其不敢者何也？千古之真脉，既幸自我得之，又复自我失之，是为宗子者之责也。先生其可已哉？先生固恐后之学者沿流逐伪，将有认蘖以为宗，离其一而二之者，非谱之彀率绳墨，孰辨之？其又孰从而有之？先生原集四十八册，今存惟十五册，或览未终篇，辄掩卷而推之曰："此昔孔孟以来下乘语耳。"予因为愕然，谨袭而梫诸。叶友德和，余孝甫、吴生君扬先后勉请入梓。或见而哂之曰："子可谓师门墨守矣。"噫！予其敢尔哉？予其敢不尔哉？万历七年二月望，门人觉山洪垣书于大云山中。

（《湛甘泉先生文集》三十二卷本卷首）

丙编

九华学侣

本编说明

1. 本编择取王阳明、湛若水在九华山地区的优秀弟子李呈祥、柯乔二人作为代表,录其诗文及学术著作,以见王、湛二人在九华山巨大而深刻的影响。

2. 李呈祥(1484—1554),字时龙,号古源,明南直隶池州府贵池县人(今池州市石台县仙寓镇人)。出身于科举世家:长兄祯祥为举人,次兄嘉祥、从弟崧祥均举进士。呈祥志学圣人,终生未售,而以理学名家。先后受张芝、王阳明和湛若水影响。王阳明在赣时,呈祥专程造访,自称在赣州"与阳明讲论颇不合",甚至有许多不客气的批评,其论学更接近湛若水,对湛若水"随处体认天理"之说笃信不疑。嘉靖十五年(1536),湛甘泉游池州和九华山,呈祥出而"执弟子礼"。湛甘泉对呈祥评价也很高,二人惺惺相惜。呈祥为纪念湛若水而作神交亭,并请湛若水为记。李呈祥撰述以《古源山人二论》八卷(藏国家图书馆)与《古源山人日录》十卷(藏无锡市图书馆)为著,另有《开州政绩》二卷,记其兄嘉祥知开州时事。本编录其《古源山人二论》以飨读者。

3. 柯乔(1497—1554),字迁之,号双华,世居江南九华山莲玉里柯村。父崧林公,与王守仁、湛若水相交。嘉靖八年(1529),柯乔举己丑科二甲进士。历翰林院经筵侍讲、贵州道监察御史、户部主事迁员外郎、湖广按察史金事、荆西道金宪等,多有德政。嘉靖二十四年(1545),升任福建布政司参议、按察司副使,协办浙、闽海防事务,以文官而取得赫赫军功。晚年以触犯权贵入狱,获释归里。柯乔先从李呈祥学,后亲炙王门,陪阳明在九华山游历月余。助建阳明书院和甘泉书院,又于阳明书院右侧筑双峰书院,于池州府治其师李呈祥讲学处神交亭侧筑室读书。嘉靖三十三年（1554），沉冤得白，敕建"柯乔门坊"以纪念。今柯乔故居门坊为安徽省重点文物保护单位，上额镌"嘉靖己丑科进士柯乔""副宪"等字，联曰："八闽立奇功，战绩犹存，纬武经文莫若祖；九华余精舍，流风未歇，读书谈道又何人"；"学比董江都，品重王门师道贵；风高陶靖节，志甘泌水宦情疏"。门坊内有柯乔墓碑一方，额"中宪大夫双华柯公之墓"。柯乔著述不多，有《九华山诗集》，已佚。《池州府志》《九华山志》《青阳县志》收部分文字。本编所录柯乔相关文献，均选自九华山柯村《莲玉柯氏宗谱》。

一 李呈祥

古源山人二论

古源先生二论叙

凡物之是非不难辨，惟是非之似为难辨。凡是非之似不难辨，惟人物与学术为难辨。彼其心术之公私，存乎一念之微则隐矣；遭际之幸不幸，关乎时运之适至则变矣。隐则不可以意料，变则不可以常图。苟泥其迹而不深究其所以然，孰贤孰否，果得其真耶？异端之害弗论也，至于名为道学而所见互相抵捂，均造道也；而门户之各异，均论学也。而指意之顿殊，以君子而攻君子，或得或失，如之何而定其论？故曰：是二者诚难为辨也。是故任道如王仲淹，而荀氏二子称许之太过；见道如韩退之，而孔、墨之较然至比而同之久矣哉！人物学术之难辨也已。虽然犹有可诿者，二子非真儒也。以涑水之明粹而始终不取孟子，以象山之超迈而一生惟主顿悟，则夫能臧否人物而不失其真，折衷学术而定于一世，宁几人哉？

嗟夫！权衡设而不可欺以轻重，平之至也；绳墨张而不可欺以曲直，直之至也；圣贤出而不可欺以是非，明之至也。世患无圣贤之明，不患有难辨之人物与学术。正而不谲，谲而不正。桓文之优劣，定于孔子之两言。子莫之为近，而孟子曰："执中而无权，犹执一也。"则天下后世无驳论。孰谓人物学术之果难辨耶？

古源李先生学道有年矣！尝以其所得著为《二论》，上卷曰《古今人物论》，下卷曰《知行分合论》。论人物则上自黄帝，下迄当世之闻人，悉加详品。有昔以为是而今以为非者，有人以为非而我以为是者，自出独见，不袭故常。论知行则约晦庵考索之泛漫，针阳明存主之偏枯。先后有叙而必要其同，互根为用而必析其异。诚人物之权衡，学术之绳墨，辨疑似而究真切，后世必有取焉者。

噫！若先生者，非所谓豪杰之士而圣贤之徒欤？圣贤之学，心学也。吾闻先生之学，一以存心为事。心存则道存，而明斯出矣。持是以辨人物与学术，宜其如指诸掌也。予生与先生同时，而学也晚，尝有志于道而进不力。然于先生私淑，艾者多矣。兹因厥婿胡本氏挟是编来索叙，故敬书以弁其端。

先生名呈祥，字时龙，世居贵池之恭源。家多英发，而科第蝉联。先生独有志于圣贤之学，豪杰之自立，固习俗所不能移有如是夫！

嘉靖戊戌岁季冬月中澣穀旦，赐进士出身、前四川道监察御史、东流宋邦辅拜手叙。①

古源山人二论卷之一

男 敬之　姪 谦然　校刊

古今人物论上

  孔子作《春秋》之意，在于微显阐幽。愚今为此论，亦窃取此意焉耳。今略举其有关于世教之大者言之，如禹之郊鲧似孝，如季札之不受国似清，如陈婴杵臼之杀他儿似义，如宋太祖之得天下非出于素谋，如宋太宗之受兄禅非由于谋逆，如安定学术之失其真传，如朱陆气象之难于别白，如龟山之出不为蔡京所浼而且有功于世，如鲁斋草庐之出处似同而实异，如文仲之呕血出于东坡之诡谲，如慈湖之猖狂由于象山之作俑，如定山之贲志由于琼台之嫉忌，又如秦桧讲和误国由高宗自全有

---

  ① 李呈祥：《古源山人日录》，明嘉靖二十五年（1546）李敬之、李谦然刻本，藏无锡市图书馆。《古源先生二论叙》原书无，选自《古源山人日录》卷首。

80

以致之，此皆后人所未深识者，故力为辨明而阐扬之。参考众说，附以己意。盖皆本之以太中至正之见，而不敢有一毫容心于其间也。览者其尚知予所以用心之故哉！

呈祥曰：万古此天地，万古此人心，谓今之人不如古人，非也。

呈祥曰：古今人物夥矣，其是非昭然在人耳目而人所共知者，则不复录。其有是非在隐显之间，人虽知之而未及尽知者，则录之。其有关于世道之大是非未大明于天下，而人但据其成说以为议论，而未暇深考其故者，则特为之申明而阐扬之。虽重复不恤也。其人已死，其骨已朽，天下后世之知与不知，于此人何与？盖此人之心不明于天下后世，则是此理不明于天下后世也。君子欲明此理于天下后世，宁忍此人之心不明于天下后世乎？是故明此人之心，即所以明此理也。

呈祥曰：为君而知人，则用舍不失其人。为臣而知人，则进退不失其身。为大臣而知人，则荐举不失其人。为学者而知人，则尊师取友不失其人。为史官而知人，则褒贬予夺不失其人。知人其难矣哉！而况生于千百载之后，而欲品题千百载以上之人物，不尤难矣哉！是故非具权衡之精者，其孰能与于斯！

潜溪宋氏曰：孔子系《易》有云"黄帝尧舜垂衣裳而天下治"，《史记》则书"轩辕与炎帝战于阪泉之野"，是则征伐而得天下自黄帝始。汤之放桀，何以谓予恐来世以台为口实，仲虺作诰何以不引阪泉之事为言乎？曰：学者当以孔子之言为正。呈祥曰：君臣之分固严于官天下之时，而尤严于家天下之际。汤之行权放桀，正当家天下时也。当家天下之时而犯君臣之大戒，实自汤而始。故曰：予深恐来世以台为口实。

白云许氏曰：以尧之圣，《书》称"明峻德，亲九族"，而史迁信以为尧舜同出于黄帝，著于帝纪，尧以二女娶舜，是从曾祖姑配曾族孙也，谓之明德亲族，可乎？以微子之忠贤，孔子谓为殷之仁，而刘恕轻信以为微子抱祭器归周，列于外纪，以殷王元子，殷未亡而遽归周，是卖国自全之人也，谓之仁，可乎？诸若此类不可胜举，可谓诬罔圣贤之甚矣。

呈祥曰：自古圣人未有不由学而成者。但尧舜之好学由于所性，汤武之好学由于所勉，此则为有异耳。若谓尧舜性之更无事于学，则其授受之际，又何必以精一执中为言耶？孟子谓尧舜性之是矣，未及尧舜之好学也，后人遂以尧舜为不必学，误矣！

甘泉湛氏曰：恶旨酒而好善言，去人欲而存天理也。大禹圣人也，何以于好恶言之？好恶也者，性情也。性情也者，心也。此大禹所传于尧舜之心学也。

呈祥曰：郊鲧之说，其好事者为之乎？惟诚意伯刘公之言则至矣。其言曰：祭法云，夏后氏禘黄帝而郊鲧。鲧固夏后之父也，夏后之天下受于舜，非受于鲧也，禹不得以天下私其父。夫鲧以治水绩用弗成，而舜殛之羽山，天下咸服，则鲧天下罪人也，故舜之刑非私刑也。以天刑讨天下之罪人，天下之至公也。禹既受舜禅，而升其罪人以配天，是舜之殛鲧，非也。鲧之殛，获罪于天，天殛之也，非舜之殛之也，奉天讨也。而以鲧配天，是天之殛鲧，亦非也。一私其父而逆于舜，又逆于天，天其弗享夏后之郊矣。禹，圣人也，而敢为是哉？祭法之言非也。然则禹之于鲧也，如之何？庙以祭之而已矣，何必郊！

或问曰：尧犹误用鲧子，自谓能知人，何也？呈祥曰：鲧终见黜于尧，终不能为尧治之累，此所以为知人也。

呈祥曰：尧舜帅天下以仁，而民从之。尧舜德性用事，凡天下之民从之者，皆德性用事也。桀纣帅天下以暴，而民从之。桀纣血气用事，凡天下之民从之者，皆血气用事也。

呈祥曰：世患无尧舜耳，不患无禹皋陶也。世患无鲍子耳，不患无管仲也。世患无孔子耳，不患无渊骞也。

石堂陈氏曰：不瞽瞍不足以教万世父子，不象不足以教万世兄弟，不羑里、陈蔡不足以教万世处穷达，不颜回不足以教万世处生死，不伯夷、叔齐不足以立天地之常经，不伊尹、周泰伯不足以尽古今之通义。凡此大节，目若天所为也。

甘泉湛氏曰：三仁皆同道，皆欲存殷。若云执定死格子，各择一件去做，是皆出于有意之私，有所为而为矣。且又何补于殷之存亡？后儒只是看这天理不活了。延平之说为近之。盖三子皆纣之父兄贵戚，当时必皆谏诤。微子为兄，见谏而不听，则去位逃出，犹以去谏冀讨悔悟。故箕子曰，"王子不出，我乃颠隮"，分明欲其以去谏而救殷之危亡也。其谓抱祭器归周，以存宗祀，非也。此乃克商之后，面缚衔璧，武王释之时耳。箕子见其如此，犹谏而不已，纣怒而囚之。是时，纣怒犹未甚，故未至死。因佯狂为奴，以冀纣之悔悟而改，故曰："商其沦丧，我罔为臣仆。"言商亡，不得为纣之臣仆耳。其意若曰，使纣能改则虽为奴亦幸也，若以为不事二君之意，恐亦非也。或以为道在箕子故不死，则是箕子自知有道，即非箕子矣。若比干，其谏如初益切，时纣怒甚，而杀之。比干则安于死，亦以死谏，以冀纣之改而存宗社，非有意于死也。事各有前后，所遭各有不同耳。若有意于死，便非天理之正，何得为自靖为仁乎？三仁同一存殷之心，无所为而为，天理之正者也。故三子易地则皆然。

呈祥曰：居岐之阳实始剪商，谓周家王业基于太王耳，非谓太王有剪商之志也。汉儒所论，违道背义之甚，其论姜嫄履大人迹亦然。姜嫄事见《龙门子》。

呈祥曰：泰伯之让国也，孔子称其为至德矣。然非有王季之贤以为之弟，非有文王之圣以为之侄，而轻于去国焉，则蕞尔将兴之岐，不将为戎马蹂践之场矣乎？是焉得为至德？夷齐之让国也，孔子称其为贤人矣。然使无中子可立，而轻于去国焉，则孤竹君之庙遂至不复血食，不将为地下之饿鬼矣乎？是焉得为贤人？

石堂陈氏曰：叔齐之去，以有仲子在焉，王季不得逃，以仲雍之亦去也。

呈祥曰：士有诖误而得恶名者，遽难分辨，求无愧焉可也。王介甫诗曰："周公恐惧流言日，王莽谦恭下士时。假使当年身便死，一生真伪有谁知。"噫，设有遭周公之变而当年身死者，将奈之何？求无愧焉可也。

甘泉湛氏曰：周公祭以王礼，或是褒赠之类。如祀孔子亦以王礼，后世公爵者死亦赠？王止可用于周公庙耳，其他则不可。明堂位，云天子之礼，非也。

呈祥曰：周公当革商之后，多事之余，且所辅者又是幼主，天下所以仰望有周维新之治者不一而足，周公所以维属天下之人心者亦不一而足。一或迟缓，小则罅隙生焉，大则大事去矣。此周公所以坐以待旦，急于行也。盖无所待者，圣人太公之心也。有所待者，圣人顺应之迹也。无所待者，圣人之心未尝死。有所待者，圣人之心未尝滞。二者并行而不悖。既曰以施四事，则坐以待旦者，非欲施四事而何？遇周公之时，则为周公之事。甘泉先生乃谓待旦急行说坏了周公，此恐未之深思耳。说道理者，遇着一层便说一层，遇着二层便说二层，二层若加一层说去，纵说得是，说得高，亦恐不是道理所在也。甘泉又有诗云："鸡鸣起为善，拥衾坐中思。乘此夜气生，丕显亦无为。汤周云待旦，待之乃何施。无待无所先，从心任化机。"为善之为，亦是作为，非徒拥衾空思而已。盖思之未有不行者，内外一致也。若如甘泉之说，则孟子所谓仰而思之，夜以继日，不免累心太甚，已自说坏了周公矣。又何俟待旦急行，然后说坏了周公乎？盖鸡鸣而起，有已接物者，有未接物者，若未接物如何为善？程子曰："只主于敬便是为善。"甚矣！程子之言之精之妙也！甚矣！程子之言之精之妙也！

甘泉湛子曰：士有三品。富贵之事，君子非恶之，所愿不与焉；功名之事，君子非不愿之，所乐不与焉；君子所乐，道德而已。道德蕴于中，享之为富贵，施之为功名。是故富贵不离于道德，周公乐之也；功名不离于道德，伊傅乐之也。

呈祥曰：孔子所谓性相近者，此概指中人之性而言之也。中人之性，非有甚善甚恶之异，故曰相近。中人之性可导而之上下者也，故善恶系于所习。所谓上智与下愚不移者，此指甚善甚恶之异而言之也。故尧舜周孔不能变而使之恶，丹朱管蔡不能变而使之善，气质局定故也。此与上章皆一时之言，此则足上句未尽之意耳。或曰：如子之言，则性亦有不善者与？曰：自性之本然者而言之，则五行一阴阳，阴阳一太极。虽气质之性亦无不善。此孟子所以道性善也。

自其流行错综者而言之，则有千变万化之不齐，气于是乎有善有不善者矣。如水之源头本清，及其流为支派，遇沙石则清，遇淤泥则浊。又有稍清稍浊者。清者犹上智也，浊者犹下愚也。稍清稍浊，则犹中人之性相近者也。水源本清，故浊者可澄之使清，犹性本善，故不善者可变而之善也。其不可变者，乃下愚自暴自弃者耳，非真不可变也。

甘泉湛氏曰：五霸，当作夜矣。若非天理，即属阴矣。人若有一伯心，即是阴险小人，即不可入皇帝三王之道。五伯不可与三并列，此邵子之误也。邵子尝谓："五伯，功之首，罪之魁。今乃以五伯与三王并列者，以时言之也。"故曰："祖宗寡而子孙多。"盖谓治日少而乱日多，亦孔子与管仲之意。

甘泉湛氏曰：见而知之者，见于同时也。闻而知之者，闻于异代也。见之闻之虽异，及其知之，一也。一者，何也？天理也。知之也者，自知自性。性者，天理也，我固有之也，非借之于尧舜汤文也，闻见乎尧舜汤文之道而开发之也。何也？前乎千百世之既往，后乎千百世之将来，远之于四海，近之于一堂，同此心，同此理也。孔子之心即太公宜生之心，太公宜生之心即文王之心，即尹朱之心，即成汤之心，即禹皋陶之心，禹皋陶之心即尧舜之心，尧舜之心即天地之心。宇宙之内，非有二心也，非有二理也。

白沙先生曰：古今学者不同，孔子以两言断之，曰："古之学者为己，今之学者为人。"古今仕者不同，程子以两言断之，曰："古之仕者为人，今之仕者为己。"

呈祥曰：有子之言，绝似圣人。然亦不免有支离处。如云"礼之用，和为贵"，是体本无是而用，方以是为贵也。又云"知和而和，不以礼节之，亦不可行也"，是用专在于和，但当以礼节之耳。体用分为二，其言不免有支离之病也。

白沙先生曰：沮溺、接舆辈后人溺于富贵者，见孔子道他不是，却以借口如何得他，首肯他，虽偏过于高，后人偏沦于污他，犹不失为《渐》之上九，后来借口者却是《晋》之九四。一则鸿渐于陆，一则晋如硕鼠。鸿也，鼠也，何异云泥之相悬隔耶！

呈祥曰：一日为之臣，则终身便为吾君也。观季札易面事主，坐视其乱而不顾，洁身虽似高而忘义亦已甚矣。后世儒者只见其让国不居，且因夫子有博物君子之一称，不察其实，而遂许其为全人，可乎？以予见言之，处札之时，只宜远避他方，如太伯之一去不返，或尊父命，如王季立纪纲以靖内难，可也。观东莱《详节》云"札又事阖庐"，"又事"二字，可玩味。

呈祥曰：季札闻韶乐而叹舜之盛，过鲁而不能从孔子游，是知古有大舜而不知今有孔子也。岂得为真知舜者哉？

或问：夫子之与点也何居？甘泉子曰：何往非乐，取其洒落异于三子耳！然点求诸风浴咏归，其亦有方所与，乃疵其行之不掩焉，不知其见之已偏也。又曰：点之乐虚，开之乐实，吾斯未信洞见道体，是故能斯，斯颜子而下开也，其庶几乎？

甘泉湛氏曰：何以为"成章"也？狂者成乎其狂，狷者成乎其狷。成则不易反也。裁也者，变化之也。狂者化狷，狷者化狂，狂狷相化，而各至乎其中矣。

吾儿敬之问曰：曾子误伤瓜根，曾点便援大杖击之。曾子仆地几死，点轻其子不若一瓜也，可得谓之狂乎？曰：曾点所以得名为狂者，正在于此，所以止于狂而未得为圣人者，亦在于此。曰：愿闻其详。曰：禽兽草木皆吾一体，瓜虽微物，亦具天地生生之意。曾子误伤其根，亦见其心粗未精处，爱物仁心，亦见其犹有未尽处。学圣人者，贵心精而已。心精则理得，而仁可尽也。曾点见得此意破，所以怒而击之也。盖爱之深则责之备，夫岂重瓜而轻子乎？吾儿此问，殆未知为人父母爱子之心也。曰：曾点得名为狂，则吾既得闻，命矣。所以未得为圣人者，则吾不知也。曰：设使孔鲤误伤瓜根，夫子则从容教戒之而已，或以小杖击之而已，未必粗暴至于如此之甚也。内动其气，外伤其子。微曾子之孝，不至于父子相伤也者几希！此曾点所以止于狂而未得为圣人者，此也。尔父无点之狂德而有点之狂病，但得尔为曾子，则吾又何恨焉！

呈祥曰：孔门之徒，惟颜曾笃志心学，是以得正脉之传。其他或以言语，或以政事，或以文学，皆在旁门小路上走。然旁门小路，亦自与正路相通，使其由此而进之，一旦得达于大路，未可知也。此夫子所以有成德达才之教与！

阳明先生曰：颜子不迁不贰，须是有未发之中始得。

程子为讲官，言于上曰：颜子，王佐之才也，而箪食瓢饮。季氏，鲁国之蠹也，而富于周公。用舍如此，国欲不衰，得乎？

或谓颜子有廓外之田五十亩足以供饘粥，内之圃十亩足为丝麻，有此六十亩田地，亦不为贫矣。何夫子以屡空称之，而颜子亦自谓家贫，不饮酒、不茹荤者数月，何耶？呈祥曰：古者匹夫授田百亩，又有五亩之宅，树墙下以桑。以颜子六十亩田较之，止得其一半者耳！内有仰事俯育之供，外有国家赋税之出，至于亲朋来往之费，自是人生所不能免者，而颜子安贫守道，又别无资生之策，如子贡货殖之为可以裨补不足，凡百用度止靠着这六十亩田地，如何得勾用耶？其贫固宜矣！

整庵罗氏曰：颜子之犹有我于愿无伐善、无施劳见之。

或问：颜子优于汤、武，然乎？甘泉子曰：是亿说耳！将非谓汤有惭德之累乎？汤、武，圣人也，颜子未达一间也。所谓惭德也者，以言其不类尧舜之揖逊云尔，岂真有愧天怍人之心哉？有愧天怍人之心，则天理灭矣。《易》曰：顺乎天而应乎人。孔子深得汤、武之心。

呈祥曰：君子忠孝根于至性，常人忠孝成于激劝。瞽瞍，顽父也，而大舜终身慕之。商纣，暴主也，而比干致死谏之。非本于至性而然乎？曾元养体之孝，醉心曾子之养，育耳。豫让事后之忠，动念智伯之厚，待耳。非成于激劝而然乎？

甘泉湛氏曰：闵子之不为费宰，有三义焉。何谓三义？费宰，私邑也，为私臣，一不义也。不命于公朝，而命于私家，二不义也。季氏不臣，仕则失己，三不义也。此闵子所以辞也。向使遇明君公举，以仕于公朝，闵子又何义之辞焉？

朱子曰：申枨当时以为刚，想是个悻悻自好底人。然不知悻悻自好只是客气，如此便有以意气加人之意，只此便是欲也。

或问：六言六蔽，何以有六？莫是随病变化否？甘泉子曰：子路学未知头脑耳！若知头脑，则一破百破，只是好学。甘泉又作《四勿总箴》云："事虽惟四，勿之惟一。如精中军，八面却敌。"亦是此意。

何文定公曰：季氏将伐颛臾，由求同见，而请问焉。而夫子独呼求，以责之。盖主是役者，求也。夫子何以逆知其主是役哉？为兵谋者，先聚敛圣门，尝鸣鼓以声，求之罪矣。然则子路不与谋与？曰：不与谋则不同请矣。盖求实倡而由和之也。宜夫子并目之为具臣也。

赵致道曰：程子曰："夫子与点，盖与圣人之意同，便是尧舜气象。使子路若达，为国以礼，道理却便是这气象也。"何也？盖为国不循理道则必任智力，不任智力则循理道，不能出此二途也。曾点有见乎发育流行之体，而天地万物之理所谓自然而然者，但吾不以私智扰之，则天地顺序而万物各得其所，此尧舜事业也。子路则以才气之胜，自以为虽当颠沛败坏不可支持之处而吾为之，亦能使之有成，子路诚足以任此矣，然不免有任智力之意。故志意激昂而气象勇锐，不若曾点之闲暇和平也。然不曰理而曰礼者，盖言理则隐而无形，言礼则实而有据。礼者，理之显设而有节文者也。言礼，则理在其中矣。故圣人之言体用兼该，本末一贯。若点不然，所以行有不掩而失于狂软。

呈祥曰：古今有三遇。以尧舜为君，而有禹、稷、契、皋陶、伯益之为臣，此君臣相遇也。以文王为父，而有武王、周公之为子，此父子相遇也。以孔子为师，而有颜、曾、闵、赐之为徒，此师徒相遇也。

或问于呈祥曰：自古天下之善辨者莫过于庄生，夫孰得而屈诸？曰：辨以理为胜。庄生荒唐梦幻之论，使遇孔孟，恶得而不屈诸？非特孔孟为然，虽遇唐韩子，且非敌手，观于《原道篇》则可见。

《庄子·秋水篇》何啻数百言，孟子只消道"观于海者难为水"一句，便都包涵尽之矣。人谓庄生之文，与孟子相上下，岂知孟子者哉？

或问于呈祥曰：尝闻诸至人寝无梦而觉无忧，其果然与？曰：

黄帝梦游华胥氏之国，高宗梦帝赉弼，孔子梦见周公，此非至人乎而何有梦也？洪水横流，尧独忧之；逸居无教，舜独忧之；王季有疾，文王忧形于色；武王有疾，周公忧形于色；孔子以德之不修，学之不讲为忧；孟子忧不如舜，此非至人乎而何有忧也？若谓梦正而寡，出于心思之正则可，谓无梦则不可；谓忧所当忧则可，谓无忧则不可。必欲寝无梦而觉无忧，其惟老庄氏之流，遗弃伦理，绝灭世故，淡然无所好恶于其间者始能之乎？然庄生梦化为蝶，则亦不能无梦矣。老氏谓将欲取之，必固与之，则亦不能无忧矣。是故有血气则有魂魄，有魂魄则有心思，有心思则有好恶，有好恶则有梦有忧。无梦无忧，是为槁木死灰，为无心人矣。天下岂有无心之人乎？故昼形于事而正，则夜形于梦必寡。梦者，吉凶之先见者也。心清而梦兆先见，亦理之所必有者也，而何害其为至人乎？是故正居有无之间也，不期于有而亦不期于无也。何谓有无之间？盖正则当动而动，不滞于有，不沦于无，有情之中无情寓焉，是谓居有无之间也。

许文懿公曰：甚矣，雍纠之不知也！国之大事而谋及妇人，欲杀其父而先告其女，其死宜矣。君臣也，父子也，夫妇也，人之大伦也。一事而三者预焉，此君子所难言也。姬之不义，母之教也。一言而遂陷其女于恶，坏夫妇之伦，伤君臣之义，罪不容诛矣。虽然，此雍姬之不幸也，夫不可杀而君事不可败，则将视其父之死而不救与？使姬而处此，如之何？谏其夫使辞于君，不得命而先仰药而死，不忍见其父与夫之相残也，庶乎其可也。

呈祥曰：程婴杵臼之所为，人之所甚难能者也。天下后世之所歆谈而乐道之者也。以愚论之，取其存孤死难之一节则善矣！若以通理论之，则未为得也。杀他儿以存真孤，此岂至仁者之所为乎？他儿何罪焉而杀之乎？存真孤则为至仁，杀他儿则为至不仁矣。在昔齐宣王以羊易牛，孟子谓其见牛未见羊也，故以仁术称之。使其见羊而以易牛，则亦不足称矣。夫待异类尚如此，而况人吾同类，岂论其见不见哉？不见且不可杀，而况婉婉孱儿忍见而杀之乎？故吾谓二子之所为，非至仁者之所为也。或曰：使圣贤处此则如何？予谓：可为则为，不可为则不为，但尽吾心力焉耳！若存其一害其一，忍于此而不忍于彼，此春秋战国感恩报主必于成功者之所为，非圣贤中正之道也。

朱子曰：《荀》《杨》乃误人之书，《庄》《老》乃害人之书。

赵致道曰：荀子言性恶礼伪，其失盖出于一大要，不知其所自来，而二者亦互相资也。其不识天命之懿而以人欲横流者为性，不知天秩之自然而以出于人为者为礼，所谓不知所自来也。至于以性为恶，则凡礼文之美，是圣人制此以返人之性而防遏之，则礼之伪明矣。以礼为伪，则凡人之为礼，皆反其性，矫揉以就之，则性之恶明矣。此所谓互相资也。告子杞柳之论，则性恶之意也，义外之论，则礼伪之意也。

呈祥曰：养心莫善于诚，当以程子之言为是，而以阳明之言为非。彼戒惧慎独所以存诚也，存诚所以养心也。若曰"养心莫善于诚"，则是不加戒惧慎独之功而即以诚养心。自然而无不实之谓诚。诚者，天之道也。既诚矣，又安用养耶？此与孟子"养心莫善于寡欲"之言虽相似而实不同。盖孟子之言乃生成自然之妙，此犹剪彩为花，造作虽巧，终是人为，实无生意可观也。"寡"字有樽节意思，若曰"无欲"则便与荀子之言同。

呈祥曰：后世有隐逸之士，负虚名而无实用者，此殆狂简之流，志大而略于事者，与观孔子与曾皙而不贬三子者，意可知矣。

呈祥曰：《论语》不知何人所记，其人亦高矣。吾以为记虽出于门人，而或经孔子之笔削未可知也。非孔子，则曾子、子思之所尝订正者乎？亦未可知也。

象山陆氏曰：学于夫子者多矣，颜渊、闵子骞、伯牛、仲弓固无可疵。外此，则有南宫适、宓子贱、漆雕开，近于四子。三人之外，最后出如子羔、曾子，虽有愚鲁之号，其实皆夫子所喜。于二人中尤属意于子羔，不幸前夫子而死，不见其所成就。卒之传夫子之道者，乃在曾子。子思乃夫子嫡孙。夫子之门人光耀于当时者甚多，而子思独师事曾子，则平日夫子为子思择师者可知矣。宰我、子贡、有若，其才智最高，子夏、子游、子张，又下一等。然游、夏已擅文学之场，其言论足以动人光华，足以耀俗，诚非愚鲁得号者所可比拟。至其传道授业不谬于圣人，宰我、子贡、有若犹不在此位，况游、夏乎？故自曾子传之子思，子思传之孟子，乃得其传。外此，则不可以言道。

呈祥曰：孔子之后无子思，则孔子之道不明。子思之后无孟子，则孔子之道不尊。

呈祥曰：孟子见得性善最真。七篇之中，无非此旨，可谓千载一人豪矣！

朱子曰：庄、列本杨朱之学。庄子谓臣之于君，义也，无所逃于天地之间。是他但看得君臣之义似是逃不得，更无一个自然相为一体意思，故孟子以为无君，此类是也。

程子曰：杨子本是学义，墨子本是学仁。举世之人皆尊信之，孟子独谓其无父无君。大凡儒者学道，差之毫厘，便谬以千里。如所谓爱其兄之子犹邻之子，墨子书中何曾有此等说话？孟子欲正其本，推其流，必至有此。退之读墨篇，可谓忠恕，然持论不知谨严，故失之也。

呈祥曰：墨子宗师大禹，而晏子学之。则晏子之学从可知矣。

朱子曰：孟子是个有规矩的康节也。

呈祥曰：当时好事者，有以尧舜传贤为不慈，有以禹传子为德衰，有以益避位为不知耻，有以文王迁都居民为不异曹操之奸，有以汤放桀、武伐纣为不臣，有以周公诛管蔡为不弟，有以孔子主痈疽与侍人瘠环为急于仕进，有以孟子劝时君致王为不知尊周者，圣贤心事之不明，于圣贤何损？而吾道遂至晦蚀，使后学不知所依归，则可悲矣。是知圣贤表彰前烈之功于是为大。

甘泉先生《吊滕文公辞》有曰：当战国之末，裔风靡靡而波荡。有滕国文公者，以蕞尔之壤，挺然之身，独当仁而不让，闻性善之指，庶几乎天德可弘。学校井地之制，三年之丧，慨然行之而无疑，庶几乎王道可兴。一时闻风者，莫不悦服而愿为之氓，庶几乎王业可成。然而不能以遂然者，其天命之未凝耶？人将恶其厉己而害其能耶？抑行之未至于高大光明耶？将时势之未易以乘驭？知孟氏王佐之才，而不能举国而听焉，何也？虽不就千百年之下，凛乎若生，真千古旷世之豪杰，万古王者之师承也。余入斯境，履地怀贤，安得不动千载之太息而为之潸然！

　　呈祥曰：朱子谓屈原之忠，忠之过者也。屈原之过，过于忠者也。此亦形容其忠之极至而极言之耳，亦孔子观过知仁之意也。夫以原之才智，非不能西入秦而东入魏也，亦非不知君臣之遇，合有命存焉。出则为甘零，退则为龙蛇，可也。而乃栖栖不去，忧愁愤郁，必至殒躯丧身而后已者，盖原与楚同姓也。贵戚之臣，与国同休戚者，身为俘虏，固所不甘弃坟墓而入他国，亦岂忍哉！一死之余，万事俱了，原之设心，盖如此耳！昔商臣微子、箕子、比干，或去，或死，或为奴，所行迥然不同，而孔子同许其为仁，盖原其心也。然则原之死，其亦求仁而得仁者，与彼杨雄者，乌足以知之？反《骚》之作，固仕莽之心声也。或曰：以原之聪明，岂不知死之无益？被放而死，岂不知其为过甚哉！湘江之投，不过神其事，以为脱逃之术耳！其必远避他方，改名换姓，潜踪灭迹，而入莫知其所之耳！是故张良之从赤松子游，渊明之为五斗米解印，皆此意也。

　　呈祥曰：先王心公极矣！故封建之法行之，天下大治。始皇心私极矣！故郡县之法行之，而天下大乱。使曰：使封建之法行于始皇，天下安得而不乱？使郡县之法行于先王，天下安得而不治？君子不以人废言，安可以其人之不善而并废其法之善？朝廷设科取士，一以《五经》、《四书》、周、程、张、朱之书为主。士游于庠校者有定业，出而临民听讼，又一以大明律令为主，民皆知所趋避之路。爵禄授受之柄，一出自朝廷，而郡县又不得专辄以便己私。夫上有定法，下有定守，正得《春秋》大一统之义。虽使苏、张、孙、吴复生，亦无以售其奇谋秘术，此所谓政之有根者也。法无不善，但看行法之人何如耳。行之而善，则唐虞三代之治可复，不必慕古以为高也。

　　呈祥曰：太公为羽所执，沛公若弃置之而不顾者，吾意此事，张良必为沛公谋之熟矣。盖项伯素与张良相善，故每事皆为沛公维持调护。鸿门之会，沛公几就戮矣，赖项伯以身翼得免。广武之会，太公几就烹矣，赖项伯以言劝得解。以是观之，沛公阳虽不为太公计，其实阴为太公计，审矣。分羹之言，亦窃弄阖辟者耳。吾尝论沛公不孝之罪，不在于太公被执之后，而在于太公未执之前。彭城之入，不能兢兢业业，预置太公于安全之地，乃匿意声色，日置酒高会，以致睢水之败，太公因而遂为所虏，此其不孝之罪大矣。若被执之后，复屈意事楚，则文公所谓父子俱就戮耳，亦救太公不得者也。

呈祥曰：东莱谓汉高能颠倒豪杰，若深致羡于汉高者。夫先王以至诚待群下，未闻有颠倒豪杰之术也。使豪杰而可颠倒，则其豪杰亦可知矣。固宜豪杰无善终之理也。

呈祥曰：尝观四老人者，不出于萧、张进计之日，韩彭立功之时，后为子房一呼而即至，异哉！前后不伦也。铁崖曰：子房之所呼者，老人之赝者也。汉祖惊见以为真，而太子之羽翼遂成。汉廷诸人罔有觉者耳。斯言其或然与！王原吉有诗曰："万古乾坤一曲棋，五文云采九茎芝。高皇自堕留侯计，肯下山来进谏辞。"观上则知铁崖之论有所自云。

潜溪宋氏曰：四皓陈图南，其振世之人豪哉！当秦及五季之乱，四海鼎沸，生民涂炭，奋然思起而救之，所以屈群策、一天下之谋，未必在人后也。及闻汉高帝出，则四皓归商山矣。宋艺祖即位，则图南隐华山矣。盖其心以救民为急，苟有任之者则身可退矣。彼之为即我之为也，初何心于天子之贵哉？高帝太祖不欲强臣之，盖稍知其志矣！

呈祥曰：张良志在报仇。鸿沟背约，在张良则为义，在汉高则为非义也。或曰：使汉高志在平定天下，则鸿沟背约亦得权变之宜。虽违小信，无害也。

呈祥曰：张良为汉谋臣，而程子以儒者气象许之。以良君臣之义重，爵禄不入于心，出处语默，各适其宜故耳。

呈祥曰：张良招致四皓，以定太子，惟致堂、伊川之说甚善。

呈祥曰：六出奇计，皆诡计也。而伪游云梦一计，尤非君子之心也。

呈祥曰：信，市井之徒，未闻君子之道也，所以置疑于高祖腹中者，屡矣。舍人弟之言，本无足信，特乘机而发，欲以快其私忿耳。吕氏既不能为彼别白鸷恨，固不足责。当时大臣如萧相国者，与信同事人也，反遽从而给杀之。信之死，于一时不足惜，乃蒙叛逆之名于千万世，哀哉！舍人弟，曾为信所答。

石堂陈氏曰：登坛之日，君臣之位已定。韩信背之，则三纲不明，死有余罪，尚何言哉？又曰：高明深厚，则为禹之不矜不伐；浅薄无学，则为信之矜功负德。古今人品度量之相悬绝如此。

呈祥曰：尝读蒯彻论有云，蒯彻之所以自疏，犹鲁朱家之疏季布也。而帝卒赦之，亦费思矣。盖刘项无相臣之分，而齐汉非两立之国。通之忠齐，岂季布比！事人之子而教人之叛其父，则曰：吾知忠若子而已矣，可乎？高祖同于季布之赦，夫刑也哉！观此，可以定彻之罪矣！

石堂陈氏曰：汉兴，诗书之禁已弛。伏生年未七十，谈生博士犹有存者，史又称其教授齐鲁，使伏生知《尚书》为载道之书，虽不尽记预藏，必能旁搜博访，复其旧，以惠来者。而《尚书》乃无一本出齐鲁间，何也至文帝遣晁错？时汉兴帝三十年矣！才使女子口授，又只二十八篇，然则伏生知《尚书》为何物哉？

石堂陈氏曰：文帝犹有鬼神封禅之累，况武帝乎？宣室之问，贾生具道所以，然帝夜半前席，有不及之叹。然不数年，而渭阳汾阴之事起，贵新垣平至上大夫，苟非帝之得于生者浅，则生之言于帝者有未尽耳！

呈祥曰：东坡谓绛灌之属谊，宜优游渐渍而深交之，然后惟吾之所欲为。噫！是非君子之言也，战国策士之术也。夫道可以直行而不可以曲为也。深交之说，其不流于枉己也者几希！若谊者，当何如哉？道可行则进，不可行则退，可也。今也大臣多短之，而天子亦疏之矣。谊亦可以退矣。乃复为是悲痛太息之辞，反复千有余言，劳颊舌而渎主听，是则谊之失也。至于过湘一赋，辞急切而峭露，怀王坠马，哭泣，至于死绝，是则东坡所谓不善处穷者也。

石堂陈氏曰：贾生为人大抵躁率飘忽，不知乐天知命、操心养气之学。

石堂陈氏曰：太子、梁王共车入朝，不下司马门，正犯贾生所谓过阙则下者。景帝在东宫以博局杀吴王、太子，使武王为天子，周公为冢宰，成王为世子，而东宫有饮博杀人之事，则武王、周公当何以处之？古人以为变，汉人以为常，古今王霸之分，此类是也。

吴草庐诗曰：平陵有子广无孙。此可以为子孙守义不笃而贻辱于祖父者之戒。呈祥曰：欲知其人，先观其友。李陵之取败，伤于轻锐耳。太史公称其有国士之风。苏武河梁相别，甚有缱绻，不忍舍之，意此亦可以见其为人矣。然畏武帝诛责之故，不欲屈辱于下吏人之手，遂至臣服匈奴，为一失节之臣，使千载而下得与卫律共罪之，亦是伤于轻锐耳！此亦千古英雄不平之恨！

石堂陈氏曰：汉武帝疲弊四夷，凡为之驰驱者皆助杰也。广、陵，卫、霍所忌而必欲求用，杀身忘家，则固其所。山西气息，君子所不道，太史公以"桃李不言，下自成蹊"赞之，亦岂君子之言哉？广，秦将李信之后。陵，广孙也。

林氏曰：进言贵诚，谏道贵讽。自名者，若相如《子虚》之作，铺张景物，适启神仙之想；子云《羽猎》之赋，伪言车骑，反滋游乐之心。相如通西南有书，未必助君宣化，而穷兵之念已动。吾丘寿王得宝鼎有对，未必规君修德，而封禅之举已萌。呜呼！曲终奏雅，不免于劝，曾谓讽谏，可听乎？呈祥曰：载此者，以见后世之谏臣多蹈此弊也。

陈氏礼书云：叔孙通制礼仪，徒规当时之近功，而其法失于太卑。鲁两生之论礼乐，必期百年然后兴，而其言失于太高。呈祥曰：礼乐不可一日无也。周公当伐商之后，乘大乱之余，即便制礼，岂必待百年然后兴？两生为此言者，其必窥见武帝非兴礼乐之君，故为此言以避之与？

呈祥曰：公孙弘之为布被，与卢怀慎之茹羹服素，同也。然人以俭德归怀慎，而以诈归弘，何哉？以弘之人品不足取，故汲黯以诈归之耳！以诈归之，彼则直任而不辨，此又诈之诈者也。何哉？彼非真能宽大不辨也，不过欲匿其报黯之迹故耳。辨则天子知其有隙，他日中伤之言无从入矣！天子不知，以为谦让，益厚遇之。夫一不辨之间，既匿报黯之迹，又动人主之眷，弘之深奸极诈何如哉！

史称其外宽内深，岂不诚然乎哉！呜呼！一与仲舒有隙，则擯为胶西王相，一与汲黯有隙，则徙为右内史，二人去而汉治衰矣。以《春秋》诛心之法论之，弘其罪之魁哉！

程子曰：公孙弘答禹汤水旱厥咎何由策，而不言所由，真奸诈人也。杨诚斋曰：公孙弘答禹汤水旱何由之问，乃曰"臣闻尧之有水，未闻禹之有水也"，此讳父而移之祖也。又云"若汤之旱，则桀之余烈也"，此讳父而移之盗也。此谀之穷也。圣人不讳过，尧固无辞矣，桀亦何颜以见尧哉？周氏曰：八者治之法，非本也；四者治之理，非本也。本惟在于人君之一身而已。公孙弘无一言及此，真曲学阿世之人也。

西山真氏曰：仲舒醇正近理之言，见称于诸老先生，外如曰"强勉学问则闻见博而智益明，强勉行道则德日起而大有功"，又引曾子尊闻行知之说，此二条最有功于学者。盖学道之要，致知力行而已。《虞书》之精一，《论语》之知及仁守，《中庸》之博学笃行，皆是也。秦汉以下，未有识者，而仲舒能言之，此岂诸儒所可及哉？使得从游于圣人之门，渊源所渐，当无惭于游夏矣！惜其生于绝学之后，虽潜心大业，终未能窥大道之全，至或流于灾异之术，吁可！叹可！

石堂咏董子诗云："孟轲死后惟董子，道义两言扩古今。性善七篇何落落，千秋不遇一知音。"自注云：《繁露》内篇专非孟子性善。

整庵罗氏曰：黯之学术不可知，然观内多欲而外施仁义之言，非惟切中武帝之病，且深达为治之本。

石堂陈氏曰：张汤深文而倪宽为之饰以古义，武帝封禅而倪宽谀之，使制仪诗云："亲媚张汤似谒居，阿谀天子过相如。汉儒个个公孙子，不坠遗经一仲舒。"

潜溪宋氏曰：吕后借窃，几移汉鼎，实启后世女主专制之祸。史家虽曰据事直书，宜作惠帝纪而附见吕后之事。今乃反之。司马迁其无识人耶？《古今人表》所次，管、晏、左丘明列之第二，游夏及曾点父子列之第三，数子之高下，道德功利之浅深，甚不难知也。今乃反之，班固其亦无别之人耶？

石门梁氏曰：马迁之史，其大失有二焉。一则分裂圣经之文，二则未明圣人之道也。苏明允曰：迁之辞雄健简直，足称一家，而乃裂取六经，传记杂于其间，五帝三王纪多《尚书》之文，齐鲁以下世家多《左传》《国语》之文，《孔子世家》、弟子传多《论语》之文。夫经、传之文非不善也，杂之则不善也。今夫绮绣锦縠，衣之美者也，尺寸而割之以为服，则缔绤之不若，迁之书无乃类是乎？观于此言，则分裂圣经之谬可见也。朱文公又曰：近世学者祖尊史迁之书，几以为贤于夫子，然其说亦战国以下见识，其正当处不过知尊孔氏，而亦徒见其表悦其外之文而已。其曰折衷于夫子者，实未知所以折衷也。后之为史者又不及此，以及读史之士，多意思粗浅，未识义理之微而堕于寻常之见，以为虽古圣贤亦不过审于利害之等而已。观于此言，则未明圣人之道又可见也。

呈祥曰：日碑其优于霍光也哉？考其平生所行，则自见矣。

石堂陈氏曰：朔皋恢谐相如词赋，与董偃之鸡鞠狗马，皆不可使在人主左右也。

石堂陈氏曰：成王有过，周公挞伯禽，则其所以辅道成王与其刑妻教子者可知。霍光拥立之外一毫无有，而以周公自居，不已过乎？山阳守张敞之策，虽善而帝不召，以许后之死故也。

呈祥曰：广汉钩钜之法，施于权时可也，不可为训也。盖我既以诈待民，未有能去民之诈也。且酿成告讦之风俗成仇怨，岂足为知治体者乎？

石堂陈氏曰：萧望之以恹杀延寿，负此一歉，而终反诸其身，不学之过也。诗云："石显深持两世枢，尚书何苦恋中书。九原若遇韩延寿，只共咨嗟叹两疏。"

石堂陈氏曰：匡衡在石显时，无所争死生得失之心也。元帝崩，始与张谭奏石显之恶，而以群下畏显过于人主，为言皆求以自免也。王尊一奏始惭惧，默不自安，犹贤于遂非济恶，是亦读书之力不能自止也。诗云："铺陈治道本群经，无愧更生与董生。不赖王尊作鸣凤，欺天一点未分明。"

谷求曰：明于天地之性，不可惑以神怪。知夫万物之情，不可罔以非类。此希阔之言也。

端溪王氏曰：杨雄《太玄》，新室之罪章与？徐干《中论》，魏武之幕书与？

程子曰：世之议子云者，疑其投阁之事，以法言观之，盖未必有。又天禄阁世传以为高百尺，宜不可投。然子云之罪，特不在此。黾勉于莽贤之间，畏死而不敢去，是安得为大丈夫哉？又曰：光武之兴，使雄不死，能免诛乎？观于朱泚之事可见矣。古之所谓言逊者，迫不得已，如剧秦美新之类，非得已者乎？子云有言曰：明哲煌煌，帝浊无疆。逊于不虞，以保天命。

石堂陈氏曰：杨雄是非，至晦翁而始定。

呈祥曰：严子陵，其天民之傅与，非随世以就功名者也。近有谓子陵不宜加足于帝腹，此非知子陵者也。

甘泉湛氏曰：严子陵，非为高者也。其与鲁两生皆王佐材，如用之礼乐，其可兴乎？其处也，龙蛰；其出也，云游；其云也，凤翔。乐则行之，忧则违之。独立而不离群，见世而不随时。彼得汤武之君，则伊吕何尚焉？图谶之惑，狂奴之鄙，其如礼乐何哉？此子陵所以见几而作乎！

石尚陈氏曰：刘向痛切王氏，而歆委身事之。向比仲舒于伊吕，歆反之其父，盛毁之。杨雄止于失身，刘歆重以无父。

石堂陈氏曰：石渠白虎皆天子临决，岂一人之见独高于天下乎？鄙哉当时诸儒乎？石渠不立诗礼博士者，礼非汉家制度，而诗者宣帝之所自专与？

呈祥曰：汉明帝迎佛入中国，遗千载无穷之祸。

呈祥曰：班固讥马迁博物洽闻，不能以智免极刑。范晔又讥班固曰，陷于大戮，智能及而不能守。以愚观之，马迁之救李陵也，有义士之风，其遭刑也，千载而下犹矜惜之。若固之谄事窦宪，则小人之为也。以是而陷于刑戮，则失身为可耻矣。虽曰保身之道，慨乎未闻，然固非迁比也，以固而伦于迁，则误矣！

呈祥曰：朱子谓迁、固之史，大抵计较利害。苏子由谓马迁浅陋而不学，疏略而轻信。郑渔仲谓班固浮华之士，专事剽窃。则此观之，当作史之任者，亦难矣哉！非理明义精，有得于涵养之深，学力之至者，未足与议于斯。

薛文清公有云：东汉党锢诸君子正不知群阴并长之时，而欲力胜之，难矣！

朱子曰：使陈窦只诛得首恶一二人，后来必不取王允、五王之祸也。南轩曰：当时宦者虽有罪，然岂无轻重先后之伦，乃一概欲施之，使人人自疑，反缔其党与，而速其奸谋，善处大事者顾如是耶！

呈祥曰：悲哉！党锢之祸，其自取也。夫观诸君子之所行，犹涉于意气之私而未纯乎义理之发也。石堂陈氏曰：天子在上，奸人盈朝，而一介之士，送迎庆吊，车至数千两千万人，此明主所恶，况桓灵乎？李膺、范滂而不能下，宜有元龙之悔。郭有道、陈太丘亦安之何哉？岂非以仲尼自居乎？

呈祥曰：申屠蟠，其豪杰之士也哉！前不与党锢之祸，后不与董卓之征，见几明决，确乎其不可易也。其豪杰之士也哉！

呈祥曰：大凡学者，见之不真，守之不定，其不因人之迹而误也者几希！蔡邕赴董卓之诏，其亦为荀爽、黄琬诸人所误乎？诸人出而名节犹存，蔡邕出而名节扫地矣！蔡邕与其姊皆有文学，皆失节，大抵只是畏死耳。

呈祥曰：管宁客辽海三十余年，以黄初之命而复归纲目，书卒于魏，所以寓不满之意也。

石堂陈氏曰：曹操始思融而终畏之。使文举平生正义，明道不恶，而严以待操，操必不杀也。文举不死，操不遂肆矣！惜文举性刚而狎侮，济以祢衡轻薄，相与为放浪之言，陵蔑之行，在当时能全者少矣！

历朝史论曰：曹瞒，汉贼也。彼陈寿作史，未知此义，反谓贼为帝，改汉为蜀。呜呼！蜀者，地名，非国之名也。昭帝以汉名，未尝以蜀名也。虽孙氏之盟，亦曰汉吴。既盟，同讨魏贼，是天下未尝以蜀名之也。寿何所据而以蜀名之乎？毋乃汉贼不两立，盗憎其主人老瞒，讳其所谓汉而私谓之蜀乎？诚以汉之名尚存天下，岂容有魏？魏苟明谓汉为汉，则是以臣而敌君，非特惕焉，无以自容，而人亦孰为之用？故不得不谬以蜀名之，姑以自欺，且以欺人也。史氏实录，将以示信。万世亦从而蜀之，何与？欲评三国之君，先正蜀汉之名而后可。

潜溪宋氏曰：三代以下，有合于先王之道者，孔明一人耳。其师以正动，义也；委身事君，忠也；开诚布公，信也；御众以严，知也；其功不能成，天也。或者谓其仁义诈力杂用以取天下，所以失之，是以权谋术数待孔明，而孔明明白正大之心初未尝知之也。

石堂陈氏曰：孔明以道事君，蜀汉遂为义国。猇亭之败，傅虾、程畿慷慨死之，诸葛瞻父子、北地王谌、关口守将傅金同日成仁，皆孔明之教也。将士拔刀斫石，孔明之余怒也。

呈祥曰：议诸葛者，谓其出师不以献帝为名，计出董公下矣，固宜功无成也，此或一道也。然操非项比，以是议诸葛，未足以尽诸葛也。诸葛之不能成功，天也，非人也。观诸食少事烦，则见之矣。

程篁墩曰：昭烈伐吴失策，孔明必谏而不听，照烈亦悔之不及，人特未知之尔。观孔明初语昭烈曰："孙权据有江东，已历三世，国险而民附，贤能为之用，此可与为援而不可图也。"孔明之初意如此，后来之谏可知矣。迹是观之，则昭烈于孔明之言，固有未能尽用者矣。岂特不能尽用而已，盖所谓十不一试者也。孔明之言曰："荆州用武之国，而其主不能守，此殆天所以资将军也。"使孔明处此，盖必有策。而昭烈追景升之顾，宁舍之以去，反为逆操之资。赤壁之胜，虽幸得其半，而终不能守，盖非孔明初意矣。又曰："益州，天府之土，刘璋暗弱，将军既帝室之胄，若跨有荆益，汉室可兴。"使孔明处此，亦必有策。而昭烈乃听法正之诡谋袭取成都，虽得璋而理不直，又非孔明之初意矣。孔明所以兴汉之策，盖素定于草庐三顾坐谈之顷，其大者则取荆益，援孙权，而昭烈曾无一之见从，其天下不助汉者与？

甘泉湛子曰：孔明渊明其知学者也，不求记焉，不求解焉，其所求者大焉耳！

龙泉叶氏曰：详于刑者有法外之遗奸，秦皇是也，坑儒生而得刘项。工于数者有术中之隐祸，魏武是也，杀杨修而得司马懿。

呈祥曰：曹操、孙权，劫汉之巨盗也。只彧、瑜蒙导，盗之谋主也。

呈祥曰：荀彧之出也，为操谋也；其死也，为汉死也。生为操谋，死为汉死。生死相违，君子疑之。惟石堂陈氏之言则至矣。石堂陈氏曰：董卓乱后，群贼横裂。献帝远留长安，在贼手，孤雏。是时，文若谓汉已亡，故以高、光事劝操。及献帝东归，天下犹有推戴，又劝曹操挟之。此时文若非有无汉之心，然迁许之。后政在曹氏堂，陛下不立，文若虽不忘大义，然始者交浅言深，驷追不及，欲遂从操，而孔文举正言扬袂于前，故依违去就，立邪正之中十有余年。一旦董昭发议，良心不灭，率尔而对，狼狈以死。君子不观荀文若之颠沛，安知诸葛孔明躬耕隆中，不求闻达，三顾而后委身之为贵哉？又曰：饮药自杀，良心未忘，图地下得见文举耳！又曰：使文若始见曹操，即以道义辅之，以文若之才略，足使曹操征伐四克，而复日闻道德重于功名，逆乱之心老死不发矣。诗云："乱离拣得一枝栖，得路争知却是迷。曹操若逢诸葛亮，暮年当作汉征西。"又曰："河济太山犹是汉，匆匆把作贼关中。久知天下无刘氏，不料人间有孔融。"朱子曰：荀彧之死，胡文定引宋景文之说，以为刘穆之、宋齐丘之比，最为得其情状之实，无复改评矣。考其议论本末，未见其有扶汉之心，其死亦何足悲。又据本传，彧乃唐衡之婿，则彧之失其本心久矣。

呈祥曰：南轩之论魏相陈寔也，程子之论荀彧冯道也，皆天下正大之论，学者不可不知。

呈祥曰：鲁肃之于昭烈，犹项伯之于沛公也。论三国人才，当以孔明为首称，而鲁肃则次之矣。使鲁肃迟数年不死，则羽不亡，非独刘氏之福，曹氏之成否未可知也。

石堂陈氏曰：刑颙，君子也，而植恶之。杨修、丁仪，小人也，而植爱之。既以无礼怨父，复以不弟失兄。始与浮薄之人同处，及其终如孤豚，家国未几亦覆，八代词人皆谬用其心者也。

石堂陈氏曰：杨修，乃震玄孙也。杨彪、孔融、祢衡不从操，而修从之。丁仪，侧媚小人，君子所远，而修乐之。劝操立幼，教植夺嫡，乱人父子兄弟之间，如鬼如蜮。曹操幸而容之，其能免于丁仪之诛乎！

石堂陈氏曰：曹操开基，孰与黄帝虞舜？其父嵩为宦者曹腾养子，未知其姓，而高堂生列之五帝；吴、蜀据天下之半，曹氏方草菅其民，而高堂生遽以帝王历数与之，不学之过也。

朱子曰：温公谓魏为正统，使当三国时便去仕魏矣。又曰：《纲目》主意在正统。

上虞刘氏曰：演义以嵇、阮诗系于魏，或者非之，盖见世称竹林七贤在《晋史》故尔。然考二人之立心，殆与陶靖节略同。史言，康娶魏宗室女，拜中散大夫，及山涛举为吏部，答书拒绝，终无仕晋之意；藉当高贵卿公时，仁为常侍，知司马氏欲求婚，以义却之，复纵酒昏酣，诗以见志。且康被晋诛，籍以寿终，并在景元年中，自与建安诸子委身曹氏者不类，今特依演义列于魏诗之后。或又言籍不当为郑冲劝晋王笺，然考其文，大概谓褒德赏功典礼之常，不必固让之意。演义论步兵心乎王室，有同渊明劝进之文，醉不欲为而强迫为之，非杨雄甘为美新者比。但惜其不能一死而曲自免不得为全美耳。读者亦不可不知也。呈祥曰：嵇、阮二子，皆世以竹林七贤之徒例视之，而未有能明其心迹于天下后世者，吾疑刘伶殆亦嵇、阮之流乎？故今备载刘氏之说于此，亦鲁论备载逸民之遗意也。观刘伶《酒德颂》有似放言自废之流。

石堂陈氏曰：清谈起汉末，至正始转为清虚。然夏侯玄、嵇康、诸葛诞犹有孔文举之余风。故诞死，麾下数百人拱手就戮，无降者。至晋初始，一于浮虚，无复嫉邪轻死之风矣。

石堂陈氏曰：轻尘栖弱草，此何晏、邓飏诸人绪论也。正始中，曹爽为老庄渊薮。魏晋不长，政由于此。何者？五常之统常在，天下不可灭也。不然，人类灭矣。

呈祥曰：西汉之浮沉，激而为东汉之节义。东汉之节义，激而为魏晋之清谈。世道升降浮沉之机，自是如此，此三纲五常所以为经世之大典，修身之要务，自天子以至于庶人，皆不可不知也。

石堂陈氏曰：王祥、孟宗，其冯道之流与？二子质美而不知学，行于家庭有余，以处大事、立大节则不能断矣！此孟公绰所以止于赵魏老，而古人用人，刚柔、文武之各有其所也。诗云："正始颓波万丈深，卧冰泣竹尽漂沉。尚余泪染无枝树，撑拄乾坤直到今。"此诛王衰诗。

石堂陈氏曰：波流风靡之中，如范粲者，真砥柱也。又曰：天命之性不灭，故司马氏有孚，武氏有攸绪也。

石堂陈氏曰："理致清远"四字，皆晋人膏肓之疾也。王祥为魏三公，于国家大事大伦皆无所问，而有"理致清远"之称。王戎、王衍、王澄辈唯终身为清远之言，岂非以大保、正始之际为师乎？或曰：不拜司马昭何如？曰：此冯道受郭威拜之类，它年皆从之，独少与之抗礼，固奸人之所乐也。

潜溪宋氏曰：孟子之后，言性善者，苏绰一人耳！三国之后，言推蜀继汉者，习凿齿一人耳！唐之后，言黜周存唐者，沈既济一人耳！有识之士不世出也如是夫！

呈祥曰：羊叔之谋吴，杜预之平吴，天下后世皆伟之，而不知晋室之亡，亦始于此。二子徇末而亡本，不学之过也。

石堂陈氏曰：祜在襄阳，不附中朝权贵，不失其驰也。杜预继之，数饷遗洛中贵要，冀其不为害者，诡遇之获也。由君子之道，则虽不成平吴之功，宁为祜，不为预矣。又曰：晋武欲行丧礼，良心也。杜预明春秋之学，而亦为邪说以沮之，何耶？

真西山曰：世之论张华者，皆曰成干之谏不从而不去，此其所以及祸也。愚谓不然。方杨太后之废也，三纲五典于焉扫地，华方安然进居相位，坐视而不能救，逆天背理，孰甚于此？孔子称由求为具臣，曰弑父与君，亦不从也。姑犹可弑，太子其不可废乎？故曰：华之当去，在杨太后见废之时，不在愍怀见废之日矣。

石堂陈氏曰：自古文人如宋玉、相如、杨雄、班固、陆机、骆宾王、张说、刘禹锡、柳宗元诸人，与近世苏氏之徒，皆轻儇浅薄、浮华妄诞，且复矜其功慧，傲睨人物，荒淫不道，往往为之。夫沉身之祸犹轻，败俗之罪尤大。故程氏之门以高才、能文章为人之不幸。使读书而不知道，岂为臣下者所宜尊尚哉？

石堂陈氏曰：王导经始江东，不革西台余习。顾荣得免于西朝，而复得伸于江东。荣遹诛无足言，而江东之不竞，亦自王导初政始矣。又曰：若王导者，谓其忠于琅琊则可，谓其不得罪于天，则吾未之信也。桓彝、温峤皆以夷吾目之，使管夷吾处此，其终无一匡天下之志乎？荣始则欲假陈敏以行其志，迨敏日削朝廷，未乱始与甘卓共图，敏以免祸。

石堂陈氏曰：卞壶战死，峻兵犯阙，士行疾视不救，盖欲坐观庾亮、王导之败以为戏耳，徐起而救之也。然非为人臣之道矣！或曰：士行为王敦所摈，居南海十三年，归而衰矣。石勒已大，江东宴安已成，故从而顺之尔。然非为人臣之道也。

呈祥曰：渊明非后世人物也。其羲皇以上之人物乎！若夫耻事二姓，则固其所优为也。鹤山魏氏曰：风雅以隆，诗人之词乐而不淫、哀而不伤，以物观物而不牵于物，吟咏性情而不累于情，孰有能如公者乎？有谢康乐之忠而勇退过之，有阮嗣宗之达而不至于放，有元次山之漫而不著其迹，此岂小小进退所能窥其际耶？

白沙先生曰：草木之品在花。桃花于春，菊花于秋，莲花于夏，梅花于冬，四时之花臭色高下不齐，其配于人也亦然。潘岳似桃花，陶元亮似菊，周元公似莲，林和靖似梅。惟其似之，是以尚之。惟其尚之，是以名之。

白沙先生曰：醉以溷俗，醒以行独。醒易于醉，醉非深于易者不能也。汉郭林宗、晋陶渊明、唐郭令公、宋邵尧夫，善醉矣！

石堂陈氏曰：羲之在王、谢中，贤矣。然谓谢万不可为将师，而可主廊庙，盖与桓温论殷浩同，是犹以王衍为非，误国也。诗云："不缘廊庙尽谈空，安得狐狸啸晋宫。王氏可人惟逸少，更容谢万作三公。"观其谏殷浩、谢万书，与王昱、桓温笺，及与谢安登冶城数语，其贤于王谢可见。

石堂陈氏曰：苻坚亡于骄矜欲速，亦王猛之不知道，无以养其志气故也。

石堂陈氏曰：魏晋风俗，以樗蒲弈棋寓遗落世事之意。宰相不废棋，非小过也。孝武亦中主天下事，尚可为。惟安石负盛名，而以宴游导君，此中原所以绝望，晋室所以遂衰。清谈之俗，至谢安遂不可救，读史者不可不知也。又曰：谢玄破秦之后，展转衰谢，非弘毅任重之才也。

尹氏曰：猛负高世之资，生乱离之世，不得已而仕秦，其心盖惓惓然以中国生灵为念。观其临终谓秦主坚曰："臣死之后，愿勿以晋为图。"所谓正朔相承，一言其深明华夷之分，识顺逆之理也与纲目表而出之，以为不幸而仕夷者之法。

石堂陈氏曰：琅琊王不可事，不导不可与谋。祖逖苦求北方，得无技痒乎？终之功业不就，心违身死，不择所事故也。

呈祥曰：文中子有不忘世之心，而又不肯轻为世用，此所以优于韩子也。《续经》一事，其亦删繁就简，不得已之微意也与！今其书不可得而见，以愚见言之，未可便谓其为非也。许衡厌宋末文胜之弊亦此意也。

呈祥曰：程篁墩议王通当从祀文庙之说甚好。程篁墩考正祀典，奏议曰：荀况、杨雄实相伯仲，而况以性为恶，以礼为伪，以子思、孟子为乱天下，以子游、子夏为贱儒，故程子有"荀卿过多、杨雄过少"之说。今言者欲黜况之祀，宜也。然臣窃以为，汉儒莫若董仲舒，唐儒莫若韩愈，而尚有可议者一人，文中子王通是也。通之言行，先儒论已多，大约以为僭经而不得比于董、韩云尔。臣请断之以程朱之说。程子曰：王通，隐德君子也。论其粹处，殆非荀、杨所及。若《续经》之类，皆非其作。然则程子私于通哉？正因其言之粹者，而知其非僭经之人耳！朱子曰：文中子论治体处，高似董仲舒，而本领不及爽。似董仲舒而纯不及。又曰：韩子《原道》诸篇，若非通所及者，然终不免文士之习，利达之求。若览观古今之变，措诸事业，恐未若通之精到恳恻而有条理也。至于河、汾师道之立，出于魏晋佛老之余，迨今人以为盛，则通固豪杰之士也。今董、韩并列从祀而通不预，疑为阙典。

呈祥曰：常平之法，其法之至善者，与世无耿寿昌，则此法终不可行。社仓之法，其法之至善者，与世无长孙平，则此法终不可复。何者？人但知荒年之不荒，而不知丰年亦有荒也。人但知积谷于城市为足以救荒，而不知积谷于乡落为足以便民也。以予见言之，立常平于各乡以储平籴之粟，则民无甚贵甚贱之忧；立社仓于各乡以储罚赎之粟，则民无开支留难之患。救荒之长策，无过于此。非平时留心于民事，周知闾阎之情状者，未可以语此也。常平宜立于各乡水陆会处，社仓宜立于各乡道理均处。

古源山人二论卷之二

男 敬之　姪 谦然　校刊

古今人物论中

程子曰：天下宁无魏公之忠亮，而不可无君臣之义。昔事建成而今事太宗，可乎？《纲目·书法》云：谏议大夫，天子之谏臣也。故为东宫官，今为天子谏臣，何讥之有？虽曰世民以之，然君父在上，王纪安得自分彼我乎？果以事雠为讥，则必书以为太子詹事主簿矣。

呈祥曰：谬哉，魏徵之为建成谋也。其学术得为纯正也乎？夫太宗有安天下之功，特以非嫡长不为天子耳！魏徵不劝之以敦手足之义，以安太宗之心，惟汲汲以除秦王树功业为言，是益长其猜嫌之心，而速其败也。蹀血禁门之罪，可独归之太宗也哉？

朱子曰：太宗从魏郑公仁义之说，只是利心，意谓如此便可以安居民。上论三代而下，以义为之，只有一个诸葛孔明。若魏郑公，全只是利。大抵汉唐之兴，皆是为利。此等议论，学者不可不知。

薛文清公曰：唐太宗闺门不正，吾身之礼乐法度已失矣，更论甚礼乐法度？

石堂陈氏曰：唐太宗贻国家无穷之祸，由其不知正心养气故也。程子曰：唐室三纲不立，自太宗启之，故后世虽子弟不用父兄之命。玄宗使其子，便篡。肃宗使其弟，便反。选武才人以刺，王妃入也。纳寿王妃以武，才人进也。终唐之世，夷狄数为中国患，而藩镇陵犯，卒以亡唐，及乎五季之甚，皆由人为而致也。

石堂陈氏曰：五王举事之前，但谋诛二张，未尝议及诸武也。其暗于事理，举动匆匆如此，宜其败也。

龟山杨氏曰：狄仁杰在武后时，其议论未尝不以正。当时，但以母子天性之说告于武后，岂尝姑务柔从以阴幸事之成乎？又曰：宣公当扰攘之际，说其君未尝用数，观其奏议，可见欲论天下事，当以此为法。

呈祥曰：唐娄师德、卢怀慎虽无太臣之才，却有太臣之量。

或问曰：唐娄师德可谓余于量者矣。当武氏易唐为周之际，何师德束手旁观，无一筹运用于其间与？呈祥曰：使师德量有不足，则较长比短，媚嫉生焉，仁杰何以得见用于武后，而谋复唐之天下？是故仁杰之得用，师德荐之也。仁杰之才，即师德之才也。吾所谓宰相有量者，观此不其然乎？

呈祥曰：罗隐流落不羁，寓居梅根之浦。纵游山水，作诗作娱，江南人虽樵夫牧竖，皆知其为诗仙，不知其为遗逸之士也。

潜溪宋氏曰：唐之诗人，唯杜甫一饭不忘君，人皆知之。其余若李绅、韩偓、司空图、罗隐四子者，非诗人也耶？非所谓不忘君者耶？

石堂陈氏曰：朋友为五伦之一，以切磋之益相奖相勖而善也。天宝之末，诸死节可见。睢阳三十人之死，激于张巡。微张巡则皆逃亡臣虏矣！然张巡之节，实激于颜杲卿。杲卿兄弟则闻东都之风而兴起者，观颜平原与卢杞言事，可见也。慨慷非难，倡始为难。故当时死节，当以卢奕为首。留守李憕，非义士也，感激于奕，亦能致死。如近日潭州数十人之死，成于李齐。谢枋得之死，亦成于文丞相。然则学校之渐磨，丽泽之滋益，古人所以重之者，有由然哉！呈祥曰：张巡之节义自是本于天性，非有所激而然也。既归功于倡始者，则立论自不得不如此。序道统之传者，亦然。

整庵罗氏曰：唐之祸乱本于李林甫，宋之祸乱本于王介甫。林甫之祸唐，本于心术不端；介甫之祸宋，本于学术不正。

呈祥曰：子美有诗云："平生性僻耽佳句，语不惊人死不休。"作诗而求以惊人，劳心亦甚矣！哀哉！

白沙先生曰：受朴于天，弗凿于人。禀和于性，弗淫以习。故七情之发而为诗，虽匹夫匹妇胸中自有全经，此风雅之渊源也。而诗家者流，矜奇眩能，迷失本真，乃至句锻月炼，以求知于世，尚可谓之诗乎？晋魏以降，古诗变为近体，作者莫盛于唐。然已恨其拘声律，工对偶，穷年卒岁，为江山草木云烟鱼鸟粉饰文貌，盖亦无补于世焉。若李杜者，雄峙其间，号称大家，然语其至则未也。儒先君子类以小技目之，非诗之病也。彼用之而小，此用之而大，存乎人耳！天道不言而四时行百物生焉，而非诗之妙用。会而通之，一真自如。故能枢机造化，开阖万象，不离乎人伦日用，而见鸢飞鱼跃之机。若是者，可以辅相皇极，可以左右六经，而教无穷小技云乎哉？

龙泉叶氏曰：人知李、杜为诗人而已，而不知甫能知君，故能从明肃于抢攘之中；白能知人，故能识汾阳于卒伍之中，非特诗之高而已。

阳明先生《登太白楼赋》云：当天宝之末代兮，淫好色以信谗。恶来、妹喜其猖獗兮，众皆狐媚以贪婪。判独毅而不顾兮，爰命夫以仆妾之役。宁直死以颟颔兮，夫焉患得而局促。开元之绍基兮，亦遑遑其求理。生逢时以就列兮，固云台麒阁而容与。夫何漂泊于天之涯兮？登斯楼乎延仁？庙堂之偃蹇兮，或非情之所好。惟不合于斯世兮，恣沉酣而远眺。进，吾不遇于武丁兮；退，吾将颜氏之箪瓢。奚面蘖其昏迷兮，亦夫子之所逃。管仲之辅纠兮，孔圣与其改行。佐璘而失节兮，始以见道之未明。睹夜郎之有作兮，横逸气以徘徊。亦初心之无他兮，故虽悔而弗摧。吁嗟，其谁无过兮，抗直气之为难。轻万乘于褐夫兮，固孟轲之所叹！去夫子其千祀兮，世益险以周容。媒妇妾以驰骛兮，文从而为之吭痈。呈祥曰：杜子美一饭不忘君。考之于诗，则可见。若夫白之诗，则豪纵不羁，篇篇言酒而已，且失身永王璘，人亦忽之。读阳明登楼之赋，分明画出一太白也。

呈祥曰：唐元稹有经济之才，于其教太子疏并均田图而见之矣！若夫结客刺裴公，则岂稹之所为哉！均田之法，已逾制者，不许再买。未满数者，不许擅卖。不数十年，而田便可均。但行法无难，保法为难。轻徭薄赋，官清民俭。此保法之要务也。否则，禁民之不卖，得乎？

呈祥曰：唐陆贽、子仪，进退合于道者。

朱子曰：贾谊才高似宣公，宣公谙练多学，更纯粹也。

薛文清公曰：想韩文公敬太颠，只是被他说着己病，故为其所动。又曰：韩公不能忘富贵情，而太颠以物外清虚旷荡之说格之，此公所以为所动也。

白沙先生曰：人无气节不可处患难，无涵养不可处患难。如唐之柳宗元，不足道也。韩退之平日以道自尊，潮州一贬，便也撑持不去。如共太颠往来，皆是忧愁无聊，急急地寻得一人来共消遣，此是无涵养。

甘泉先生曰：昌黎有文，河汾有行，皆窥见大概。然于圣学，皆未有见。昌黎排佛是矣，至潮州失志时又过尊太颠，盖平日未曾由圣学体认天理上用功，所以未能亲见佛之所以非处，徒以迹而排之，到见太颠便失措了。

白沙先生曰：近看《祭鳄鱼文》，作绝句云："刺史文章天下无，海中灵物识之乎？可怜甫李生人世，不及潮州老鳄鱼。"

薛文清公曰：汉四百年识正学者，董子。唐三百年识正学者，韩子。

潜溪宋氏曰：郑、孔，名数之学耳！不足与议斯道！董仲舒，纯儒也。王通，明儒也。韩愈，正儒也。若杨雄，则驳儒也。曰：三子者，能尽合孔子之道乎？曰：仲舒窥道之本原，韩愈能识道之大用，王通极知治道，尤高爽有见，谓尽合孔子之道，则皆未也。

端溪王氏曰：夹谷之会，以司马从单骑之行，以两翼附，知此则知所以处变矣！

呈祥曰：志大者，不计其小。忧国者，不顾其身。使子仪小廉曲谨，规规然清议之是忌，则天下后世孰曰不可？然如君父之托，何如？大事之去，何故？予尝谓子仪纵声色之乐，以娱宾客者，非其本心也。处昏乱之世，谐俗之道，固宜如此也。是故子仪可与权矣！卒之功成名立，而主不疑，群小无得而陷害之者，用此道也。

呈祥曰：有理如此而势不得不如此，君子则违理而从势。盖势之所在，即理之所在也。如去小人，宜速。然处狄仁杰之时，则其势不得不缓，否则吾身且不能保，而何以谋复唐之天下？又如子仪处唐昏乱之时，便规规然小廉曲谨是拘，则边幅修而人心不附，名位盛而毁谤益来，吾身亦且不保又何以复唐之天下？故史称穷奢极欲，非其本心也，亦其势不得不如此。

欧阳子曰：晋高祖以耶律德光为父，而出帝于德光则以为祖而称孙，于其所生父则臣而名之，是岂可以人理责哉？其言曰：呜呼！古之不幸无子，而以同宗之子为后者，圣人许之，著之礼经而不讳也，而后世闾阎鄙俚之人则讳之。讳则不胜其欺与？伪也。故其苟偷窃取婴孩襁褓，讳其父母而自欺以为我生之子，曰不如此则不能得其一志尽爱于我，而其心必二也。而为其子者，亦自讳其所生，而绝其天性之亲，反视以为叔伯父，以此欺其九族，而乱其人鬼亲疏之属。凡物生有知，未有不爱其父母者，使是子也，能忍而真绝其天性，与曾禽兽之不若也。使其不忍而外阳绝之，是大伪也。惟圣人则不然，以谓人道莫大于继绝，此万世之通制，而天下之公行也。何必讳哉！所谓子者，未有不由父母而生者也，故为人后者，必有所生之父，有所□之父，此理之自然也。何必讳哉！其简易明白，不苟不窃，不欺不伪，可以为通制而公行者，圣人之法也。又以谓为人后者所承重，故加其服以斩，而不绝其所生之亲者，天性不可绝也。然而恩有屈于义，故降其服以期服。外物也可以降，而父母之名不可改，故著于经曰："为人后者，为其父母报。"自三代以来，有天下国家者，莫不用之。而晋氏不用也。出帝之于敬儒，绝其父道，臣而爵之，非特以其义不当立，不得已而绝之，盖亦习见闾阎鄙俚之所为也。五代，干戈贼乱之世也，礼乐崩坏，三纲五常之道绝，而先王制度文章扫地而尽于是矣。

欧阳子曰：礼义廉耻，国之四维。四维不张，国乃灭亡。善乎！管生之能言也。予读冯道《长乐老叙》，见其自述以为荣，其可谓无廉耻者矣。则天下国家，可从而知也。呈祥曰：道非特无廉耻而已也，其孔子所谓德之贼者与？道为人能自刻苦，为俭约。当晋与梁夹河而军，道居军中，为一茅庵，不设床席，卧一束刍而已。所得奉禄，与仆厮同器饮食，意恬如也。诸将有掠得人之美女者，以遗道，道不能却，置之别室，访其主而还之。居父丧于景城，遇岁饥，悉出所有，以赒乡里，而退耕于野，躬自负薪。有荒其田不能耕者，道夜潜为耕之，其人后求愧谢，道殊不以为德。道前事九君，未尝谏诤，其视丧君亡国，如过客逆旅，未尝以屑意。当是时，天下大乱，戎狄交侵，生民之命急于倒悬，道方自号长乐老，著书数百，言陈己更事四姓，及契丹，所得偕勋官爵以为荣。既卒，时人皆相称叹，以谓与孔子同寿，其喜为之称誉盖如此。道之所行如此，真孟子所谓厌然媚于世者，人谁得而知之？

呈祥曰：周世宗，其三代以下之英君也。世宗区区五六年间，取秦陇，平淮右，复三关，威武之声，震慑夷夏。而方内延儒学文章之士，考制度，修通礼，定正乐，议刑统，其制作之法，皆可施于后世。其为人，明达英果，论议伟然。即位之明年，废天下佛寺三千三百三十六。是时，中国乏钱，乃诏悉毁天下铜佛像以铸钱。尝曰：吾闻佛说，以身世为妄，而以利人为急。使其真身尚在，苟利于世，犹欲割截，况此铜像，岂其所惜哉？由是，群臣皆不敢言。尝夜读书，见唐元稹均田图，慨然叹曰：此致治之本也，王者之政自此始。乃诏颁其图，法使吏民皆习知之，期以一岁大均天下之田。其规为志，意岂小小哉？其虚心听纳，用人不疑，岂非所谓贤主哉？其北取三关，兵不血刃，而史家犹讥其轻社稷之重，而侥幸一胜于仓卒，殊不知料强弱、较彼我，而乘述律之殂，得不可失之机，此非明于决胜者孰能至哉？非史氏之所及也。

呈祥曰：宋人谓武王既伐纣，不立微子，未免有利天下之心。噫，虽使武王复生，亦无词以对矣。若孔孟之论武王，则不如此。予谓乱至五代，极矣。黄袍之加，宋祖受之而不辞，其亦汤武之心乎？所谓吾儿有大志者，志在平定天下耳！彼眩于史文者，乌足以知之！

呈祥曰：五代之君朝更暮代，无定主，亦无定臣。黄袍加身，乃五代之君朝列暮代之故习也，乱未有极于此者矣。一旦有如周世宗者出，负刚断有为之资，削累年姑息之政，而几定天下于一。天下万将拭目太平之治，而惜其不久又宾天矣。天意人情固有所属，陈桥之变出自石守信诸人之谋，宋祖未有与焉者也。使其与焉，则自己陷其身于邪僻之地，未有能正人者也。今观其未即位之先，号令肃然，诸将秋毫无犯。既即位之后，杯酒一言之间，能革石守信诸人积年握兵之重，正人如此，非自正己者能之乎？且韩通之死，王彦章终身不受节越处，周后恭帝曲尽其情，略无一毫忌刻之意，是其心事正大，举动光明，乃知前所谓暗昧之事，彼决不为也。然则黄袍之加，宋祖受之而不辞，何与？曰：宋祖固有惭心矣，不坚辞者，忘一时君臣之义，将以革五代之陋习，而定君臣之义于无穷也，是其心真与汤武之心合，而未可以寻常篡夺之心例之也。陈桥之变，普及太宗或先知其谋未可知也。

白沙先生曰：每读宋史至曹彬克金陵一事，未尝不对卷敛衽而叹，赵太祖之仁与曹武惠之不伐。武惠克城之日，兵不血刃，凡所得一十九州三兵，一百八十县，可谓有功矣。武惠视之若无有也。捷至，群臣称贺，太祖泣曰：宇县分割，民受其祸，攻城之际，必有横罹锋刃者，实可哀也。命出米一万，赈恤之。当是时，君不知以得地为喜，将不知以克敌为功，一念好生之仁，洋溢上下，自秦汉以来，未及见也。载此者，以见三代以下之君，无过于宋太祖黄袍加身之事，谓与谋焉，非也。予尝谓吾儿，有大志者，谓志在平定天下耳，此一可见其一端云。

篁墩程氏曰：太祖传位之实意，见于史者不一书。予独论其大者。五代沿袭，凡皇子当次必领开封尹，故太宗首为之，廷美继之，真宗又继之。盖晓然以传位之事告天下者，无出于此。又曰：欧阳玄诸公修正史及覆长编，知异论之不足据，而笔之一言曰：癸丑夕，帝崩。凡世所致疑，□声烛影，及宋后德芳之事，皆削之，可谓有功于史矣。

呈祥曰：宋祖临终时，事当以琼台篁墩之言为的。盖太宗不足惜，太祖冒首恶之名，则可惜也。篁墩有《宋纪受终考》。

呈祥曰：三代以下之君，惟宋祖一人而已。

潜溪宋氏曰：金华侍讲黄公潜以文辞冠于一代，晚又出其绪余，随笔记之，凡经史奥旨，昧者显之，伪者订之。虽优柔不迫，而难决之疑、久蔽之惑皆焕然而冰释。其据孔氏之传而以八卦为河图，辨僧莹之妄，而知熙陵为仁君，此尤超然自得之见，非揽之至博而约之至精，不可以与于此。熙陵，太宗陵名。程篁墩曰：黄公当时预修《元史》，其言固已可据无疑。宋公博学清辨，尤近古所未有。其序黄公之书，而特著此事，盖凡为胡、陈、杨具之说者，自是可以不置喙矣。

呈祥曰：赵普，反覆小人也，才智有余而德量不足，孔子所谓鄙夫也与？

呈祥曰：陈抟有经济之才而宋祖不知，所以求而用之，岂徒以方外之流视之与？不然，何其不相遇也。呈祥《题希夷睡图》诗有云："沉鼾只为梦汤武，遁世元非学老庄。坠驴一笑真心见，讽宋几言滋味长。千载知君惟是我，挂君图象贡君香。"

白沙先生曰：昔魏野《送寇忠愍》之诗云："好去天上辞富贵，归来平地作神仙。"论者以是善野之言，而以寇公之始终为可议。夫君子出处去就之义，固未可尽责之寇公辈。而山人处士例以不出为高，故其所责望于人亦止以轻富贵为第一等事，则野之于寇公，其相与之言如此亦宜。

朱子曰：李文定若有学，便可做三代事也。

甘泉湛氏曰：安定之学之教人，失其真传也，而二于孔门久矣。岂直今也哉？夫孔门之教，则于求仁。仁，人心也，天理也。四科之列，惟颜、闵、雍、耕诸人得其宗，余则因材成就者耳！而谓有四焉，岂圣人无类之教也哉？若安定先生当声赋浮华之弊已极，毅然而起，以变化士习为己任，以开濂、洛之传，必其精神心术之微，有不言而信者行乎其间，观其颜学之试，道德仁义有足征者。至于经义治事之科条，乃其因材而成者耳！以为先生之道尽在是矣，岂不惑哉？夫圣人之学，心学也。故经义所以明其心也，治事所以明其心之用，以达诸事者也。体用一原也，而可以二乎哉？此或先生立教之本意，而人失其传矣乎？若非人失其传，则先生之学之教荒矣！甘泉此论，可谓知安定者矣。

呈祥曰：程篁墩论胡瑗当从祀文庙之说甚好。臣按，宋儒自周子以下，九人同列从祀，而尚有可议者一人，安定胡瑗是也。瑗之言行，先儒之论已详。大约经为少著述而不得比于濂洛云尔。臣亦请断之以程朱之说。程子《看详学制》曰：宜建尊贤堂以延天下道德之士，如胡瑗、张载、邵雍，使学者得以矜式。朱子小学书亦备载瑗事，以为百世之法。臣以为自秦汉以来，师道之立，未有过瑗者。剏程子于瑗之生也，欲致其与张、邵并居于尊贤之堂；其没也，乃不得与张、邵并侑于宣圣庙，其为阙典甚矣！况宋端平二年，议增十贤从祀，以瑗为首。若谓瑗无著述之功，则元之许衡亦无著述，但其身教之懿与瑗相望，诚有不可偏废者。臣考之礼，有道有德、于教于学者，死则为乐祖，祭于瞽宗。乡先生殁则祭于社。若通瑗两人之师道，百世如新，得加封爵，使与衡同列祀于学宫，最得礼意。

甘泉湛氏曰：学者多以伊川《叙明道先生墓》"自孟子之后，一人而已"，而不及濂溪，遂疑濂溪之学。殊不知此只叙其辨异端辟邪说之功，以继孟子之后耳！若以自生民以来未有孔子也，遂疑自古圣人之非可乎？若以道以学言之，则周、程一而已矣。观《墓表》全篇可见。

呈祥曰：潘清逸作《周子墓志》，谓太极图为周子所作。清逸与周为友，同时人也，其言有不足信乎？又况此图非周子不能作也。象山临死时犹谓此图非周子作，则其遂非自是之心终未能改也。

朱子曰：伊川《好学论》是十八岁时作也，明道《定性书》是二十二三时作也。

石堂陈氏曰：康节云"今天下聪明过人惟程伯淳，正叔其次"，则其胸中之所予夺可知矣。诗云："方朔优旃岂舜从，南来谩喜落苍悟。天津醉里乾坤眼，只见双程不见苏。"

甘泉湛氏曰：明道兄弟之学，孔孟之正脉也。合内外、彻上下而一之者也。今夫为朱陆之辨者，赜矣！或失则外，或失则内，或失则上，或失则下，吾弗敢遵焉尔！是故履天下之大道而决天下之至赜者，莫大乎中正。中正者，救偏之极致也。

薛文清公曰：明道去圣人为不远。陈襄荐明道谓其可为风宪之职是，岂足以知明道哉？又曰：如明道之去，分明不容于时，犹谓己学未到，诚意不能动人，其忠厚有如此。

朱子曰：尧不诛四凶，伊尹五就桀，孔子行乎季孙，惟圣人有此作用，而明道或庶几焉。观其为政而上下响应，论新法而荆公不怒，同列异意者亦称其贤，此等事类岂常人所及耶？

呈祥曰：明道天资之高，造诣之深，于其言性见之矣！欲知告子、孟子言性之不同而不知明道之说，谓之不知性可也。薛文清公云：观太极图可以知人性之善，然则程子之言性，其殆有所受与？程子曰：孟子言性当随文看，不以告子生之谓性为不然者，此一性也，被命受生之后谓之性耳，故不同。继之以犬之性犹牛之性，牛之性犹人之性与？然不害为一，若乃孟子之言善者，乃极本穷源之性。张子曰：形而后有气质之性。善反之，则天地之性存焉。呈祥曰：所谓气质之性，乃告子所谓生之谓性，孟子所谓犬牛与人之性，程子所谓被命受生之后谓之性是也。所谓天地之性，乃孟子所谓性善，程子所谓极本穷源之性是也。性之理难言久矣，非存养之至者，其孰能知之？

呈祥曰：仁宗神宗之世，君子小人杂用，此进则彼退，此退则彼进，卒不能成三代之治，而肩三代之君者，坐此故耳。当是时，天下贤才众矣。如范文正公、明道兄弟则尤其杰然者也。使能用之，如成汤之于伊尹、高宗之于傅说，则非特燕蓟可复，成太祖未为之志，而亦无靖康之祸矣！吁，惜哉！

朱子曰：范文正，杰出之才也。早年为吕申公斥逐，至晚年复收用之，范公亦竭尽底蕴而为之用，此见文正高处也。

甘泉湛氏曰：范文正公，一代伟人也。今读其书，观其迹，想见其人，如高山大林，虎豹蹲踞，可望而不可即。如深渊巨泽，龙蛇出没，而不可测。又如青天白日，照曜万物而不可欺。此所以立朝廷、镇西夏，夫人敬信而畏之也。此无他，诚而已矣。诚斯明，明斯威，威斯重，重则不动而信，威则不杀而畏，畏则不察而敬，其诚之所为乎！识者谓其自先忧后乐中发之，夫先忧后乐以天下为一心，圣人之学也，能尽之者，其惟至诚乎，其次勉焉。若公者，虽曰不学，吾不信矣。

吕氏本中公曰：先儒论本朝人物，以仲淹为第一。观其所学，必忠孝为本。其所志，则先天下之忧而忧，后天下之乐而乐。其有所为，必尽其方，曰为之自我者当如是，其成与否有不在我者，虽圣贤不能必，此诸葛武侯不计成败利钝之诚心也。观其论上寿之议，虽晏殊有不能晓；宽仲约之诛，虽富弼有所不能知；而十事之规模，虽张方平、余靖之诸贤有所不能识。仁宗晚年，欲大用之，而范公已即世矣，岂天未欲平治天下欤？

呈祥《复端溪王先生书》云：夫谓温公欠致知一段，为文公一时之偶论固然矣。但致知之功有浅有深，文公此论非谓温公全无致知工夫也，但以格致之极处而言之，自是欠此一段耳。程子与温公言，每恨其不悟。又谓新法之行，吾党有过。又谓温公患心思闲杂，夜睡不着，口只管念一个中字，手只管于胸腹上写一个中字，是自家主人不能做主，却去外面倩一个人来作主也。又石堂《咏温公》诗云："矩步规行范古今，山樵野牧共讴吟。荷衣兰佩通身是，却看离骚不入心"观此则文公所谓欠致知一段者，然与？否与？元佑之治虽可人意，所以激而为绍圣之纷纷者，亦由是以启之也。至于尊杨而非孟，寇蜀而帝魏，尤是见理未透彻处。观此则文公所谓欠致知一段者，又然与？否与？

明道曰：新政之改，亦是吾党有过。今日之事，须两分其罪可也。

呈祥尝与友人会饮间，偶论及温公为人。呈祥曰：可惜温公不知道。柯迁之曰：敢问何以见其不知道？又敢问道是何物？呈祥曰：顺应无违之谓道。荆公新法之行，亦有善而不必改者。温公必欲尽改之，此皆有意必固我之私，失太公顺应之道。故无以服其心，激成朋党之祸，宋室益多事矣！二公皆当时名士，而其心乃偏且褊有如此，岂天不欲使宋室见太平之治也！与何人谋，弗藏如是也。

呈祥曰：安石以尧舜之道说其君，犹商鞅以皇王帝伯之道说其君也，其实不知尧舜之道为何物，皆妄为大言以欺君，而必欲其君之行己志耳。然商鞅犹少知王伯之分，度其君与己之不能行王道也，而遂以伯道说之。若安石则真以富国强兵纷更制度为尧舜之道，其学术偏蔽，不自揣度，又在商鞅之下矣。

朱子曰：神宗极聪明，于天下事无不通晓，真不世出之主，只是头头做不着。介甫为相，亦不世出之资，只缘学术不正当，遂误天下。使神宗得一真儒而用之，何患三代不可及？此亦气数使然！或问于朱子曰：介甫之心本欲救人，及后来坏事者，皆是过误致然。朱子曰：介甫之心固欲救人，然其术足以杀人，岂可谓非其罪？

呈祥曰：尧舜之道，其体在于正心修身，其用在于齐治平安。石以更张制度、富国强兵为尧舜之道，纵使所言得是，犹为遗其本而事其末，况未必皆是者乎？象山作《文正公祠堂记》，谓"百年未定之公案，今日始了得"，以愚观之公案，犹未了得也。体用一源。象山称安石道术必为孔孟，勋绩必为伊周，立言不审之过也。

石堂陈氏曰：东坡与伊川论吊哭一事，至今未有明其是非者。夫温公薨五六日矣，未吊者明堂礼各致斋也，贺赦毕随往吊者预办一日行二事也。贺毕而吊，则其贺其吊皆不诚，非与人交之道，亦非事君之礼也。必明日而吊为是，不然则贺毕。始闻丧，疾往哭之，犹或庶几。要之，执礼者亦不以为可也。

薛文清公曰：宋元祐、宣、仁临朝，亦非大有为之时也。

东海《咏宣仁》诗云："女中尧舜岂虚名，惜也垂帘月昼明。后世春秋谁秉笔，应将斧钺示仪刑。"

《伊洛渊源录》云：吕申公为相时，凡事必质疑于伊川。进退人才，二苏疑伊川有力，故极诋之。又曰：文仲为苏轼所诱胁，论劾伊川皆用轼意，晚乃自知为小人，绐至愤郁，呕血而死，悲夫！苏轼为人如此，古今人犹尊慕之者，何与？

《伊洛渊源录》云：伊川在经筵，归其门者甚盛，而苏轼在翰林，亦多附之者，遂有洛党蜀党之论。二党道不同，互相非毁，伊川竟为蜀党所挤。呈祥曰：小人巧于中伤也，固宜。惜以伊川而亦在党列也。侯仲良曰：伊川学已到至处，但于圣人气象差少从容尔。明道则已从容。

甘泉湛氏曰：伊川自谓与兄之道同，至其所造所入，则明道之洒脱、伊川之执滞自有不可得而同者。观尧夫临终，谕以面前路要阔，且有生姜之讽，及入朝之迹、观花之言，皆想见矣。

白沙先生曰：著些利害不免开口告人，此浅丈夫也。伊川平生与东坡不合，至于成党，自来未尝向人道及，真无愧于斯言矣！

甘泉湛氏曰：微服过宋，见阳货，皆圣人本体自然流行处。若悻悻然，便不是道。惟明道、白沙先生知之，伊川便觉有微露处。

朱子曰：明道浑然天成，不犯人力。伊川功夫造极，可夺天巧。又曰：明道直是浑然天成，伊川只是精细乎实，正似文王治岐、周公制礼之不同，又似马援论汉二祖也。

朱子曰：明道尝为条例司官，不以为浼，而伊川所作行状，乃独不载其事。明道犹谓青苗可且放过，而伊川乃于西监一状较计如此，此可谓不同矣。然明道之放过，乃孔子之猎较为兆；而伊川之一一理会，乃孟子之不见诸侯也。此亦何害其为同耶！

朱子曰：今之想象大程夫子者，当识其明快中和处。想象小程夫子者，当识其初年之严毅，晚年又济以宽平处。观朱子此论，则知伊川兄弟随侍太中宿一僧寺，明道入门而右，伊川入门而左，似与兄角立，亦是少年时事也。

五峰胡氏曰：二程倡久绝之学于今日，其功比于孔子作《春秋》，孟子辟杨墨。

程子曰：颢接人多矣，不杂者三人：张子厚、邵尧夫、司马君实而已。

呈祥曰：观东坡、刘元城谈及佛氏之学，津津然溢诸齿颊间，盖沦胥而为一矣。乃知朱子"专治而欲精之为害甚矣"之说，殆有所试之也。

明道曰：昔七十子学于仲尼，其传可见者惟曾子所以告子思，而子思之所授孟子者。其余门人各以其才之所宜，为学虽同尊圣人，所因而入者，门户则众矣。先生得之于李挺之，挺之得之于穆伯长，推其源流，远有端绪，而先生淳一不杂，汪洋浩大，乃其所自得者多矣。然而名其学者，岂所谓门户之众，各有所因而入者与？语成德者，昔难其居。若先生之道，就所至而论之，则可谓安且成矣。呈祥曰：观程子所谓"名其学者，岂所谓门户之众，各有所因而入者与"，则朱子所谓"康节之学与周、程少异者"益明矣。

甘泉湛氏曰：曾记先师石翁云："当时邵康节只消《击壤集》

一书足矣，不须作《经世》，有许多弊病。"若横渠，则伊川说他小出入处多有之，当时只作《西铭》亦足矣。

或问于朱子曰：先生须得尧夫先知之术？朱子徐答之曰：吾之所知者，惠迪吉，从逆凶，满招损，谦受益。若是，明日晴，后日雨，吾安能知耶？

朱子曰：天祺是硬截，温公是死守。譬如人有个家，不自作主，却情别人来作主也。明道说，天祺不思量事，强起这心来制缚，寄寓在一个形象，皆非自然。君实又只管念个中字，此又为中所制缚，中字亦有何形象？心本来错乱了，又添这一个物事在里面，他所以说终夜睡不安。

朱子曰：横渠之于程子，犹伯夷伊尹之于孔子。又曰："神化"二字虽程子亦说得不甚分明，惟是横渠推出来也。呈祥曰：伯夷与孔子不同道。观《西铭》一篇，则横渠之于程子，道果有或异乎？否也。朱子此论必有所见，学者宜细思之。

程子曰：藻鉴人物，自是人才有通悟处，学不得也。张子厚善鉴裁，其弟天祺，学之便错。

朱子曰：范淳夫虽不淳，师程氏而实尊仰取法焉。其于东坡，则但以乡曲从游之好，素相亲厚，而立朝议论趋向略同。至其制行之殊则迥然，水火之不相入。且观其辨理伊川之奏，则其心岂尽以东坡为是哉？但不能辨之于当时，而发之于数年之后。此则刚毅不足，不免乎两徇之私者，而其所重在此，故卒不能胜其议理之公也。又曰：范淳夫虽知尊敬程子，而于讲学处欠缺，如《唐鉴》虽好读之，亦岂能无憾耶？

平阳史氏曰：程门高弟如龟山、上蔡诸贤，朱子每谓其流于佛老，非谓其从事于二氏之教。如李泌、颜真卿、白居易、苏轼辈皆修净土，谈玄说禅之所为，特其识见少，或过乎中庸，往往论儒者之道时，与二氏之言有契而不自觉耳！固未尝不宗孔孟、崇仁义，亦未尝不斥佛老、诋宗寂也。然宗之而反背之，斥之而反似之，如此而已，与儒名墨行自奉其教者，固有间哉！

杨应之曰：以富文忠公之贤，处事犹不免有心。如孙威敏之操行不端，石守道之行多诡激，特以二人附己，乃遂荐之。凡此之类，未免有心，况常人乎？虽然毫发之失，生于心术，其流之弊有不可胜言者，岂不要贤师友以规正其微耶？

呈祥曰：欧阳公《五代史》立例精密，有关于名教不小，可以知其为人矣。

朱子曰：东坡云："几时得与朱御史打破这敬字。"看这说话，放意肆志，无所不为。杨氏廉曰："苏氏之言如此，其与洛学冰炭可见矣！然敬字乃千古圣贤为学要法，而苏氏以私忿非之，其无忌惮为何如哉！"

龙泉叶氏曰：佛氏谓一切众生，种种幻化，皆生如来圆觉妙心。譬如从空而有，幻花虽灭，空性不坏。此东坡言性之本旨也。

呈祥曰：东坡混儒释为一途，其失不小，如《解禅偈》之类是也。大抵三苏学术皆不正。坡特以文章气节奔走一世，而其纵横不羁之术，又足以笼牢一世，而和合之。故当时士大夫方且仰之如太山北斗，得其片纸只字，不啻珍之为至宝，而不知其得罪于吾道甚矣！《解禅偈》，见《程史》。

朱子曰：苏氏之学，以雄深敏妙之文煽其倾危变幻之习，以故被其毒者沦肌浃髓而不自知。今日正当拔本塞源，以一学者之听，庶几其可以障狂澜而东之。若方且惩之，而又遽有取其所长之意，窃恐学者未知所择，一取一舍之间，又将与之俱化，而无以自还。况彼之所以自任者，不但曰文章而已，既无以考其得失，则其肆然而谈道德于天下，夫孰能御之？

朱子曰：东坡是个未败底王安石。问荆公与东坡之学。朱子曰：二公之学皆不正，而东坡之德行则不得似荆公。东坡初年若得用，未必其患不甚于荆公。但东坡后来见得荆公狼狈，所以都自改了。初年论甚生财，后来见青苗之法行得狼狈，便不言生财。初年论甚用兵，如曰"用臣之言，须北取契丹可也"，后来见荆公用兵用得狼狈，更不复言兵，他分明有两截底议论。

杨氏廉曰：吕氏兄弟五人，若大忠、大钧、大临三人，皆从横渠学，而卒业于二程者也。横渠教人以礼为先，固宜。吕氏兄弟，人人好礼。三人之贤，大临为最，在程门，与游、杨、谢，称四先生。若乡约，则大钧所著也。朱子曰：吕公家传，深有警悟人处。但其论学，殊有病。如云"不主一门，不私一学"，则博而杂矣。如云"直截径捷以造圣人"，则约而陋矣。最后论佛学犹可骇叹。程门千言万语，只有见儒者与释氏不同处，而吕公学于程氏，意欲直造圣人，尽其平生之力，乃及见得佛与圣人合，岂不悖戾之甚哉！夫以资质之纯美，涵养之深厚如此，疑若不叛于道，而穷理不精，错谬如此，流传于世，使有志于道而未知所择者，坐为所误。盖非特莠之乱苗，紫之乱朱而已也。又曰：吕家学问，更不须理会，直是可以为戒。

潜溪宋氏曰：汉儒说经，固多不可企及，但专门之习胜，未免蔽固而不能相通，其能脱略传注而深求经意者，自宋儒欧、刘、石、孙诸公始。诸公启之，伊洛继之，而益加精在笃行而已矣。譬之于食有耕之者，有种之者，有刈获之者，有春扰之者，有炊之者，有实于簋而献之者，吾徒但食之而已。政不必立异以为名高也。扰，音尤抒白也。

朱子曰：明道玩物丧志之说，盖是箧上蔡记诵博识而不理会道理之病。渠得此语遂一向扫荡，直要得胸中旷然，无一毫所能，则可谓矫枉过正矣。观其论曾点事，遂及列子御风以为易做，则可见矣。

游定夫后更为禅学。朱子曰：定夫极不济事。以某观之，二先生衣钵，似无传之者。

《渊源录》云：杨时奏安石为邪说，以涂学者耳目，坏学者心术，不可缕数。乞正其学术之谬，追夺王爵，明诏中外，毁去配享之像，遂降安石从祀之列。

陈道谓龟山出为蔡京之累，然乎？甘泉曰：非也。其可以轻议之！其可以轻议之！首夺荆公王爵配享，其功孰大于是？其为不虚出，孰大于是？

呈祥曰：程篁墩论龟山当从祀文庙之说亦甚好。程篁墩考正祀典，议曰：窃考《程氏遗书》及朱子《伊洛渊源录》所载龟山杨氏行状、墓志等文，俱称其造诣洁远，践履纯固，温然无疾言遽色，与明道程子相似。方其学成而归，程子目送之，曰："吾道有南矣。"然则是道也，岂易言哉？自两程子嗣孔孟不传之统，及门之士，得以道见许者，龟山一人而已。盖龟山一传为豫章罗氏，再传为延平李氏，以授朱子，号为正宗。文定胡氏亲承指授，而《春秋》之传作。南轩张氏上溯渊源，而太极之图阐。心学所渐，悉本伊洛。使天下之人晓然知虚寂之非道，训诂之非学，词华之非艺，则龟山传道之功，不可诬矣。崇宣之世，京黼柄国。跻王安石于配享，位次孟子，而颁其新经以取士。士尊王安石为圣人，不复知有孔子；诵新经为圣言，不复知有古训。僭圣叛经，凡数十年。龟山入朝，首请黜其配享，不令厕宣圣之庙庭；废其新经，不令蠹学者之心术。又请罢纲运以收人心，斥和义以张国势，窜权臣以正邦宪，培主德以崇治本。兹议谠言，虽不尽用，然使天下之人知邪说之当息，诐行之当距，淫词之当放，则龟山卫道之功，亦不可掩。或有疑其出处之际，而少其著述之功，则亦有可言者。朱子谓龟山之出，惟胡文定公之言最公，曰："当时若听用，决须救得一半。"而文定亦曰蔡氏焉能浼之。然则以出处见疑者，未考之过也。龟山值洛学党禁之余，指示学者以大本所在体验之功转相授受，而朱子得闻其指诀，则见于何镐之书。朱子于理一分殊之论，称其年高德盛，而所见益精，则见于《西铭》之跋。要之，无龟山则无朱子，而龟山之道非知德者殆未可轻议。然则以著述见少者亦未考之过也。

白沙先生曰：胡文定公平生出处未尝谋于朋友，如人饮水，冷暖自知。

呈祥曰：甚矣！知人之难也。以康侯、定夫之贤而犹不识秦桧之奸，而况于他人乎？甚矣！知人之难也。

呈祥曰：孔子作《春秋》，据事直书，而义自见，简易明白，意在使人易知，非必寓褒贬于一字一辞之间，藏头改面如谜语然，使人苦心而猜度之也。胡氏《春秋传》，其于义利之分、夷夏之辨、纲常之正、乱贼之讨，恳切至到，不为无功于《春秋》。其失在于信《公》、《穀》太过，遂以日月为义例，一字为褒贬，穿凿附会，有失简易明白之体。且以"春王正月"为孔子寓行夏时之意，则又失孔子作《春秋》以尊周室之意。欲尊周室，莫大于尊周之正朔。正朔尊而后礼乐、法度可次第而举矣。惜乎，胡氏偶未知此其失，亦本于尊信伊川太过也。

朱子曰：陈了翁平生于取舍处看得极分明，从此有入。了翁有济时之才，使其得志，必有可观。

呈祥曰：延平造诣已高，得程门之嫡传无疑。至今未有建议于朝，使得从祀庙庭者，岂以未有著述少之耶？不知颜子著述何在，而得配享庙庭耶？甚矣！知人之士，宇宙间固不易得也。朱子曰：李先生道德纯备，学术通明，求之当世，殆绝伦比。然不求知于世，而亦未尝轻以语人，故上之人既莫之知，而学者亦莫之识，是以进不获施之于时，退未及传之于后，而先生方且玩其所安乐者于畎亩之中，悠然不知老之将至。盖所谓依乎中庸，遁世不见知而不悔者，先生庶几焉。○又曰：先生从罗仲素学讲诵之余，危坐终日，以验夫喜怒哀乐未发之前气象为何如，而求所谓中者若是，盖久之而知天下之大本真有在乎是也。盖天下之理无不由是而出，既得其本，则凡出于此者，虽品节万殊、曲折万变莫不该摄洞贯，以次融释，而各有条理，则是操存益固，涵养益熟，精明纯一，触处洞然，泛应曲酬，发必中节。呈祥曰：观此则朱子之学为可知，而后世有妄议朱子为不知大本者，又有谓朱子道问学功多者，皆未深考之故也。

古源山人二论卷之三

男 敬之　姪 谦然　校刊

古今人物论下

薛文清公曰：君父之仇，不共戴天，只是天理人心，自不能已，而死生存亡，非所计也。如宋之高宗父兄宗族皆为金人所虏，甚至辱及陵寝，以大义言之，只当以不共戴天为心，而求所以必报其仇，至于死生存亡，非所当计也。若区区为自全苟安之计，则必不能伸大义于天下矣。故秦桧所以得售其媾和奸谋者，正以高宗自全苟安之心有以来之也。

南轩论晋元帝无恢复之志，与文清论宋高宗无恢复之志，皆天下大义所在，读之令人毛竦。

呈祥曰：张浚为人志大而量小，气刚而识暗。量小则不足以容物，识暗则不足以照物。是以举动乖违，功隳业废。坏天下之事者，非特奸桧，斯人亦不得辞其责矣。

朱子曰：秦老倡和议以误国，挟虏势以邀君，终使彝伦斁坏遗亲后君，此其罪之大者。至于戮及元老，贼害忠良，攘人之功以为己有，又不与也。

又曰：胡澹庵《上高宗封事》可与日月争光，中兴奏议为此第一。

呈祥曰：《桯史》有云："绍兴要盟之日，虏先约毋得擅易大臣。秦桧既挟以无恐，益思媚虏务极其至。"《鹤林玉露》亦云："方虏之以七事邀我也，有毋易首相之说，正为桧设。"然则桧之所以力主和议，谋害忠良，甘心为虏计至绝灭天理，不顾公议者，其皆由是也哉？孔子曰："鄙夫可与事君也哉？苟患失之无所不至矣。"其殆桧之谓与？

或论岳飞班师事。甘泉曰：第恐违诏后，将士解体耳！要之，社稷为重。若能真见得，则虽执阃外之义，矢心灭贼，束身待罪，以明其心，可也。有伊尹之志则可，无伊尹之志则篡，须是自家心上打量得过，始能干得此事。

白沙有诗曰："秦倾武穆凭张俊，蜀取刘璋病孔明。万古此冤谁洗得，老夫无计挽东溟。"嘉靖戊戌年会试，策有曰："刘璋内张松之说，给兵先主，使讨张鲁以靖荆邦。已而吴人告急，先主应之，初非背璋，亦权其缓急之宜耳。璋乃听谗戮松，嫌隙遂构，则勒兵向，璋之自取也。"呈祥曰："得此说而录之，可以洗孔明之冤矣。"

呈祥曰：象山为人如孤峰耸立，巍然插天，而不见其有崎斜之象。伟哉斯人！吾所钦仰。

呈祥曰："自无极而太极"，"自"字诚为有弊。若非朱子校对诸本，知其为误，则此图几泯没无传矣。象山因一字之误，而遂废一图之善，其粗心浮气亦甚哉！

呈祥曰：尊象山之学者，其势必入于简傲，非象山过也，末流之弊也。虽则末流，而象山已不能无弊矣。尊朱子之学者，其势必入于繁猥，非朱子之过也，末流之弊也。虽则末流，朱子已不能无弊矣。

呈祥曰：观象山、朱子往来辩论之书，二人气象自别。论象山而不知象山气象，非知象山者也。予为此论久矣。及后见甘泉所论，亦与予见合，故著其说于后云。

甘泉先生曰：若以象山为禅，则陆集所云于人情物理上锻炼，又每教人学问思辨笃行求之，似未失孔门之规矩。惟其客气之未除，气质之未变化，则虽以面质于象山，必无辞矣！至当不易之论。

甘泉先生曰：昔年读书西樵山时，曾闻海内士夫多宗象山。象山"宇宙""性分"等语，"同此心""同此性"等语，皆灼见道体之言。以象山为禅，则吾不敢。以学象山而不至于禅，则吾亦不敢。盖象山之学，虽非禅而独立高处，夫道中而已矣。高则其流之弊不得不至于禅。故一传而有慈湖。慈湖，真禅者也，后人乃以为远过于象山。吾以为象山过高矣，慈湖又远过之焉。是何学也？学者欲学象山，不若学明道。故于时有《遵道录》之编，乃中正不易之的也。若于象山，则敬之而不非之，亦不敢学之。古今论象山、慈湖者，惟此为确论。

甘泉先生曰：象山高矣。然而未禅。今曰慈湖高过于象山，其得不为禅与？吾盖得其肯綮矣，曰"心之精神是谓圣"，以为孔子之言也，一编之宗指，不外是焉。然而非孔子言也，外家者之流也。夫心之精神，人皆有之，然必得其精神为圣，则牛马之奔奔，昆虫之欣欣，凡知觉运动者，皆可谓曰圣矣；如蠢动含灵，皆可谓曰佛性矣；而可乎？故知非孔子之言也。又曰：慈湖于圣则用其言而不用其意，于禅则用其意而不用其言，此何心也？数年之间，其说盛行如炽，吾为此惧，此说行而天下皆以气为性也。吾惧此说行而天下皆不知道也，皆不知学也，皆援古先圣王之指以入于夷狄也。为作《扬子折衷》。
甘泉先生曰：慈湖立命全在"心之精神"一句，元非孔子之言，乃异教宗指也。不起而为意，便是寂灭。又曰：慈湖意只以不动为体，为止，而不知循其本体之自然流行，各止其所者之为不动也。又曰：慈湖心极粗，性极轻率。敢于非古圣贤之言之教，率天下之人废学而乱天下者，必自慈湖始矣。又曰：王荆公敢废古经，而自是以乱天下。观慈湖以圣自居，敢于非古圣贤之经训，若得荆公之权，乱岂减荆公哉？学者欲知言当精择之，生于其心，害于其政，发于其政，害于其事。圣人复起，不易吾言矣。

呈祥曰：西山真氏跋傅正夫所编《慈湖训语》，谓其言笃至平实，与所闻于人者不同，岂傅氏所编者出于择取之余，而西山所跋者止于傅氏所编，而未见杨子之全书耶？盖慈湖于圣则用其言而不用其意，于禅则用其意而不用其言。用其言则其言固有可取者，用其意则夫诐淫逃遁之词，终岂能逃有识者之明鉴耶？

甘泉先生曰：象山亦见个大头脑处，不可谓无见。然于体认天理之功未深，故客气时时发作。盖天理客气相为消长也。象山客气非特见于与文公往反之书，至以客气加于其兄，又有甚义理了？今之学者多尊崇之，至以出于明道之上，此吾《遵道录》所以作也。非有卓然之见者，不能为此论。

甘泉先生曰：孟子固有英气，而皆发于义理之正。发于客气，至于琐琐以词说相稽者有之。故其后自有粗心浮气之悔，而以此气象为似孟子，误矣。学者须要理会气象。非有卓然之见者，不能为此论。

呈祥曰：《太极图说》，程子既未尝轻以语人，象山又谓非周子所作。若非朱子力为辨明，则此图必泯灭无传矣。程子之学，虽其徒有传之者，而亦渐以微没矣。若非朱子大显扬之，则其道必不能昭然于天下后世也。故薛文清公曰：使尧、舜、禹、汤、文、武、周、孔、颜、曾、思、孟、周、程、张子之道昭然明于万世，而异端邪说莫能杂者，朱子之功也。

薛文清公曰：表章《大学》《语》《孟》《中庸》，始于程子，成于朱子。自孟子之后，有大功于道学者，二人而已。虽已从祀孔子庙庑，谓宜更立庙于其乡，世官其宗子，以主祀事略如孔子阙里之仪，斯得崇德报功之意矣。

或曰：圣贤难学，有一不善，人便得指议而讥笑之，奈何？曰：君子喜闻过，岂畏人指议？子以为学圣贤者，即无过乎？抑有过而不惮改者乎？必如子之言，则人皆不学圣贤才好。率天下之人而不敢为圣贤者，必子之言矣。且物之黑者虽复染以污人亦不觉，物之白者才着一点污则人皆骇视，而争指之矣。故君子宁居其白而使人之可指，不居其黑而不使人不可指也。又况德高谤来，行成毁至，君子之所为，众人因不识也。彼人之所指议者，又焉可尽执以为是乎？管蔡不诛，不足以息天下之疑。诛管蔡所以安周公，安周公所以安天下也。使周公避杀兄之名而全兄弟之义，万世之下孰曰不可？然而周公为己计得矣，其如文武之天下何？孔子不出，终不足以挽春秋之衰，然而周流四方，卒莫能用。微生亩且讥其为佞，楚狂接舆且讥其为德，衰至佛肸之召，虽其徒仲由亦且疑之。故曰："莫我知也。"故曰："道大，天下莫能容。"师弟相视而叹，可悲也。已使孔子避求仕之名，而以自爱为心，万世之下孰曰不可？然而孔子为己计得矣，其于废君臣之义何？千载而上，严义利之辨莫如孟子，然而傅食诸侯，彭更且疑其为泰。千里见王，尹士且疑其干泽。至于受宋薛之金，公孙丑亦且疑其为非。而淳于髡当时辨士，又且以无贤讥之。使孔孟无可指议，则时君世主必能委心听训，春秋而唐虞，战国而三代矣。后此而程朱续千载不传之绪者也。当时至以伪学朋党目之，禁锢其徒，终身不用。人心之颠倒，一至是哉！人言之能变黑白，一至此哉！是故君子不求同夫俗而求同夫理，不求合于人而求合于天。使拘拘然惟俗之同，惟人之合，则舍己徇人之心胜，所行所止有乖于义理者多矣。此乡原媚世之徒，而非所以语圣贤也。或者始悟曰：吾今乃知圣贤之所以为圣贤，不能必人之不议已而，惟尽其在己者而已。领教再拜而退。

呈祥曰：细看朱子《或问》，可谓明且辨矣。然而欠浑涵气象，较之周、程之言自别。

潜溪宋氏曰：学不论心久矣。陆氏兄弟卓然有见于此，亦人豪哉！故其制行如青天白日，登其门者，类皆紧峭英迈而无濡漫支离之病，惜夫功加力行而致知道阙，或者不无憾也。又曰：横浦之学则出于宗杲之禅，而借儒家言以文之也。金溪之学则又源于横浦者也。考其所言，盖有不容掩者矣。又曰：金华之学，粹然一出于正，稽经以该物理，订史以参事情，古之善学者亦如是耳。当是时，得濂洛之正传者，鼎立而为三，金华也，广汉也，武夷也。虽其所见时有不同，其道则一而已。盖武夷主于知行并进，广汉则欲严于义利之辨，金华则欲下学而上达。虽教人入道之门或殊，其道则一而已矣。

整庵罗氏曰：癸巳春，偶得《慈湖遗书》，阅之，有不胜其慨叹者，痛哉！禅学之误人也，一至此乎？慈湖顿悟之机，实陆象山发之。其自言"忽省此心之清明"，"忽省此心之无始末"，"忽省此心之无所不通"，即释迦所谓自觉圣智境界也。书中千言万语，彻头彻尾，无非此个见解，而意气之横逸，乱说之猖狂，比之象山尤甚。象山平日据其偏见横说竖说，直是果敢，然于圣贤明训有所未合，犹且支吾笼罩过来，未敢公然叛之。慈湖上自《五经》，旁及诸子，皆有论说。但与其所见合者则以为是，与其所见不合者，虽明出于孔子，辄以为非孔子之言。而《大学》一书，工夫节次其详如此。顿悟之说，更无隙可投，故其诋之尤力。至凡孔子之微言大训，又往往肆其邪说以乱之。刿实为虚，揉直作曲，多方牵合，一例安排，惟其偏见是就。务令学者改视易德，贪新忘旧，日渐月渍，以深入乎其心，其敢于侮圣言、叛圣经，疑误后学如此，不谓之圣门之罪人不可也。世之君子，曾未闻有能鸣鼓而攻之者，反徒为之役，果见何哉！

文山《指南录》有云：张元帅谓子：国已亡矣，杀身以忠，谁复书之？予谓：商非不亡，夷齐自不食周粟，人臣自尽其心，岂论书与不书？张为改容。因成一诗，有"高人名若浼，烈士死如归"之句。

或有言及祸福之事者。呈祥告之曰：循理则祸可无，循理则福自至。或者难曰：然则文王羑里之囚，非祸与？曰：干禄岂弟，至德备矣。自今观之，生也六州归化，死也清庙登歌。祸在文王与？福在文王与？或者又曰：然则颜子贫居陋巷，短命而死，非祸与？曰：不迁不贰，心学传矣。自今观之，生也不改其乐，死也万世宗之。祸在颜子与？福在颜子与？或者又曰：然则屈原沉于湘江，文山凶于胡刃，又非祸与？曰：此二子者，君臣义重，心安而理得矣。自今观之，忠贯日月，名光宇宙，人皆有死，而此二子独与天地同存亡也。祸在二子与？福在二子与？是故君子之论祸福，道其常而已矣。而子以变故言，吾姑以变故对也。

呈祥曰：叠山选文章轨范，而终之以《归去来辞》，其殆有意也夫？

呈祥曰：许衡生于南渡之后，未仕于宋之朝。琼台讥许衡不当仕元，非知许衡者。衡之心以天地万物为一体，以夷狄亦天地间所有之物。彼胡元奄有中原，吾无往矣。是其仕也，不得已也，志有用夏变夷耳。当夷教大行之余，而吾道一脉不至尽绝者，衡之力也。此其志亦可悲矣。琼台何足以知之？衡生于金泰和九年己巳。牧庵姚氏曰："先生之学，一以朱子之言为师。穷理以致其知，反躬以践其实。语述作固不及朱子之富，而扶植人极，开世太平之功不惭德焉。"○陈氏刚曰："魏国文正公出，学者翕然师之。其学尊信朱子，而濂洛之道益明，使天下之人皆知诵习程朱之书，以至于今者，公之功也。"○邵庵虞氏曰："南北未一，许文正公先得朱子之书，伏读而深信之，持其说以事世祖，而儒者之道不废，许公实启之。"

薛文清公曰：鲁斋不陈伐宋之谋，[①] 其志大矣。又曰：鲁斋出处合乎圣人之道。又曰：鲁斋，吾不知其为何如人，但想见其大而已。此其尊称鲁斋之意至矣！

呈祥曰：鲁斋不劝伐宋，此正其微意所在，而《元史》不载，亦其失也。

呈祥曰：学者当以古今天下为志。如许衡仕元而不忘乎宋，是以古今天下为志，而不以一时之天下为志也。又曰：琼台讥许衡不当仕元，与温公讥孟子不知尊周之说，一也。

呈祥曰：元欧阳玄作《鲁斋神道碑》有云：先生平时颇病文籍之繁，尝曰圣人复出，必大芟而治之。斯其周衰以来，文胜之弊，犹将有以正救于其间，是岂浅之为志者哉？至载鲁斋不观伐宋一事，

---

① 本段原文中均为"鲁齐"，今据文意，当为"鲁斋"。

似亦知鲁斋者。薛文清公曰："鲁斋厌宋末文弊，有从先进之意。"《考岁略》云："鲁斋指示学者，一以朱子为师，及江左混一，始得阅其文，亦病其太多。"

偶阅时文，忧道不忧贫，结云许鲁斋谓读书以治生为先，盖实《伐檀》诗"人不素飧"之意也。而媒利者顾以是籍口，其有昧于立言之旨，而重为圣教累矣。衡家贫，躬耕粟，熟则食粟，不熟则食糠核菜茹，处之泰然。人有所遗一毫，弗义弗受也。由此观之，则治生之说，真《伐檀》诗"人不素飧"之意也。

龙泉叶氏曰：许衡，北方之学者未能或之先也，刘静修次之。

整庵罗氏曰：刘静修《叙学》一篇，欲令学者先《六经》而后《语》《孟》。又言：穷理尽性以至于命，而后学夫易。此言殊为可疑。夫《易》之为书，所以教人穷理尽性以至于命也，苟能穷理尽性以于命，则学《易》之能事毕矣，而又何学焉？又尝评宋诸儒，谓：邵至大，周至精，程至正，朱极其大尽其精而贯之以正。初闻其言，殊若可喜，徐而绎之，未为当也。孰有精而不正，正而不大者乎？若夫出处之际，义者或以其不仕为高，亦未为知静修者。尝观其《渡江》一赋，其心惟知有元而已。所以为元计者如是，其悉不仕，果何义乎？其不赴集贤之召，实以病阻，盖逾年而遂卒矣。

陈道问许鲁斋出处。甘泉先生曰：世变于夷而圣人之教息矣，鲁斋出而孔子之道尊，化夷为华，其功孰大焉！且世产于斯，仕于斯，何出处之累？曰：吴临川何如？曰：有间矣。曰：著述何如？曰：《三礼》诸书，吾不敢传信焉尔。元之儒，其惟静修乎？呈祥曰：观甘泉此论，前则优许而劣吴，后则优刘而劣许，其犹未定之论乎？若静修之出处，当以整庵之言为的。甘泉曰：草庐作《三礼考注》，吾惑焉耳！《周礼》不过从《曲礼》中发挥出治天下法来，其纲见于《曲礼·六官》矣。草庐作《曲礼》，又取《盛德》等篇名补窜以为天子之礼，殊不知天子之礼亦已杂见于《曲礼》下篇中。草庐取他篇又补入《曲礼》，又将《曲礼》文窜在他篇，又补《士相见义》，可谓乱经。

呈祥曰：孔子尝曰："民可使由之，不可使知之。"吴草庐则曰：

"提耳而面命之，能使不识一字之凡夫立造神妙。"圣贤之言何不同若是？学者宜深思之。

康斋曰：观《草庐文集序》，诸族多尚功名富贵，恐吾晦庵先生不如是也。

整庵罗氏曰：鲁斋始终尊信朱子，其学行皆平正笃实。遭逢世祖致位通显，虽未得尽行其志，然当其时而儒者之道不废，虞伯生谓鲁斋实启之，可谓有功于斯文矣。草庐尊信朱子，未若鲁斋之笃，其出处亦难例之。鲁斋惟一生惓惓焉，以羽翼圣经为心，其志亦可尚矣。

薛文清公曰：鲁斋，余莫测其为何如人，但想见其大而已。元人以北有许衡、南有吴澄并称，此非后学所敢轻议。然即其书，求其心，考其行，评其出处，则二公之实可见。呈祥曰：论鲁斋、草庐者，未有能为卓然不易之论如薛文清公者。又曰：草庐著述虽多，不若鲁斋之无著述也，惟薛文清公知此意。又曰：草庐，宋人也，而仕于元，其出处虽与鲁斋相似，而实不同。非有高天下之识如文清者，未能别白二公之雌雄也。

黄氏潜曰：程子之道，得朱子而复明。朱子之大，至许公而益尊。文懿许公之功大矣。

呈祥曰：丹溪，隐君子也。细观《纂要》一书，燮理之道寓焉，不但可为却病延年之助而已。

柳氏贯曰：道南之学，肇于龟山杨氏，而豫章罗氏、延平李氏实继起而纂承之。天之生贤，固不数数然也。文公先生当道统绝续之运，而身任斯道不传之绪。其学本于精思力践，行著习察之几，即致知力行之具，洒扫应对之粗，即精义入神之妙，当时及门之士无虑十百，而文肃黄公独得其传。文定何公早尝师事黄公，而文宪王公则又得之何公者也。若吾仁山先生则自其盛年亲承二氏之教，以充于己者也。盘溪之步趋，盘溪，文定居名。岁寒之讲切，岁寒，文宪室名。其所资者深，所造者远矣。虽进不得为诸葛孔明之起赴事会，而崔州平、徐元直之知为伟人者，不失也。退独得为陶元亮之任运归尽，而其所愿为鲁仲连、张子房者，尚暾然而不诬也。箪瓢乐道，著书忘老，英华之敷遗，芳泽之流滋，岂不足以表儒行之卓系师资之重哉？一世之短，千载之长，以此较彼，孰得孰失，必有能辨之者矣。

黄氏溍曰：白云许先生之教，以五性人伦为本，以开明心术、变化气质为先，以为己为立心之要，要分辨义利为处事之制。至诚谆悉，惰者作之，锐者抑之，拘者开之，放者约之。为学者师，垂四十年，达官富人之子，望闾而骄气自消，践庭而礼容自饬。四方之士，无贤不肖，不及门为耻。先生尝谓吾非必于隐以为名高仕止，惟其时耳。盖程子之道，至朱子而复明。朱子之道，至许公而益尊。文懿许公之功大矣！

潜溪宋氏曰：古之人生子，三月而名之，年二十而始字之。所以尊其名也，亦周礼之弥文也。后世于字之外，又加别称焉。果礼意乎？古之人，子孙于祖祢例称字，弟子于师例称字。盖字之，乃尊之也。自谄谀卑佞之习，胜天下之人，始有不敢字其友者，世之不古若可胜叹哉！

龙泉叶氏曰：历代多崇徽号，褒美多至十余言以上，皆后世群臣之导谀也。至唐而生加美谥，至为无谓。元朝此等皆绝而不为，及死而始为之谥，亦止于一二字而已，此亦可以为法也。

杨仪曰：余阙之守，安庆也。特感房帅结袜之恩，兴志士投笔之叹，竭诚赴难，祸及妻奴，其忠义固昭昭矣。然昧《春秋》外夷之义，忘危邦不入之训，许身大疏，不能无可议者。考诸往哲，其视子路之死于孔悝殆亦庶几，其无愧与？有题余阙诗云："千载结缨悲子路，九原披发愧夷吾。"谓其可以无死也。仪，字梦羽。

呈祥曰：景濂，其人豪哉！事君不负所学，临难不失其常。可以观所养矣。孙慎以罪被刑，先生安置茂州。

呈祥曰：诚意伯刘公择可事之主而事之，功成不受赏，庆流后裔，宜矣。其荐景濂也，开我朝一代文明之治，尤其功之伟然者。

呈祥曰：海内知康斋者少。《玉枕山诗话》云：东海闻余干苏文简，具道石斋之师康斋吴汝弼之端严刚峭，勇于进道，亦千载人物。始知康斋立心造道，处世化俗之详。乃赋诗曰："耳根何处得浮尘，浪说康斋识未真。风月周台灯火夜，伊川路上见斯人。"白沙先生曰：东海平日自谓具只眼，能上辨千古是非人物，而近遗夫康斋，又何也？康斋易知耳！予年二十七，游小陂，闻其论学，多举古人成法，由濂洛关闽以上达洙泗，尊师道，勇担荷，不屈不挠，如立千仞之壁。盖一代之人豪也。其出处大致不暇论，然而世之知康斋者甚少。如某辈往往讥呵太甚，群喙交竞，是非混淆，亦宜东海之未察也。微君与苏君今日之论，则东海之康斋其为晏婴之孔子乎？了翁之伯淳也？噫！

呈祥曰：李文达公，非深知康斋者。细玩《顺天日录》自见。

呈祥曰：康斋之学，至白沙而始显。白沙之学，至甘泉而益著。

呈祥曰：观康斋《日录》，只于暴怒、贫困上用工。此老可谓从性偏难克去，克将去矣，其勇于自治如此。

《古穰杂录》云：与弼师道尊严，好书，字奇古，自成一家，胸襟高迈。曾见咏桃一诗云："灵台清晓玉无瑕，独立东风玩物华。春气夜来深几许，小桃又放两三花。"有吾与点也气象。

呈祥曰：康斋与文清俱当代人豪也。

白沙祭康斋文曰：知圣人可学而至也，则因淳公之言发愤；既而谓师道必尊而立也，则守伊川之法，以迪人下学上达，日新又新。启勿忘助之机，则有见乎鸢鱼之飞跃；体无声无臭之妙，则自得乎太极之浑沦。弟子之在门墙者几人，尚未足以窥其阃域。彼丹青人物者，或未暇深考其故，徒摭其一二近似之迹描画之，又乌足以尽先生之神？

呈祥曰：我朝以明经取士，革前代诗赋取士之陋。故道术归一，而成浑厚博大之治，非前代所及。李文达公谓作赋非博雅不能，欲于二场中仍添一赋。观此，则文达公学术未尽纯正可知。

呈祥曰：大哉！罗伦起复一奏乎，虽与日月争光可也。自伦奏后，无有起复之事者。使国无正人君子，谁与定是乎？国不可以为国矣！白沙论一峰曰：伦才大不及志，其青天白日足称云。又祭一峰文有曰：其心洞洞，其性落落。其文浩浩，其行卓卓。白日青天，泰山乔岳。

呈祥曰：白沙先生忠厚爱君之意蔼然，见于一检讨之受，彼不知而妄议者，诚浅浅乎其为见矣。东海诗曰："君恩天地宽，民义日月皎。无职徒冒官，优游岂不好。未识义如何，请问程明道。李密是何人，亦有《陈情表》。"议者曰：晏婴知矣，而不知仲尼，是何非命耶？东海自谓平生具只眼，能洞见千古是非，乃眼前有一白沙而不识，得非命耶？

白沙先生曰：比岁，闻南京有庄孔阳，能自树立，于辞不一雷同今人语。心窃喜之。稍就而问焉，果出奇无穷。及退，取陶、谢、少陵诸大家之诗，学之，或得其意而忘其辞，或得其辞而遗其意，或并其辞意而失之。其所谓凤生犨血，终欠一洗之力。

呈祥曰：白沙寄定山诗曰："莫笑杨朱小，杨朱解爱身。"所以晓定山者至矣，而定山不悟也。

呈祥曰：甘泉作《定山祠堂记》，俨然画出一定山也。且因定山以及诸人，可谓曲尽一时变态者矣。

白沙有诗曰："一语不遗无极老，千言无倦考亭翁。语道则同门路别，更于何处觅高踪。"呈祥曰：《通书》是周子自作之书，朱子则集孔、孟、曾、思之说以为己说，其实门路同也。盖读周子之书而知一为要之说便是知，能尊周子之说而服膺勿失便是行也。吾于朱子知行之说，更何疑哉！

甘泉先生曰：曾记白沙先生为贺克恭许多年不悟，因书劝之读佛者。盖伊川所言谨礼不透，好令读庄列之意。克恭之子反生疑，辨人之指为禅，大抵类此。孟子曰："中道而立，能者从之。"故立教不可稍有救偏之术，救一偏是，又起一偏也，惟中正乃救偏之极致。

呈祥曰：胡敬斋以李延平体认未发时气象之言为非，此其心孔犹有滞处，非通儒也。宜其不知白沙而攻之为甚力也。杨道夫言，罗先生教学者静坐中看喜怒未发谓之中，未发作何气象。李先生以为此意不惟于进学有力，兼是养心之要。而《遗书》有云："既思则是已发。"昔常疑其与前所举有碍，细看亦是紧要，不可以不考。黄直卿曰：此问亦甚切。但程先生剖析毫厘，体用明白，罗先生探索本原，洞见道体，二者皆大功于世。善观之，则亦并行而不相悖矣。况罗先生于静坐观之，乃其思虑未萌，虚灵不昧，自有以见其气象，则初无害于未发。苏季明以"求"字为问，则求非思虑不可，此伊川所以力辨其差也。

呈祥曰：敬斋可与立矣，若白沙则可与权。

呈祥曰：丘琼台高处，只在一味考索，他无足取。其文章气格，亦卑弱无大识见，不过据陈迹以为议论耳。其为人嫉贤妒能，见胜己者则阴肆诋毁，巧为排斥，而人莫之觉也。白沙与彼同省人也，定山亦一时杰士也，使其知而不举，是仁不足以爱人也；不知而不举，是知而不足以知人也。不仁不知，彼皆有之。虽有博览著述之富，众美何足以赎一失？彼收入《名臣录》者，于此大节处未能发明，微显阐幽之义安在哉？

呈祥曰：琼台在内阁时，不能收天下第一流人物用之，相业亦卑微矣。虽一王恕且不能容，而况于白沙诸者乎？观白沙祭琼台文，深不满于琼台可知矣。

甘泉湛子曰：《大学衍义补》，则吾自少时不悦。盖西山非遗天下国家事，而天下国家之事寓于格致诚正修齐之中，正所以明一本之意，最为深切。文庄乃欲补之，是所谓潦断纹琴，规方竹杖也。然其书中有关于今日天下国家之事，不可废者，只合作则书名可也。

呈祥曰：定山以孔子自居，晚年被荐轻出。白沙虽晓之以诗，而彼不悟也。其后果如白沙所料者。定山未出时，琼台飏言于众曰：率天下之人而为洁身，乱伦之归者，定山也。及定山既出时，琼台又不能荐扬于朝，使得大有展布。是琼台不过窃先贤之议论以律天下之人，而实不知圣贤为何如人也。

白沙先生曰：闽中陈剩夫者，不幸去年秋间死矣。其人虽未面，然尝粗闻其学术专一，教人静坐，此寻向上人也。可惜可惜！

呈祥曰：世卿《白沙墓表》神采俊逸，甚能动人，亦传神手段也。世卿，白沙高弟。其子李整，跌宕豪迈，有曾点浴沂风味。惜天不假年，未就志而早卒。

白沙先生曰：李世卿别予远嘉鱼，赠以古诗十三首。其卒章云："上上昆仑峰，诸山高几重。望望沧溟波，百川大几何。卑高入揣料，小大穷多少。不如两置之，直于了处了。"世卿豪于文者也。予犹望其深于道以为之本。

呈祥曰：徽之歙县有名张芝者，为人沉静刚毅，力学不倦。闻白沙讲道岭南，慨然有志圣贤之学。呈祥少时尝有书问及海内名士，彼回书云：圣贤之学在求诸心，不必求之天下之人也。令人惕然有省悟处。惜天不假年，未至强仕而遂卒。使其不死，当必大有建立处。芝卒时，官至提学副使。

呈祥曰：读白沙诗教而叹曰："湛子可谓不背本矣。"

呈祥曰：阳明以精金喻圣，以分两喻圣人之才力不同。此亦有功于后学，吾深爱之。但其言微有过高之病，学者不可不察也。

呈祥曰：阳明于学者启发之功为最速，但学者少有所得则止，不复更有所进。程子曰：圣贤固未尝言难以沮人之进，亦未尝言易以骄人之志。阳明则言易以骄人之志矣。

呈祥曰：阳明深有高识，惜其讲学犹有不通商量处也。

呈祥曰：阳明才高识高，论学有底柱中流之势。但不免抑扬太过，启后学有轻视前辈之心。其流之弊，将必至于以《六经》为糟粕而不必读，功过盖相当者也。

呈祥曰：阳明谓尧舜万镒，文王孔子九千镒。万镒、九千镒何从而见之？此真骇天下之论也。

呈祥曰：知行之说，学者徒习其文而不察其义，是以有支离之弊。阳明始倡为合一之说，不为无功于世，然专以行为知，而知但为空虚无用之字，亦未为得也。

阳明学宗陆子，而精一博约之说，则陆子所无。盖一扫先儒之说而尽空之，使宗朱子者皆钳口不能措一辞，其知识力量尤过于陆子远甚。

甘泉湛氏曰：程子所谓体用一原、显微无间，格物是也，更无内外。静言思之，吾与阳明之说少异者，有其故矣。盖阳明与吾者心不同。吾之所谓心者，体万物而不遗者也，故无内外。阳明之所谓心者，指腔子里而为言者也。故以吾之说为外，各从所主而言之，是以不同。元来只是一理，更无别理。虽尧桀不能使之存亡，又安能不同也？在学者善观，未可草草也。

予曾至赣见阳明行社学之法，甚善。因是而想见三代小学大学之法，安得复见于今日乎？可慨也已。习礼童生进退趋跄之节，周旋折旋之仪，俨然尧舜雍容气象。使行之既久，则必沦于肌肤，浃于骨髓，自有不可解于心者矣。何患治不可三代乎？惜乎，未久而法即废。

甘泉以祀始祖为非，借以列主，自西而东，为未合于礼，此见理独到之言也。

甘泉先生曰：未可谓文公不见道，初见延平即举程子"浑然与天地万物为一体"之语，岂不见得？被延平"虑其过高"一语，转却为要见理不难，须要见分殊。吾尝谓理一分殊本是一体，分殊在理一之中。故示学诗有云："万物宇宙间，混沦同一气。充塞与流行，其体实无二。就中有粲然，即一为万理。外此以索万，舍身别求臂。"呈祥曰：甘泉此言诚是，但未为深知朱子者。朱子曰：小德者，全体之分；大德者，万殊之本。又曰：夫子之一理，浑然而泛，应曲当譬，则天地之至诚无息而万物各得其所也。又曰：圣人之心，至虚至灵，浑然之中，万理毕具。彼岂不知分殊在理一之中乎？故曰：未为深知朱子者也。

端溪王氏曰：盖至于口不能以状吾心，心不能以喻吾乐，夫然后知甘泉之洒而落矣。

端溪王氏曰：即而至近，探而无穷，其甘泉之教乎？或问：教何要矣？曰：体认天理。何以体认？曰：学问思辨笃行，皆其事也。故体认天理，学斯至矣。

呈祥曰：甘泉、杨子折衷之论，大有功于吾道，世未之知也。

呈祥曰：李两山律吕长短之说，与阴阳升降之序，吻合不二，知其为确论无疑也。又曰：两山律吕元声，据予之见则可信。然予非知律吕者，不知精于律吕者以愚言为然否？

泾野吕氏曰：宋南渡以来，诸儒学术又多不同。陆子静高才笃学，亦名儒也，倡为一偏之学，其徒杨简扬其波而助其澜，宛若文殊辟支护法也。而况陈同父、张九成辈或以功名、或以词章相竞于时哉？晦庵朱子者出，先格致以择善，即诚正以固执，事为之辩，言为之论，理不明不已，道不直不休，圣学至是亦大复续乎！是故董子明《春秋》而人心正，文中子续《六经》而圣道显，韩子辟异端而正教明，朱子辩群说而斯文之实学定。

甘泉先生曰：吕仲木每言，明道话头亦有高处，难尽信得。曰：此便是仲木信不及处。

呈祥曰：今之士人，名虽儒流，心则商贾也。商贾有一分本，便思获一分利。其所以早作夜思者，为获利耳。使无利焉，则不为矣。今之士人，才通文墨，便思补廪，才补廪便思中举、中进士。其所以早夜孜孜，讲读不辍者，非真为修身明道计也，求以获此而已矣。使无此焉，则不为矣。既得科第便思美官，既得美官便思升擢。间有廉勤干办稍异流辈者，非真为忠君行道计也，无非假此要誉，以为升官之计而已矣。使无此焉，则不为矣。夫学校，人材所自出之地也，今世之士人游于学校，其立心已无异于商贾细民之为，又何望其立朝而成正君之功，治民而成俗化之美，穷居而有修行之实也哉？端本澄源，其机盖有在矣，可慨也夫！

呈祥曰：静观功利之说，充塞于天地之间，无一人能脱此网也。夷狄不足言矣。自中国言之，有以寡欲称者，千万中一人而已，然原其心，只为长生计耳。为长生而寡欲，是以长生为利也。有以善行称者，亦千万中一人而已，然原其心，只为名誉谋耳。为名誉而为善，是以名誉为利也。有以文辞记诵称者，亦千万中一人而已，然原其心，作文非以明道，记诵非以蓄德，不为名则为利也，是以名利为利也。呜呼！滔滔者天下皆是也，而吾又安能友之哉？欲友是者，端必有自矣。

呈祥曰：读周孔之书而谈老庄之学，罪比乱贼，刑同诛夷可也。以下皆论佛老。

呈祥曰：佛氏轮回因果之说，既足以惑愚人，且善为宏大胜人之论，又足以惑聪明有识之士。

呈祥曰：佛老神道设教，则多涉于妄。吾儒神道设教，有是理，斯有是事也。

胡氏曰：予读五帝书，而后知圣人泽及斯民之远也。后世有立功于一时，兴利于一邦者，人犹追思而祀之。是数圣人者，曾不得推苗裔、立宗子、建庙廷，春秋四时享天下之报也。有天下者，端拱九重之内，治其国家，上之天文、下之地理、中之人伦，衣食之原、器用之利、法度之章、礼乐之则，谁推明制作之也，而忘之乎？戎狄①之人，驾一偏空说，失事理之正，而其神像乃得蟠据中华名山巍峚，抑又听其雕梁画栋，群沦灭三纲之人而豢养之，此何道也？其不耕不植，侵渔民利，耗蠹民财，乃细事耳，为政者恬不以为虑，中华无人，可悲之甚矣！

程子尝言：圣人本天，释氏本心。张子曰：释氏不知天命，而以心法起灭天地。以小缘大，以末缘本，其不能穷而谓之幻妄，真所谓凝冰者与。

朱子曰：人若以简易存心，将来便入异端去。又曰：古来所谓异端，只是遁世高尚之士，其流遂至于释老。

朱子曰：释氏只将知觉运动做玄妙说，无这个便说不行。只是被他作弄得来精神，所以鼓舞得许多聪明豪杰之士。所以横渠有释氏两末之论，他只说得两边末稍，中间真实道理却不曾识，如知觉运动是其上一稍也，因果报应是其下一稍也。

问佛与庄老之不同处，朱子曰：庄老绝灭义理未尽，至佛则人伦灭尽，至禅则义理灭尽。

朱子曰：孟子不辟老庄而辟杨墨，杨墨即老庄也，杨即老氏弟子也。

平阳史氏曰：鲍靓记井、羊祜识环，此等记载不出秦汉之前，皆自佛法既入中国始有之，其实皆附会，不足信也。况天地之大，古今之久，品汇之多，何故不皆如此，而所传止于此数事乎？圣人语常而不语怪，政亦不必深办也。况圣学不明，又无超卓之见，以烛其妄。虽士流史氏，亦喜而乐道之，或遂从而书之，以为数千百载牢不可解之惑，甚可笑也！呈祥曰：凡古今载籍中，所传怪异事，皆士流史氏轻信之过也。

平阳史氏曰：佛氏本无所知，而妄以无所不知为名。其所言皆过去未来与他方世界之事，动以恒河沙为数，梦幻世事，尘芥六合，

---

① "狄"，原文误刻为"秋"。

所以盖其不知之失也。

龙泉叶氏曰：离物而言性，佛氏所以沦于空寂；舍器而言道，老氏所以溺于虚无，此《大学》始教所以不出民生日用彝伦之外也。

又曰：释氏但知能作用者便是，更不论义理，所以疏通者流于恣肆，固滞者归于枯槁。如曰随缘放荡，任性逍遥，但尽凡心，别无圣解。以能达此旨，便为了此一大事公案也。

龙泉叶氏曰：东土初祖曰人性本善，不假勤苦修行，直下便是。此则弥近理而大乱真矣。

又曰：自释迦拈青莲花，迦叶呵呵微笑，自此示机，直至达磨说出能作能用即是佛性，此即教外别传，更无别旨，自此禅宗皆祖此。

又曰：人之为道而远人。子思言此之时，佛氏之教未入中国，已惧其绝人伦、去人事，始谓之叛道矣，其虑可不谓远乎。

整庵罗氏曰：程子曰：佛有个觉之理，可谓敬以直内矣。然无义以方外，其直内者要之，其本亦不是其本，不是正斥其认知觉以为性耳！故非但无以方外，内亦未尝直也。当详味可以二字，非许其能直内之辞。

又曰：程子尝言：心一也。有指体而言者，寂然不动是也；有指用而言者，感而遂通是也。盖吾儒以寂感言心，而佛氏以寂感为性，此其所以为甚异也。良由彼不知性为情之理，而以所谓神者当之。故其应用无方，虽不失圆通之妙，而高下无所准，轻重无所权，卒归于冥行妄作而已矣，与吾儒之道可同日语哉？

又曰：释氏所见，乃虚灵知觉之妙，亦自分明脱洒。然一见之余，万事皆毕，卷舒作用无不自由，是以猖狂妄行，而终不可与入尧舜之道。愚所谓有见于心，无见于性者，不其然乎？盖心性至为难明，谓之两物，又非两物，谓之一物，又非一物。除却心即无性，除却性即无心，惟就一物中分剖两物出来，方可谓之知性。学未至于知性，天下之言未易知也。整庵此说有大功于世。

又曰：异端之说，自古有之，考其为害，莫有过于佛氏者矣。佛法初入中国，惟以生死轮回之说动人，然吾儒之信之者犹鲜也。

其后有达磨者至，直指人心，见性成佛，以为一闻千悟，神通自在，不可思议。则其说之玄妙，迥非前日此矣。于是高明者亦往往惑焉。惑及于高明，则其害有不可胜救者矣。何哉？盖高明之士，其精神意气足以建立门户，其聪明才辨足以张大说辞。既以其道为至，则取自古精一执中之传，孔门一贯忠恕之旨，《大学》致知格物之教，孟子知言养气之说，一切皆以其说乱之，真妄混淆，学者茫然，莫知所适。一入其陷阱，鲜复能有以自拔者。可为长太息而已。

又曰：吾儒之于佛氏，有阴实尊用其说而阳辟之，盖用禅家呵佛骂祖之机者也。夫佛氏似是之非固为难辨，至于呵佛骂祖之机作，则辨之也愈难，吁！可畏哉！

又曰：邵子有言：佛氏弃君臣父子夫妇之道，岂自然之理哉？片言可以拆狱矣，彼犹善为遁辞，以谓佛氏门中不舍一法。夫既举五伦而尽弃之矣，尚何法之不舍邪？

又曰：程子之辟佛氏有云：自谓之穷神知化而不足以开物成务，言为无不周遍，实则外干伦理，穷深极微而不可与入尧舜之道。夫既不足以开物成务，则不得谓之神化；伦理俱弃而不顾，尚何周遍之有尧舜之道？既不可入，又何有于深微？所谓神化周遍深微之云，皆彼之所自谓，非吾圣人所谓神化周遍深微者也。他日，程子又曰：佛氏不识阴阳昼夜、死生古今，安得谓形而上者与圣人同乎？

龙泉叶氏曰：飞升有乎？曰：不可得而知也。然上天实无着处。

薛文清公云：魏伯阳《参同契》，假《易》论长生之术若指诸掌。然伯阳今竟能践其言而度世长存耶？又曰：神仙既谓能度世长存，常在人间以化人可也，何必作为言语耶？以作为言语而不常在人间，则其妄诞不可信也明矣。又曰：仙者，虽窃造化之机以延年，亦未有久而不散者，不然自古以仙得名者多矣，何千百年不见一人在世耶？

又曰：万物始终，乃阴阳造化自然之理。神仙者，必欲超出阴阳造化之理以常存，必无是理也。王浚川曰：伯阳之为此书，悲夫贪欲伤性之流，以正服食祈祷之无归者尔。今之为论者，必曰别有一物，结胎于内，丹气圆满，出而飞升，怪诞恍惚，不情之甚，与伯阳之论大异。

又曰：世之传仙人者，莫信于洞宾、张果、徐翁。考之唐宋史传，洞宾似是唐末儒者学道引，年有百余岁，至五代时犹存尔。唐时蜀中老人张果，年百岁，自言能神仙术。玄宗曾召至都下，亦无异术，放归未几亦死。故《纲目》书曰：好事者以为尸解。宋徽宗时，泰州徐神翁，人言能知未来事，亦召至都下，徽宗用太宗见陈抟故事见之，亦无奇异，后死时极瘦如柴。夫世之所传仙人者，虽高寿而终，亦必死。如此则金丹之要归，不过曰养生颐年之术而已。所谓飞升出世，蓬洲洞天之主，咸妄诞傅会，以愚贪鄙之夫之为尔，曾何足以惑明诚正大之君子哉？故曰，伯阳之书，悲夫贪欲伤性之流，以正服食祈祷之无归者尔。

整庵罗氏曰：今之道家盖源于古之巫祝，与老子不相干。老子诚亦异端，然其为道主于深根固蒂，长生久视而已。《道德》五千言俱在，于凡祈禳荣祷、经咒符箓等事，初未有一言及之。而道家立教，乃推尊老子，置之三清之列，以为其教之所从出，不亦妄乎？所谓经咒符箓等事，秦汉间方士所为，其泯灭而不传者计亦多矣，而终莫之能绝也。今之所传分明，远祖张道陵、近宗林灵素辈。盖老子之善成其私，固圣门所不取；道陵辈之诪张为幻，又老子之所不屑为也。

阳明先生答人书云：古有至人若广成子，历岁久而不衰。李伯阳西度函谷，亦或有之。然其呼吸动静与道为体，精骨完久禀于受气始先，殆天之所成，非人力可强也。若后世拔宅飞升、点化投夺之类，谲怪奇骇，是乃秘术曲技，尹文子所谓幻，释氏谓之外道者也。夫有无之问，非言语可况，盖吾儒亦自有神仙之道。颜子三十二而卒，至今未亡也，足下能信之乎？足下欲闻其说，须退处山林三十年，全耳目一心志，胸中洒洒不挂一尘，而后可以言此。今云仙道尚远也，何可遽言！

阳明先生曰：神仙之学与圣人异，然其造端托始，亦惟欲引人干道。《悟真篇》后序中所谓黄老悲其贪着，其微旨亦自可识。自尧舜禹汤文武至周公孔子，其仁民爱物之心，盖无所不至，苟有可以长生不死者，亦何惜以示人？老子彭篯之徒，乃其禀赋有若此者，非可以学而至。后世如白玉蟾、丘长春之属，皆是彼学中所补述以为祖师者，其得寿皆不过五六十，则所谓长生之说，当必有所指矣。

甘泉先生曰：圣贤以天地万物为一体，释氏以耳目口鼻为根尘，大小居然可见。又曰：老氏任气，圣人任理。任理则公，任气则私。理气之异，毫厘千里。

又曰：儒于释老有若同是焉，惟智者能辨其非；有若同公焉，惟仁者能辨其私。营营绝根乃碍其身，区区炼气乃局其器，而云周遍，而云神化，何足以语太公之仁？是故圣人兼济天下而同体万物，兼济故不局于器，同体故不碍其身。非天下至神，其孰能与于此？

又曰：儒者之学在察事理，佛氏则以事理为障。圣人无意必固我之私，释氏则欲断灭根尘。根尘谓耳目口鼻意身是已，此皆天之所以与我者，焉能去？

呈祥曰：今民间神座之设，多坐佛老于堂中，而置祖先于两旁。亦有先请杂样不经之神，而后以祭余之物祭其祖先者。内神外神混为一家，尊祖敬宗之道，恐不如此。

呈祥曰：阳明先生在赣立社学法，教童子晨昏行定省之礼，节约冠礼，并祀先文庙礼，令童子朔望演习之。其定祀先位次，则高祖居中，面南；曾与祖位于东西两旁稍前，一面西，一面东；考位于曾东之下，稍却而后，面西。祖较曾稍下，考较祖又稍下，此与古者合祭昭穆之礼颇相似。比之家礼，高、曾、祖、考同为一列，且从右而至左者，尊卑失次，于心终不安矣。教化不明而后邪说作，故终之此云。

古源山人二论卷之四

男 敬之　姪 谦然　校刊

知行分合论上

论知行而以分合言者，盖所论在发明分合之义故也。分合之义不明于天下，而圣学之心□不传。学者不明分合之义，而自谓能知知行之义者亦未矣。夫不徒曰分而又曰合者，以见分之中有合，分非支离之谓也。不徒曰合而又曰分者，以见合之中有分，合非偏滞之谓也。世儒不明分合之义，主于□□□□儒有言分处，则曰此支离之言□□□□者，见先儒有言合处，则曰此偏□□□□□惟己之心孔不明，而先儒受屈□□□□予既明分合之义于前，而复□□□□□知行之说于后者，盖欲学者□□分□□□□后□识先儒立言之旨□□□□□□□□□识耳。呜呼！此古今论学一□□□大□□□学者可视为泛常而忽之哉？

存心为□□□□，知行为学之全功。

知以体认言，行以不倦言。知以翕聚言，行以发散言。知以正始言，行以收终言。

知犹阴之静乎，行犹阳之动乎，非静则无以为动也。[1]

阴阳互为其根，而天地之道尽之矣。知行互为其根，而为学之道尽之矣。

古之学术出于一，今之学术出于二。古之学者致知工夫即在力行之内，知行非有二也。知出于经历，而行非由于袭取。所知即所行，所行即所知，是之谓学术出于一。今之学者分知行为二事，专以考索为知，不以体验为知。考索虽圣贤所不□□□□考索，而不能反求诸心，是犹买椟而还珠，□□□不可得而有矣。所知非所行，所行非所知，是之学术出于二。

心以知为□，□以行为职。耳目口鼻四肢之不失其职，皆□□之运用也。是故知大而行小，知远而行□。□学□必以知为先，必以治心为本。

先儒谓格致章原未曾缺，以物有本末、知止、听讼三节为释格

---

① 《古源山人日录》卷之七作："知犹天之员乎，行犹地之方乎。员，故不滞，方，故有常。"

致之说，此为确论无疑。夫格物致知为《大学》进道之门户，是简错而诸儒纷纷，无定论矣。必更定此章而后为无遗恨也。司天下①考文之责者，其尚注意于斯。龙门子曰：《大学》之要在于三纲八目。孔氏既著于经，曾子之门人又以所闻为之传，纲与目之名无有所谓本末者，何必传以释之。自"知止而后有定"及"听讼，吾犹人也"，至"此谓知之至也"三条，实释致知格物之传，盖未尝阙也。

《大学》先言格物，而次即继之以意、身、心者，则知日逐所格之物，即此便是。虽家国天下之务，亦不出乎意之所向，心之所存，身之所接者耳。是故工夫不支离也。

朱子曰：《大学》在"明明德"一句。观此则知阳明所谓"朱子不知明德、新民之本为一事者"，误矣。

《大学传》之首章下四"明"字，二章下五"新"字，三章下九"止"字，文势自与三纲领相照应，亦足以验"亲"字当作"新"，固不必纷纷改作，使后学无所适从，徒长浮薄之风而已。此条所谓四"明"字、五"新"字、九"止"字，文势与三纲领相照应，乃予的然之见，有所据而不敢为亿说也。

朱子所谓"人心之灵，莫不有知天下之物"，"莫不有理"等句，似分心与理为二，语意未莹，不免起末世支离之蔽也。

"格物"之"格"，程子训为"穷究"，又训②为"至"字，而"穷究"二字，比之"至"字，则尤为明白。盖有一物必有一理，物即理也。孟子谓"万物皆备于我"者，亦是指此理而言之耳。然《大学》不谓之穷理，而谓之格物者，理无形而物有形，物之理具于心，心之灵则因物而显也。故于始学之初，而即开人以格物之路者，盖使人即物以穷理，因事而用心，即此便为存心之地，而不徒涉于渺茫，此知行合一之旨。古圣贤虽未尝明以示人，而实自见于言意之表矣。谓格物求之于外，而有同乎义外之说者，岂其然乎？

格物即思也。孟子所谓"先立乎其大者"，指"心之官则思"

---

① "天下"二字原稿不可识别，据《古源山人日录》卷之七确认。
② "训"，原文为"顺"，据文意改。

而言也。格物自身心始，则天理人欲毫发不容自遁，心窍渐开而不蔽于有我之私，由是以往，然后见乎物我一源，而无扞格不通之患。

人心之所以虚灵知觉者，以其具此理而已矣。理无形迹，因事而显。心虽虚灵，罔思则蔽。所以圣人教人格物，只是欲人即事即物体认天理之所在，而不至于冥行妄作者耳。如此则既不失于径约而有空虚之弊，亦不苦于烦难而有支离之失。此格物致知所以为吾儒进道之门户也。

圣贤千言万语，只是欲人存心以修其身而已，便是教人先立乎其大者；以是言而书之于简册，便是文学者读其书而知所以存心便是知，知所以存心而即存之便是行。如此则博文亦何害于先立乎其大者，而必欲强训为行。尽改先儒之旧说邪？*阳明以格物为正物，以博文为人伦事物，粲然之文专指行言。*

理之在天下，一而已矣。而其流行变化，则有千万不同。故圣贤之论道理，或分或合，与时变化，初未尝有心于合，亦未尝有心于分也。阳明则有心于合矣。如孔子初年教人本只是知行并进，如匠者之授人以规矩也。然大匠不能使人巧，其后学者遂流为考索之学，而未有融会贯通之妙。此孔子之所忧也。故他日呼曾子而告之曰："参乎，吾道以一贯之！"又呼子贡而告之曰："汝以予为多学而识之者与？"是皆启之以融会贯通之妙，而发初年未发之旨。是知朱子早年所论，正孔子不思不学则罔则殆之说也。晚年所论，正孔子予欲无言、吾道一贯之说也。始终不相背，前后互相发，亦何可疑之有？而亦何定论之有？*阳明有《朱子晚年定论》。*

心者，众理总会之名。形器有外而理无外，故心思之所及者，不疾而速，不行而至。虽足迹所未到之处，自可以理推度而知之。若必欲一一亲临目击而后知之，则所知有限，其所知者殆亦粗迹耳！

知犹求磨镜之方也，行则得其方而遂磨之耳，此以讲求之知言也。知犹镜之明也，行则保护此镜之明耳，此以不为物累之知言也。知虽有二，只是一知；行虽有二，只是一行。知行之功虽二，而知行之本体则一也。是故知行无二也，是故会斯意者鲜矣！

阳明以行即是知，而不知知即是行也。古人所谓知者只是体认推充之谓耳。体认推充则私蔽撤而良心见，即是行也。所谓力行者只是长存得体认之心，不为私欲所间隔，失其良知之天耳！曰：读书亦可以为行乎？曰：《易》曰："君子多识前言往行，以畜其德。"读书而能体认之于心，比类扩充，以畜其德，则是亦行也。故自读书以至处事，自静存以至动察，无往非知，无往非行也，更容分别者乎？

圣人言知，则行自便在其中；言行，则知自便在其中。后人不悟，将知行分作两截看，是以失古人立言之本旨，而卒亦不能知，不能行也。

所谓将知行作两截看者，此特以后世徒事记诵者言之耳。若果欲求知，果欲求行，真心一意欲做好人，则其读书便自有古人体认之意，行事便自有古人精审之意。

今之人平时下笔为文，曰忠曰孝，谁不能言之？及至事父之时，以孝事其父者便少；事君之时，以忠事其君者便少。此所谓能言而不能行者也，是之谓知行分为二。

偶见明论中有云：学问思辨，开其知也。笃行，恒其知也。知也者，天理也。故学至常知焉，尽矣！此与吾平日所论知行之说甚相吻合，可见此理之在人心，本无不同也。其不同者，人自异之耳。

《晚年定论》一编，足以祛世儒支离之弊，有功于后学不浅。但去"定"之一字，然后为无弊也。

或问曰：子知行之说与阳明异乎？曰：异而同也。或又问曰：子知行之说与文公同乎？曰：同而异也。同而异也，异而同也，善观者当自得之。觉者幸毋忽予斯言。

阳明谓行则知，不行则不知，亦是的确之论，亦有功于学者，但欲持此以废古人博文之说，则误矣。

人之生理具于心，本之生理具于根。圣人之心纯乎天理，自然应事得其和平，如木之根深土厚而枝叶自畅茂也。学者之心，存亡不一，而必时加读书集义之功者，盖所以栽培此心，而接续其生理故耳。如新栽之树，根犹未固，土薄之树，逢旱则悴也。所以必时加灌溉之功者，盖接续其根之生理耳。是知固其根者，本也。灌溉其枝叶者，末也。本末一道，非有二也。是故知此者则为合一之学。

圣贤专言存心者，欲人栽培其根也；以存心与行事对言之者，欲人灌溉其枝叶，以接续其根之气也。均之为存心而已。要之，存心者非槁木死灰而已，即于行事之间见之而已。孟子持志养气之说，即孔子直内方外之说也。阳明气次之说，美矣，不免伤于太巧。

象山与刘淳叟书云：尔谓道不在多言，学贵乎自得。夫子之于颜子，盖博之以文。夫博学于文，岂害自得？必曰：不在多言，则问之弗知弗措，辨之弗明弗措，皆可削也。自得之说，本于《孟子》。然《孟子》自谓博学而详说之，将以反说约也。《中庸》言力行而在学问思辨之后，今淳叟所取自得力行之说，与《中庸》《孟子》之旨异。夫仁、智、信、直、勇、刚皆可以力行，皆可以自得。然好之而不好学，则各有所蔽，倚于一说一行而玩之，实无其味，不考诸其正，则人各以其私说而传于近似之言者，岂有穷已哉！按：象山此论与朱子所说无分毫异。其初年与朱子不相合者，盖朱子专以记诵诲人而不知存心力行者之故耳。其精一博约之说，则固与朱子无异也。博约之说实自虞廷精一发之。阳明学宗象山，而博约之说乃大与象山相反，如此岂得为宗象者哉？

凡古人所谓知行者，为造道者言之也。如匠之授人以规矩也。若夫由规矩而精之，不知孰为知孰为行，会体用于一源，合内外于一贯，则存乎其人焉耳。

博文约礼，夫子教人存心之则例也。方其博文时，优游涵泳，不急不迫，神与圣贤游，心与天地契，广大自得，无有外慕，此便是心存在博文里。若能敬守勿失，使神气清明，常如读书之时，视听言动，一循乎礼，此即所谓惓惓服膺而弗失之者也，此便是心存在约礼内。世儒专尚记诵，资口耳，骋智能，以求骇于众人，而人亦以此高之，转相效慕，遂成风俗，此全然不知所以存心者。又有一等人，虽粗知所以存心，然误以博文约礼为两截事，乃曰：我未能知，焉能行，必须读尽天下之书然后可。于是穷年兀兀，苦事旁求，遂有废弃人事而不顾者，此便是心驰在册子上。专以考索为事，玩物丧志，到老亦无所成，纵欲模仿古人旧迹而行，然亦只是义袭而取，终只是成就得个小儒而已。凡此皆后是末流之弊，非孔子教人之本意也。

道一而已。支离之学，非圣贤之学也。且念头一差，弊弊于诵读而后已，岂复有四通八达之时乎？

宋潜溪曰：人受气之偏疾也。六籍，古医方也。今之儒者受气偏者众矣，其亦有据六籍而克治者乎？苟无矣。世安得三代，儒安得颜孟乎？

阳明曰：求圣贤之遗言于简册，不若求圣贤之遗言于吾心。简册，其糟粕，吾心，其精微也。糟粕者，精微之所在也。学者因言以求心，心得而精微尽，则吾心即圣贤之心也。所谓糟粕者，精微之所在。所谓因言以求心，心得而精微尽，其言平正，与初说少异，庶免过中失正之弊。

圣人之心见于言，圣人之言著于书。故开发人之聪明者，莫如书也。想夫子当初教人，每每以读书为言。故子路有何必读书，然后为学之对。然子路此言亦甚有理。故夫子不以其言为非，而但以恶夫佞者斥之。今之以博文为行者，其诸子路之论也与？

酿酒之米，精液已去，不可复酿为酒，名为糟粕。比之死者，精魂已去，枯朽之骨不复能言语动作，则甚切。至若以圣人之书比之为糟粕，则拟非其类，似是而实非也。盖书者，传心之要典在焉。圣人虽死，而所以不死者，则固于书而存焉。无此，则无以为天地立心，为生民立命，为万世开太平。斯人流为夷狄禽兽而不自知矣。故书之存于世，如元气流行于四时之间，万物皆赖以生生者也。世儒乃谓圣人教人读书，非所先者，其殆老庄氏之绪论也与？吾是以惧而为之辨。

存心，犹太极也。知行，犹阴阳也。所知所行，合五性而兼有之，则犹五行也。览者幸毋忽予斯言。

心存而后知行之功有所措。要之，知行即存心底工夫，非知行之外别有一存心工夫也。所谓存心，非槁木死灰，株守一隅之谓也。以知行俱是存心工夫，此予之独见也，不知高明以为何如？

心之官则思，物格而知致，即思则得之之谓也。

见得到时自然行得，行得到时亦自然知得到，此阴阳相根之说也，而皆以存心为主，非存心则知行之功无所措。存心，犹太极也；知行，犹阴阳也，太极寓于阴阳之中心。

必知镜之可照物，而后思所以磨之。知其可照，则知也。磨，则行也。知先行后，何疑哉！

偶阅《传习录》，下卷中有知行并进之说。阳明在处讲学时，绝无此等说话。此《传习录》乃最后刻本耳，非原本也。以此见阳明心稍不安，故稍变前说也。

孔子五十而知天命，六十而耳顺，止于知而已乎！三十而立，七十而从心所欲，止于行而已乎！盖知行并进者也。言知则行在其中，言行则知在其中。

蘧伯玉行年五十而后知四十九年之非，曾子到将死时闻童子之言而后知用箦之为非，盖知行并进者也。

阳明尝曰：知是行的主意，行是知的工夫。知是行之始，行是知之成。此语最好。又曰：古人所以既说一个知，又说一个行者，只为世间有一种人懵懵懂懂，任意去做，全不解思惟省察也，只是个冥行妄作，所以必说一个知方才行得是。又有一种人茫茫荡荡，悬空去思索，全不肯著实躬行，也只是个揣模影响，所以必说一个行，方才知得真。斯论也，孔子所谓明诚，所谓博约，所谓择善，固执格致诚正之说，意正如此。今阳明欲破世儒支离之惑，只以此义遍晓于人足矣，又何必另立一说，翻改前案也。阳明此论不自觉其与朱子同。

学者循知行之名而不察其实，是以有支离之弊。殊不知《大学》所谓格物，即指物有本末之物也。故予以为所格之物，即指意、身、心、家、国、天下而言之也。若如此说，则知即在于行之中，行即在于知之内，随在致察工夫，只是一串，又何患于支离者耶？

博文即所以为约礼，约礼即所以为博文，二而一者也。方其博文时，优游厌饫，反诸身心，若亲游圣人之门，而闻其謦欬，此时志气清明，义理昭著，便是一个纯一无伪之圣人，是博文即所以为约礼也。若能察取是心而存之，不为事物所摇夺，应事接物之间，但顺是心而行之，则此心愈益清明，益见圣人之心与吾心相契，而不徒为纸上之陈迹，是约礼即所以为博文也。此吾夫子教人之妙，见于言意之表，学者当自得之可也。

人常读书则可以开心明目，日进而不自觉。横渠有言：书所以维持此心，一时放下，则一时德性有懈也。其何可废！

知只是推充察识之谓，行只是戒惧慎独、存存弗失之谓，此皆致良知之工夫也。

知只是从身心上体认得此心此理之实何如耳，行只是时时存守此心而不放之谓耳。若不是长存得体认之功，何知得此心放与不放？如何知得放而遂求之？以此见知行工夫，犹形影不相离也。

知只是能知思量辨别，可否决择，从违之谓。行只是践所知也，谨守而勿失之谓。无此二者，便是一个槁木死灰的人，良知何由而致哉？故知行皆是致良知之工夫也。

目视而后能手持，问路而后能行路。此常理也。古人以知行教人者，亦只是道其常而已矣。有泥之而分为二事者，失之不及者也；有卑之而视为支离者，失之过高者也。

学者意念少差，则其流之弊遂至不可胜言者。如杨墨，初然为害，未至如此之甚。孟子追究其由，遂以无父无君罪之，谓其祸自此始也。象山教人静坐求心，先立大本，此岂有失？但谓读书为义外工夫，则其流之弊鲜不至废学而入于禅者，此主张吾道者所以不得不为之辨也。

太极含阴阳之理。孔子合仕止久速而为一，此天理之至者也，如是而后可谓之精金。夷惠所知未尽，则所行亦自有未尽。故曰：隘与不恭，君子不由也。君子不由，而可谓之天理之至哉？而可谓之精金者哉？阳明精金分两之喻，岂至当之论也哉？览者幸毋忽予斯言。

一头走路，一头问路，非苟问之，盖实践之。古人所谓先知者盖如此。

予知行之说，即阳明之说也。但古人所说知字，予则还他一个知字，所说行字，予则还他一个行字。此处与阳明少异耳，其实无不同者。譬犹古今圣人面貌虽不同，而精神意气则无不同者，此其所以为同也。阳明之徒未识此意，遂谓予与阳明议论大相矛盾，岂知予者哉？

古人所谓精与择，明与博，只是欲人就行事读书上察识此心此理本来面目何如耳。察识而能存之便是行也。此等工夫何等紧要急切，欲做圣贤者如何少得！

阳明创为简便顿悟之说，闻者靡然从之，以为《六经》《四书》皆我注脚，学者先务不在读书。若非朝廷以经义取士，则学者将舍书不读，其祸不在焚书坑儒之下矣。东坡谓李斯之祸天下，其原皆出于荀卿。验之今日，其果然欤。

朱子曰：《四书》道理粲然。若理会得此《四书》，何书不可读，何理不可究，何事不可处也。

知存心者，便知存心为难。能存心者，便知存心为不难。

学以致良知为主，而其工夫则不外于知行二字。良知者，本然之知也。本然之知，天理是也。天理何处见得？于仁义礼智见之矣。仁义礼智何处见得？于四端发见之时见之矣。四端在我，人皆有之，不假矫强思索而因时因事自然发见。但人沉迷于利欲之中，不知反求其本心，终日昏昏如在醉梦中一般，虽有发见时节，亦不自知。所以古人特说一知字，教人所谓精与择，所谓致曲，所谓思则得之，所谓思者圣功之本，所谓拟之后言议之后勤，只是欲人随事随时察识此心之天理而扩充之，不至昏迷于利欲耳。当此昏迷之时，忽能回头，打一思量，择所向往，正如暗室之中，得一枝烛火来照，彻胆明亮，自然织女纺妇，皆有下手处耳。此等工夫何等紧切，何等简易。至于以博文属知者，则亦有说。《六经》者，圣人理义之渊薮。往古圣人，不可见矣。凡发之为嘉言，见之为善行，著之为令典，精神心术之形见悉载于是，上下数千百年事迹悉于是而可考，至理攸寓，不可以为糟粕而忽之也。苟能潜心玩索，验之身心之实，毋事诵说以为媒取利禄之计，则圣人虽死，宛然犹在，精神与我相契，言语与我相投，聪明由此而开发，众理翕聚于一心。始焉见其为万事，终则见其为一理矣。始焉觉圣人为难学，今则觉圣人在吾方寸中耳。经天纬地之事业皆在天理上发出来。古人所谓知者，不过欲人明得此意而以存天理为事耳。至于所谓行者，则亦有说。盖气质难以遽变，习性难以尽除。从善如登，从恶如崩。一时之天理易见，逐日之外扰易昏。故虽知之而或不能行之，虽得之而复易失之。所以古人又特说一"行"字教人，盖欲人致良知之功长存匪懈，日锻月炼，瞬存息养，务使此心万里明净，复其本然之天。虽欲舍之而有所不能舍，则所谓父母全而生之，子全而归之，生顺死安，无遗恨矣。古人所谓行者，盖如此也。

不知性之本善，而能勇于为善者鲜矣。

道理无穷已。见得一层，又须再见得一层二层才好。如父慈子孝，兄友弟恭，此一层也。父虽不慈，子不可以不孝；兄虽不友，弟不可以不恭，此又一层也。至于子虽不孝，吾亦当涵容教诲之；弟虽不恭，吾亦当矜怜引进之，此又一层也。若见得一层，又失一层，非惟处人未尽善，虽己之进德亦有限矣。

朱子之言诚有支离处。如"所谓人心之灵，莫不有知天下之物，莫不有理"等语，遂使初学茫无下手处。如引胡氏注循循善诱章，所谓先博我以文，使我知古今，达事变，然后约我以礼，使我遵所闻，行所知，"先"与"然后"字眼转折大为斩截，遂使学者分知行为两段工夫，朱子不得辞其责矣。

近世大儒恶支离之弊，而专主合一之说，此念一立意向便有偏矣。所以训诂之间，不免微有过高之病，拘泥之失也。

训诂之法，先解正意，然后足以己意，则意思完全，不惟不失古人立言之意，且可以发古人未发之旨。如阳明精一博约之说，则是以己意为经文，以尧、舜、孔子之言为传注也。虽所说不为无理，然不免迁改古人之说来就己说，是以不免微有过高之病。

知行有定名，无定属。自其知而有定守者言之，则谓之行；自其行而无差谬者言之，则谓之知，本一物也。

非知则不能行，非行则无以见知之实也。体验扩充，格致之工夫也。持此不废，即为力行。故知行非有二也。

知行虽曰并进，其实以知为主。动静虽曰无端，其实以静为主。

盖静之发为动，知之形为行，体用本无二也。孟子谓先立乎其大者，在于能思义，盖如此。览者幸毋忽予斯言。

致和固要于致中，然动静交修，乃圣贤教人之常法，盖欲其工夫无间断耳，非有二也。是故知此意而后知孔子"直内方外"、孟子"持志养气"之说矣。是故知此意而后知天下一理耳。分言之不为支离，合言之不为含糊矣。

一念之萌，一事之应，便须辨别义利。毫发之差，至于几伏隐微之际，尤搜剔不少假货，必如此而后真见其所以为是，真见其所以为非。自不忍舍是而为非矣，此则知也。持此一时真是真非之念，拳拳服膺而勿失，此则行也。知先行后之说，果谬也与？吾不得而知之也。

天生蒸民，有物有则。格即穷究此则之谓也。穷究也者，体认之谓也。体认之也者，谓反之于心而认识之也。

"极高明而道中庸"一节，非知子思立言之意，则亦不知朱注之为精密也。或者谓其分析太甚，失之支离，岂知朱子者哉？夫高明中庸，本一物也。言高明不须言中庸，言中庸不须言高明，然而子思必互举而言之者，盖有由矣。俗儒溺于功利者，心志卑污，固不知所以极高明；异端卑，俗儒而不为，虽自视为高明，而又不知所以道中庸也。是故道之所以不明不行也，是故子思忧之而有是言也。朱子所注正得子思立言之意。其曰：非存心无以致知。此为俗儒而言之也。曰：存心者，又不可以不致知。此为异端言之也。古今以来，只此两端之学，并行于天地之间。圣贤千言万语，只为此两端而设。朱子下此二句，便皆该摄无遗，其用心亦甚勤矣。自贤知者观之，谓其为支离，而不知其非支离也。自愚不肖者观之，但知讲求文义，而又不知其自至支离也。是故朱子之学，知之者鲜矣。

或问：《中庸》"尊德性道问学"一章，朱子以存心致知言之，而未及力行者，厥义何居？甘泉先生曰：后世儒者皆以施为班布者为行，殊不知行在一念之间耳！自一念之存，存以至于事为之施布，皆行也。且事为施布，岂非一念为之乎？所谓存心即行也。

孟子曰：万物皆备于我矣。可见万物只是一体。格物亦只是求明得此理而已。若此义未能洞然，于心则良心昏塞，物我不相干。摄私智横生欺罔之事，无所不至。此欲诚意者，所以必先于格致也。

良知因知识而显，因闻见而发。舍知识闻见之外，别无从而见所谓良知矣。但知识之得其正者，则为良知。失其正者，则为妄知。闻见之触目动心，发于自然而不容已者，则为良知。徒事口耳而不知所以反求诸心者，则为客知。于是始有良知与否之分矣。今概指知识闻见，而谓之曰此知识也，此闻见也，非良知也，乃别求一种所谓良知，是岂吾儒因事验心，即此是学之谓乎？

孔子曰：君子有九思。如视明、听聪，行也。思明、思聪，则属知矣。古人以精与择属知，正此意耳。

知行并进，知行互为其根。譬如行路者，先须问路，问而行，行而问。行到之地，凡百物件皆在吾目中，至是则所见为益亲，所知为益至，此吾所谓知行并进，知行互为其根者，此也。

或因读书，讲论其奥旨；或因行事，辨别其是非；或因意念，省察其诚伪，则皆思也，则皆所以致良知之工夫也。孟子称舜曰：自耕稼陶渔，以至为帝，无非取诸人者。况书者圣贤传心之所在，其所言之理，有一不备于吾心者乎？以彼之心，感吾之心，迎机而触，沛然莫之能御也。今指后世计功媒利之徒，专事记诵，本无意于存心力行者言之，遂谓读书为义袭而取，遂欲废古人博文之说，是因噎而废食也。是分书为外，心为内，以内外为有二也。故愚常谓存心犹太极也，致知力行犹阴阳也，阴阳实一太极，犹知行均一存心也。知所以开行之基，行所以收知之成。夫目之所视，手必持焉，足必赴焉。今以力行，其善昭著，而可见者为明善。以博文为尽人伦日用，事物灿然之文，是谓瞑目之人，能履能持也，其不可也必矣。其流之弊，甚至以《六经》《四书》为糟粕而不必读，启后学轻侮圣言、蔑视先儒之心，未必不自斯言始也。览者幸毋忽予斯言。

知贯乎行之中，行寓乎知之内。知行虽曰并进，其实合一无二也。

知行并进，其犹动静无端、阴阳无始之说乎？不可以先后言，不可以彼此论矣。

如阳明知行之说，是犹令小儿读书写字，而不用启蒙之师也，有是理乎？

阳明尽心知性之说，则甚是。其言曰：性是心之体，天是性之原。尽心即是尽性。惟至诚为能尽其性，知天地之化育，故尽心知性是圣人事。存心者，心未有尽也。事天须是恭敬奉持，然后能无失，尚与天为二。此便是学知利行事。至于夭寿不贰，其心乃是教学者一心为善，不可以穷通寿夭之故，便把为善的心变动了。只去修身以俟命，见得穷通夭寿有个命在我，亦不必以此动心，此便是初学立心之始，有个困勉的意思在。呈祥曰：学至于知天，知之至矣。夭寿不贰，不足言矣。今文公谓夭寿不贰为知之尽，则夭寿不二尤有深于知天者乎？使知天而犹以夭寿贰，其心尚足为知天者乎？若果于此，则前之知天犹或有二，其心至此方不贰，其心而为知天之至耳，其说可得通乎？修身俟死，与行法俟命，文意无大差别。今文公谓行法俟命为反之之事，谓修身俟命为仁之至。曰仁之至，则非造圣之极至者不能也。是修身俟死犹有深于行法俟命者乎？其说亦有难通者矣。此吾所以断然谓阳明之说为是而无疑也。今故录其说于此云。

博文是总其终身之成功而言，约礼亦是逐博文有进，非前半生博文，后半生约礼，截然分而为二也。

格物即思也。思量得透，便是属知。孟子所谓先立乎其大者，亦是指思而言。能知思量，则理欲是非之辨炯然在念，自不肯甘为小人之事，便是提省此心的方法。以此见知即是行。然则思指读书而言乎？指行事而言乎？曰读书行事，果为二乎？凡圣贤言语不过教人做好人，欲人在事物上体认此心此理之实何如耳。体认得真则行事自好。真个富贵不能淫，贫贱不能移，威武不能屈，千阻百当有所不能遏矣。此"何必读书"之言，子路所以为佞也。

修德凝道之功，只消"尊德性"三字足矣。而又曰道问学者，盖徒知尊德性而不知所以致知，不流为佛老之虚寂，则失为一节一行之偏滞，非所以尊德性矣。故道问学者，即尊德性之工夫，非有二也。

看书开发良知，便是看书时行事。行事辨别义利，便是行事时看书。看书行事，一而二者也。

格物之物，即指意、身、心、家、国、天下而言之也。诚意、正心、修身，又只在齐家、治国、平天下之内，非截然为八件也。格其意之物也，格其心之物也，格其身之物也。

整庵罗氏曰：格物莫若察之于身。其得之尤切。程子有是言矣，至其答门人之问，则又以为求之性情，固切于身。然一草一木，亦皆有理，不可不察。盖方是时，禅学盛行，学者往往溺心于明心见性之说，其于天地万物之理，不复置思，故常陷于一偏，蔽于一己，而终不可与入尧舜之道。二程切有忧之，于是表章《大学》之书，发明格物之旨，欲令学者物我兼照，内外俱融，彼此交尽，正所以深救其失，而纳之于《大》《中》，良工苦心，知之者诚亦鲜矣。夫此理之在天下，由一以之万，初非安排之力；会万而归一，岂容牵合之私？是故察之于身，宜莫先于性情，即有见焉，推之于物而不通，非至理也。察之于物，固无分于鸟兽草木，即有见焉，反之于心而不合，非至理也。必灼然有见乎一致之妙，了无彼此之殊，而其分之殊者，自森然而不可乱，斯为格致之极功。然非真积力久，何以及此。整庵此论，盖得程朱之心者也。

阳明以精一为纯一，以格物为非穷究之格，皆自慈湖书中得之也。

格物是即事、即物、即身心性情之间而格之，非驰心渺茫之谓也。

博与约反而实相成也，文与礼异而实相贯也。谓博文非约礼工夫，固不可谓工夫止在博文，不在约礼。亦不可以文为事物灿然之文，则与礼为天理之节，文义亦无异，楼上架楼，屋上架屋，文义两无所著，决非孔子立言之宗旨。且既以博文为人伦事物灿然之文，不知以余力学文之文、文行忠信之文，又为何文哉？不知以予路为贼夫之子，所贼者又指何事耶？

易简之言出于孔子，然孔子未尝有心于易简，而卒亦未尝不易简也。近世高明之士好为易简之论，而不知有心于易简，是多一"易简"字矣，是以立言不若孔子之中正而无偏也。

象山好为易简之说，其徒杨简遂以《大学》经文为非孔子所作，盖恶其支离繁碎耳。明虽不非孔子，实则是非孔子。盖由象山易简之说，有以启之也。近世儒者精一博约、明诚格致之说，尽以朱子之言为非，明非朱子，其实暗非孔子也。若便明非孔子，则己之说不行矣，用心其神矣乎？故曰：尧、舜万镒，文王、孔子九千镒。则其抑孔子之微意，居然可见。或曰：孔子固矣，抑文王何为？曰：盖扯文王来作伴耳！意在孔子，不在文王也。

知犹人之血脉也，行犹人之肢体也。血脉贯于肢体之中，离而为二，则非可生人矣。犹知贯于行之中，分而为二，则非圣贤之心学矣。《大学》之格物，格其意之物也，格其心之物也，格其身之物也，知贯乎行之中也。曾子之三省，省其忠与不忠也，信与不信也，传习与不传习也，亦知贯乎行之中也。此曾子所以独得孔氏之真传也与！

以愚见言之，格物之格，即感格之格，感格谓感通也。格物者，通乎物理也。人心本无不知，其所以知有未至者，以其蔽于有我之私耳。若能通乎物理，知吾与天地万物本为一体，知吾身与家国天下常相关涉，则不蔽于有我之私，而知可至矣。知至则意自无不诚，心自无不正，身自无不修，家、国、天下自可齐之、治之、均之、平之矣。鄙见如此，宇宙内有识之士不知以我言为然否？

字有会意而生者，有假借而生者，故一字而兼数义者有之。谓格为通，非会意而生者乎？

有定见斯有定守，知蕴于中，行特举而措之耳。

应事接物，与夫一念之萌，斟酌亭当，务求合乎天理，则行事自然是好。故曰：心之官则思。由此言之，则思亦是磨心之法耳。知即是行，昭然可见。

得禅机者最善辨利善，能启发人。虽孔孟启发人，亦未能如其速也。近世为知行之说者，善能辨乱成说，吾未如之何也已。

慈湖以孟子志至气次之说为支离，阳明志至气次之说，虽不明非孟子，其实为慈湖作传注也。观此则知阳明精一格致之说，亦可类推。此等见处，须文公复生，考究精密，然后知愚言之为不妄，书之以俟来者。

物有本末之物，指己与人而言之也，自意、心、身以至家、国、天下，皆是也。事有终始之事，指明与新而言之也，自格、致、诚、正以至齐、治、均、平，皆是也。知所先者，指"欲明明德于天下，先治其国"一节而言之也。知所后者，指"物格而后知至"一节而言之也。事不出乎物之外，物常在于事之中。始终有条而不紊，本末贯串而不离。譬如人身首不可以为足然，血脉周流于一身之中，首足又不可断而为二也。故自格、致、诚、正以至齐、治、均、平，名虽有八者之不同，其实只是一事也。知此则可与论《大学》之旨矣。呜呼！安得用心精密之人而与之语是也哉？

学以存心为主，知行则皆存心之工夫也。愚为此论，自以为从前无有此说。及观朱子集中，盖已有之，以此见人心本无不同，朱子盖先得我心之所同然者耳。以此见朱子之学，精深妙密，无纤毫渗漏。韩子曰：孔子之道大而能博，门弟子不遍观而尽识也。愚请以是归之朱子。

学不讲不明。使有朱子而无陆子，则不见孔子之学为得其大成也。使有陆子而无朱子，则不见陆子之学为得其要领也。是故彼此相形而后所长自见矣，彼此相辨而后其理自明矣，彼此相取而后其道同归矣。天生二先生，其为万世明道计与！

庄生曰：孔子之学博而寡要。近世知行之说者，其殆庄生之绪论也与？

心只是一个知而已，行只是心之发出来底。知外更无行也。知得一分则行得一分，知得十分则行得十分，其有不能行者，是未知也。故知之工夫既尽，则行即于此而在矣。讲学者开此知也，力行者存此知也，是皆知之工夫也，合内外之道也。

讲学时有体验工夫，即讲学时力行也，其知益精矣；力行时有省察工夫，即是力行时讲学也，其行益笃矣，是故心一而已矣。心一则知行宜无二矣。今欲废知而主行，岂理也哉？

敏于事而慎于言，固是行底工夫，就有道而正焉，则又是知底工夫矣。正者，正吾之言与事也。是故知行无二物也，况事不可以一端言，读书讲学亦事也。今指此好学之说而谓圣人未尝以读书为言，是见其所见，亦异乎吾之所见矣。

世儒以格物博文为求之于外，故专主力行之说以诲人，以格物为正物，以博文为非诗书之文，敢于非先儒之说而不顾，固无怪其然矣。夫讲究之知孰非本体之知？闻见之知孰非德性之知？若以知为有二，是以吾性为有二，吾心为有二也。今不归罪于讲究者之不反求诸心，闻见者之不为畜德，遽欲舍耳目闻见之外，别求所谓知，而曰吾心自有良知焉，而不知恻隐、羞恶、辞让、是非之心，皆因闻见而始发见也。舍闻见之外，无从而见所谓恻隐、羞恶、辞让、是非之心矣。假如见孺子之将入井而怵惕之心动，闻牵牛之将衅钟而不忍之念萌，读《诗》读《礼》而庄敬感发之心生，见善见恶则欣慕惩戒之心生，是良心皆因闻见而始见也。即此扩而充之而不懈于用力，是即所谓致知也，是即所谓笃行也。是故孔子之教人，未尝外闻见以为知也。多闻多见，信而好古，学《诗》学《礼》，博文博学之说屡屡为学者言之。而子路"何必读书"之对，则必深致恶焉而斥之以为佞，盖若预为今日地也。绝闻见以为知，此释氏之说也，今乃窃之以文吾儒之说。呜呼！是尚得为太中至正之论也哉！

圣贤设教之意，本只在于力行，而立言则固因时因事因人而发，不必拘拘于同也。若究其意之所在，理之所该，则固无有不同者矣。尝观孔子教人前后所论，亦自不同，不独朱子为然也。如既曰"学而不思则罔，思而不学则殆"，而又曰"以思无益，不如学也"。既曰"多闻多见，好古敏求"，而又曰"汝以予为多学而识之者与"。有以行为先者，如曰"行有余力，则以学文"是也。有以知为先者，如曰"不明乎善，不诚乎身"是也。有以知行并进言者，如曰"博文约礼"是也。有以知行互为其根言者，如曰"不明由于不行，不行由于不明"是也。有以知行合一言之者，如"六十而耳顺"不言行，"七十而从心"不言知是也。然则朱子造就人才之心，岂有异于孔子者乎？观其平生所论，无非因时因事因人而发，圆融活泼，不拘一隅，俨然一孔家法也。此其所以为学之大成也。是故知朱子则知孔子矣。

阳明先生行即是知之说，是从行字上发出知字意义来。予今复为知即是行之说，是从知字上发出行字意义来。非敢自异于阳明，而与阳明为角立也。盖欲补阳明之所未备，而不敢轻废古人知行之说，亦以发古人未尽之意云耳。

自阳明千镒、博约、志至气次之说一倡，有主其说者则曰：孔子之教一而已矣，岂有四者之异耶？四教之言，此必记者之误。呜呼！其敢肆己见而欺误后学也一至是耶！予惧夫天下后世之学者，日趋于浮薄妄诞之归而未已也。追咎其由，必有所自，故敢为拔本塞源之论，以排之。夫蚁穴之溃，遂至滔天，未然之防，当在于早。李斯焚书之祸者，必归咎于荀卿，盖有以也。

古源山人二论卷之五

男 敬之　姪 谦然　校刊

知行分合论下

宋时以学术坏天下者有二人焉。一差于安石，以功利为学术；再差于慈湖，以禅宗为学术。安石之罪显而易见，慈湖之罪隐而难知。

知行二字之义不明于天下，而圣学之心法不传。虽有美质，无以自拔，是其为害，盖不啻洪水猛兽之灾矣！矫枉过甚者，又一切将古人知行之说，迁就以附己见，胥失之矣！

欲济渡者必假舟楫。欲学圣人者，而不知知行二字之义，是犹济渡而无舟楫也。如是而欲登圣道之岸，复可得乎？

多闻多见，总归于慎言慎行。是其主意在于言行，不在于闻见也。为言行而闻见，则凡有闻有见皆所以为言行之资。此正畜德之事，与后世口耳之学，分知行为二事者正相反，与尊德性而道问学者未尝不相同。

子思子论道之大小，必先其大而后及其小，故言修德凝道之工夫，亦必先其大而后及其小。尊德性所以存心而尽乎道体之大，道学问①所以致知而尽乎道体之细。然道之小者，即是大者里面事。故道问学之工夫即是尊德性里面事。知行非有二也。

德必修而后成，学必讲而后明。修德与讲学，非有二也。但自德而言之，则谓之修；自学而言之，则谓之讲。修者，修之于己；讲者，资之于人，亦所以修之于己也。人己夹持，知行并进，是之谓一贯之学。

精，则察乎二者之间而不杂也。二者，指人心、道心而言也。此心，理欲危微之几，察之必精，不使纤毫人欲得以隐伏其间，此作圣工夫第一先着也。愚所谓致知工夫，即在力行之内者也。世儒乃谓朱子知行之说支离，何其不察之甚与？

陆子之学最为得其要领。然一传而有慈湖之猖狂，其故可知矣。予惧阳明之学之传，将来亦不免有此弊也。

知有二：有知之母，有知之子。母所以生子，非母则子无从而生也。学以尊德性为主固矣，然必先知德性所当尊，然后肯从而尊之；必先知问学所当由，然后肯而从由之，此知之母也。既已知德性所当尊，问学所当由，遂专以尊德性为主而不遗乎问学之工，此则奉行所知而不失，乃知之子也。非前知则后知无由而生矣，故曰母所以生子也。《易》曰"知至，至之"，此知之母也。又曰"知终，终之"，此知之子也。是故知贯乎始终。始终，一知也。斯义也，虽予始发明之，然犹未敢必人之我是也。姑笔之，以俟宇宙内之有知我者。

陆子非知言者，不惟轻朱子，而且有轻周、程之心。盖自处以高，虽非禅，而亦有禅底意思在矣。其徒杨简，号为入室弟子也，遂以《大学》正心诚意之说为非孔子之言，以子思、孟子为不知道，谓其小觉而大非，以周子《通书》之言为支离，猖狂谬妄，一至于此。且谓闻其言而觉者几二百余人，是鼓一时之人，而皆趋于禅矣。其为吾道害，盖不啻洪水猛兽之为灾也。追原其故，差毫厘而谬千

---

① 根据文意，此处当为"道问学"。

里之罪，象山其可逃哉！

论道理者，有分有合，因人因时，初无定论。故有分言之为不支离者，则凡后儒谓朱子为支离者，皆不察之过也。有合言之不为偏滞者，则凡后儒谓陆子为偏滞者，亦不察之过也。非特后儒不之察，虽当时朱、陆门人，亦不自知其各尊所闻，其失亦在于不察也。非特朱、陆门人不之察，虽当时朱、陆二先生亦不自知其各持所见，其失已在于不相察矣。其后二先生晚年所论，各异于早年者，一以救学者末流支离之弊，一以救学者末流自是之弊。此所谓因人因时，初无定论也。此二先生之道，所以为同也。大抵陆子粗心浮气，自处以高，虽有善言，一时不入，迨至晚年已悔，使其不死，悔当益甚。

南塾先生谓"事事慊于知之谓格，念念不欺其知之谓诚"，此诚是矣。然所以慊不慊之故，欺不欺之故，非自省察，曷由知之？此格致工夫所以为开先第一着也。曾子之三省，即知也，即格致也，然所省者，即在忠信传习之内，是格致工夫，即在力行之内，非有二也。是故知此而后可与语知行合一之说矣，知此而后可与语格致诚正之说矣。格其意之物，格其心之物，格其身之物，知行不相离也。

禅家贵顿悟，吾儒亦贵顿悟。禅家每指顿悟之机以示人，然一悟便了不复有进，是其知为虚知，见为虚见，徒令人猖狂自是，而不可与人尧舜之道。吾儒若孟子性善夜气之说，良知良能之说，仁人心之说，先立乎其大者之说，子思天命率性之说，皆是直指天命人心之本然者以示人，亦非不欲使之顿悟也。然而下学上达，循序渐进，用多少集义工夫，用多少学问思辨笃行工夫，然后可以造于圣人境界。此其见为实见，知为实知，传之万世而无弊，大中至正之道也。

《传习录》肇于徐曰仁，而继成于诸弟子。曾有人谓予曰："阳明，多知人也。曰仁所录者，出于曰仁。曰仁既殁之后，此乃阳明自为之以欺群弟子，使知尊崇其学而已。"予曰："是未可知也。但阳明当末学支离之后，揭出行即是知之说以觉人，是犹在病虚弱之余投之以参苓之剂也，也不为无功于世，但不免矫枉过甚。虽三尺童子，闻其议论，亦不免有轻程朱之心，此则其所蔽也。"

禅家但指简径之说以诲人，故人易悟。慈湖盖深于禅者也，故力以《大学》经文为非孔子所作，恶其条款繁密故耳！殊不知条款虽多，盖自有要领在焉。慈湖盖未得其要领者耳！

或有问于予曰："近世儒者格致之说，简易直切，有反身之益而无外驰之失，非心学之所在乎？"予应之曰："孟子曰：心之官则思。物格而后知至，即思则得之谓也。谓非心学之所在，可乎？且既以格物为正己，而又以诚意为格致之工夫，是楼上架楼也。经文曰：物格而后知致，知致而后意诚。是意诚在知致之后，知致在格物之后也。今诚意为格致之工夫，是意诚又在知致之先矣。文义两无所著，是遁词也。"

观《大学》经文，一则曰"知止而后有定"，二则曰"知所先后，则近道矣"，盖舍知则无以为进道之门路，故重在一知字也。由此言之，则格物属知，无疑。但圣贤之所谓知非俗儒之所谓知也，念念在身心上穷格之耳！

行事必由于心。心之官则思也。一事废思，则一事便差。百事废思，则百事便差。故予以为力行工夫全在知上，学问思辨则皆知之工夫也。

读书讲明道理，固是知行事。辨别是非，亦是知。舜之执中，此行事时辨别是非也。颜之博文，此读书时讲明道理也。读书行事，二而一者也。

知犹磨镜，而使之明也。行则保护此镜之明，而持之以照物也。既知保护亦是属知，今有病狂丧心之人，手持镜而击碎之者，不知故也。或曰：子以磨镜为知乎？则吾未喻也。曰：心以思为职，思则物不能蔽心，体自明矣。非磨镜而何？行则长思保护，此镜包裹得法，不为尘翳所昏，所谓拳拳服膺而弗失之者是已。此等工夫亦自简易直切，何支离琐碎之有？故予以为，知贯乎行，行离不得知者，此也。

或曰：学、问、思、辨四者，皆知之事也。今子独以思之一件属知，何与？曰：学便思量要博，问便思量要审，思便思量要慎，辨便思量要明，行便思量要笃。由此言之，岂独四者属知哉？虽笃行亦属知也。

文公补格致之说，则似支离泛滥，于初学恐无下手处。

阳明从行字上发出知字意义来，予从知字上发出行字意义来，同与不同，具巨眼者当能辨之。览者幸毋忽予斯言。

知行二字，虽有对待之义，然必思量精到而后行可尽善。故古人论为学次第，必以知先于行，非谓知行本截然为二也。

孟子曰：心之官则思，思则得之，不思则不得也。周子曰：思曰睿，睿作圣。是知知犹身也，行犹影也。知之所在，行必至焉。身之所在，影必随焉。此千圣相传之的旨也。

多识前言往行，以畜其德，见知行合一之义。

诗书之教，使人明义而自趋于善；律令之设，使人畏罪而不敢为恶，缺一不可为治。

知只是知存此心而已，才知时心便存于此矣。行只是常存此心，而不失其知之谓。

行路者必先问路，此知先行后之说也。一头问路一头行路，此知行并进之说也。问则所行不差，行则所见益亲，此知行合一之说也。

知以心言，行以事言。知以礼言，行以用言。知以开端言，行以不倦言，知行犹形影不相离也。故生知与安行自为一类，学知与利行自为一类，困知与勉行自为一类，良知与良能自为一类，贤知与愚不肖自为一类，名义不待牵扯而自相配合，合一之义，昭然可见。

阳明谓"行即知，不行即不知"，此言亦是。但愚意以为，晓得去行，即是属知。若懵懂不知思量底人，如何晓得去行？此古人论为学而必以知为先。孟子谓"先立乎其大者"，而必以"心之官则思"为言也。不知高明以愚言为然乎否？

见得此理是如此，则行事时自不得不如此。

博文而失之支离，非博文之罪也，徒博文之罪也。徒博文而不能反诸身心者，以记诵辞章之习泪之也。记诵辞章之习所以得泪之者，以富贵利达之求陷溺其心故也。故欲去上支离之弊者，必须复三代教养之法，使道义昭然于天下，而一洗其功利之习然后可。此清源正本之道也。

良知之说自孟子始发之，其工夫全在"扩充"二字。《中庸》所谓"致曲"，《大学》所谓"明明德"，朱子所谓"因其所发而遂明之"，皆致良知之谓也。

说良知而不说良能，则知为落空之知，下文以爱亲敬兄实良能。以知爱亲敬兄实良知，此便见圣贤之言为无弊也。

支离者，末流之弊也。若孔子教人，格物只是求身心性情之理，而体认之耳！体认之既切，则行之自沛然矣。是其知行本自合一，学者徒徇知行之名而不察其实，以为欲做圣贤者，必先须读尽天下之书，格尽天下之物然后可，工夫遂分为两截，误矣！

圣人教人先知者，只是怕人汩没于利欲之中，而不知寻思此理故耳！有能寻思此理而得之者，心体开豁，渣①滓顿除，措之于躬，无不如其所知，是之谓知行合一也。其有知而不能行者，方其知时岂不能行？但不着意做好人，良知复为私欲所蔽，是以良能之天亦随是以泯没矣。所以又说一笃行者，只是欲人存省之功无间，常使心体光明，不为利欲所昏故耳！

随事随物体认天理，便是格物。物指意、身、心以下而言之也。故知行只是一时事耳，非有二也。

阳明谓心存乎天理，则吾心有自然之礼，不必考究古人之礼。吾心有自然之乐，不必考究古人之乐。谓唐虞三代之制作，皆无所沿袭，只是有是人便有是制作耳。虽读书亦不过培养此良心耳，学者先务不在此也。此言亦是。但古人著书立言之意，正谓不知存心者而为设耳，焉得谓先务不在此耶？今必欲执己所见以为是，则不免迁改古人之说来就己说，而所谓虚心平气以求古人之说者，则无矣。此予所以犹不满于此公也。

甘泉先生曰：吾元年过江吊丧阳明家，曾亲说我，此学途中，

---

① 原文为"沓"，据文意改。

小儿亦行得，不须读书。想是一时之言乎？未可知也。吾后来见其学者，亦如此说。

食甘蔗者，由梢入脑，谓之渐入佳境。小人喻于利，亦是渐入佳境，难忍舍脱也。

自其体验而有得于心者言之则谓之知，自其体验而无慊于心者言之则谓之行。知行，实一物也。

学者思先读尽天下之书而后去做好人者，此其下手处便已失却孔子博文约礼之意矣。若使终身不悟，便堕在万丈坑阱中，终无见天日之时。间或模仿前人旧迹而行，以求自异于人，终只是义袭而取，非能涵养本原者也。

学以存心为主，知行则皆存心工夫也。非存心则知行之功无所措。

阳明精一博约之说，象山未有此也，但其端倪俱自象山出耳，惟细观象山文集自知之。

禹、稷、契、皋陶，何书可读？此亦一论也。然亦有激而云然耳。若以通理言之，则举世皆禹、稷、契、皋陶可矣。若不皆禹、稷、契、皋陶，则必须读书，必须资师友讲论，然后知向背之所在。讲论与读书，只是一事，皆所以开吾之聪明也。

知行分合之义，近觉益见得亲切，恨地远不得与阳明面论也。

存久自明，何等穷索？此为徒穷索而不知存心者言之耳。穷索，即思也。周子曰：不思则不能通微。穷索亦何可少？要之，穷索即存心里工夫，非存心之外，别将穷索又做一件工夫也。但穷极不可穷之事，则不免驰心眇茫，不切于身之弊，此则为不可耳。

为人之学立心已差，读书虽多，适所以塞其聪明也。古人博文，只是涵泳义理，开广心胸，资是以为变化气质之助耳。非若后世博学之士，夸多斗靡，无益身心，肉上添一赘疣也。

圣贤立言垂训，无非为遏人欲，存天理计耳！学者知此意，则愈博愈约，不知此意，则愈博愈支离矣。

知行本自合一，而知行之功则不可偏废也。斯理也，悟之者鲜矣。阳明知合一矣，而未知其不可偏废，其言不免微有过高之病。

因作韵语数句，使人讽咏之下，庶几存想其义云："近世知行论，盘错难为辨。试为君陈之，虚心义乃见。体立用乃藏，用行体无间。一物两相资，浑沦隔不断。试观隔断时，作何景象看。如彼阵次离，外寇即来瞯。此理不难知，吾道本一贯。不加仰钻功，谁识喟然叹。循循二字义，君可终朝玩。"

知，自其良心发见，念头不差者而言之耳。行，自其操存匪懈，不失初心者而言之耳。知行非二物，工夫当并进也。

有一时之知行，有终身之知行。有一事之知行，有事事之知行。

读书无贪多，为人之意，优游涵泳，反诸身心。若亲见圣贤而与之面谈者，则本心呈露，义理昭然，意思轩豁，不苦不滞，有不知手之舞足之蹈者。

知行俱是存心底工夫。朱子所谓非存心无以致知者，为俗儒记诵者言之也。所谓存心又不可以不致知者，为异端空虚者言之也。

自其体之于心，炯然而不昧者言之，则谓之知。自其发之于事，显然而有迹者言之，则谓之行。知为体，行为用，知行非有二也。

自其知行之本体者而言之，则知即是行也，行即是知也，更无分别。言知不消言行，言行不消言知。自初学造道者而言之，非知则不能行，非行则不能恒所知也，不免有先后彼此之别。是以有知行两端之说，其实皆属于心，非判然不相为用也。今之所谓知者，则专记诵者耳。玩物丧志，心益昏蔽，而何望其能知乎？口耳之知与本心独得之知，固不同也。既不能知，而何望其能行乎？既不能行，则知也适所以滋行之病也。此淹贯古今者，心为媒利之计，高谈时事者，行同盗跖之恶也。叹也夫！

圣人率性而知，无异知也，故其知不可及。率性而能，无异能也，故其能不可及。

圣人掀天揭地之事业，皆从良知良能做出。

阳明行即是知之说本是，但必欲以此易古人之说则不是。

随处体认天理，便是知底工夫。如读书便要读书时体认，处事便要处事时体认，静坐便要静坐时体认。体认之工既至，则其所行亦随体认而无不至矣。然又必加笃行之功者，盖方其体认之时，良心发见，岂不能行，及其体认之功有间，则私智萌而良心泯，并前所谓体认者而忘之矣，又何望其能行哉？又何望其因已知而益所未知也哉！故又益之以笃行之说者，欲其时时体认继续，所知不为私欲所间断耳！是故致知之功有间，即是力行之功有间也。力行之功有间，即是致知之功有间也。知行合一，昭然可见。

知体而行用，故知贯乎始终也。

自造道者言之，非知则不能行，故先之以致知之说。亦有知而不能行者，故继之以力行之说。此知行二者，圣贤教人之定规也。若夫由知行而熟之，常不为私欲所间。其静也，此心昭昭不昧，如明镜然。及其动也，如以此镜照此物耳。非有二也。

知行合一之说，自阳明发之，谓其无功于世，不可也。虽其言，时有过高之病，学者当取其大而略其小，可也。若予则不敢自立门户，新人耳目，不过阐明知行二字之义，发古人未发之意耳。

知先行后之说，如人主意，拜看宾客，必须问其舍馆住何处，然后行到彼处而拜看之。是拜看宾客者，主意也。犹志在诚身约礼也。问舍馆者，知也，犹明善博文为知之工夫也。行到彼处者，行也，犹诚身约礼为行之工夫也。知行当并进，工夫自联属也。及其登堂之后，得与宾客相拜见焉，犹身诚而礼复矣。此其自首至尾，分截不断，亦何必自立门户，取异先儒而更以新奇之说耶？

博约俱有工夫，而博又是约之工也，约又是博之工也。犹阴阳二端并行于天地之间，其实相根而不已也。斯理也，悟之者鲜矣。

人之良知，随处发见。有因触物而发见者，有因读书而发见者，有因困苦而发见者，有因坐久心虚而发见者，但在察识而扩充之耳。察识是知，扩充是行也。又合而言之，察识扩充俱是致知工夫，察识扩充之工不废，则是力行工夫也。

孔子言学字多不同，有以力行言者，有以读书言者，有以知行兼言者。其言文字亦不同，有以显设之文言者，有以载道之文言者，有以作文之文言者。正犹答群弟子之问孝问仁，百问而百不同。然究其理，则亦无不同者，此所以为圣人也。

四教之文与学文之文，皆指作文之文而言也。若博文则是指读书而言之耳。三代以上之文，虽与后世文体不类，然亦必待学而后能之，此孔子教人必以学文为事也。然则辞章之学，亦圣贤所尚与。曰理之幽者，非文弗显。事之繁者，非文弗记。诏令非文弗宣，奏议非文弗达，盟会约剂，非文弗定。然则文可少与？不学则字义不能通，而况能合字成句成文，意形于辞，辞达乎意，下笔滔滔，无所滞碍者乎？周子曰：修辞所以立其诚。作文亦修辞类也，盖欲使之明理而立诚耳。此内外合一之学，后世高明之士岐而二之，误矣。

古今训诂若朱子者亦可矣，虽其言有未莹，未曾说出知行合一之义，然随文训释，不敢擅改本文，此正其过人处也。是故善训诂者，发朱子未发之意斯可矣，不必非朱子也；补朱子未尽之辞斯可矣，不必轻朱子也。

阳明曰：多闻，择其善者而从之，多见而识之，则是专求诸闻见之末，而已落在第二义矣。故曰：知之次也。此言似是而实非。学者漫尔读之而不详究其义，便被他瞒过，不知其非也。夫闻人所行之善恶，则择其善者而从之，善岂在吾德性良知之外者乎？见人所行之是非，则识之于心，不敢忘戒惧之意，岂吾德性良知之外复有所谓戒惧者乎？又况孰择之？吾心择之也。孰从之？吾心从之也。孰识之？吾心识之也。择之，从之，识之，皆出于心。而谓专求诸闻见之末，可乎？谓此乃求诸闻见之末而遂谓为知之次，则所谓多识前言往行，以畜其德，亦岂求诸闻见之末者乎？好问好察，即多闻多见之谓也。执两端而用中，于民即择善而从之之谓也。然则舜亦求诸闻见之末矣，而夫子反称之为大智，何也？又况择善而从，实与多学而识不同。多学而识，则求诸闻见之末，择善而从，则反诸身心之实者也。正是畜德之事，正是致良知之工夫也。乃概视之为求诸闻见之末，可乎？惜乎，当时未有以此问阳明也。览者幸毋忽予斯言。

致良知即是属知。世儒惟不知此义，是以强为辨论而不已也。朱子谓因其所发而遂明之，非致良知之说而何？

读书而能体认之于心，行事察其是非疑似之所在，皆知之务也。

孔子曰：君子博之以文，约之以礼，亦可以弗叛矣。夫细看此章文势文义，明是谓两者兼尽无遗，庶可不叛于道。若如阳明指博文之文为人伦事物，粲然之文谓件件尽道理，便是博文，便是约礼也。工夫全在博文，不在约礼。如此只消说博文一句足矣，又何消说约礼第二句？又何必以不叛于道归之？颜渊称：孔子循循善诱人，而谓其博我以文，约我以礼，正与此章文势相似。若如阳明所说，则是不由阶梯，径造道妙，何以谓之循循？

见得如此，便要如此。盖元起于真，行本于知故也。故知之既真，则行之自勇。行之不勇者，由知有未真故也。

说不新则不足以变久安之习，理不常则不足以启同然之信。新则足听，常则可久。阳明讲学，专以致良知之说为主，理则常也。精一、博约、诚明等说，则皆先儒所未有，说甚新也。寓新奇于平易之中，故虽高明之士亦莫觉其言之过当也。

孟子明以巧力俱全比孔子，明谓三子力有余而巧不足。但射者先视箭朵在何处，内志正，外体直，持弓矢审固，然后可发箭，及其发箭时眼手一时齐到，不容有先后之别，以此见知行合一而无二，又不容于无先后之别也。

舜事瞽瞍，小杖则受，大杖则走。若曾子不闻孔子之教，其不为申生之孝者几希。是帮讲学之功可容缓乎？

行有余力则以学文，谓有余力便当学文，以见学文不可缓也。然必待余力而后学者，此自为弟子者言之耳，若父兄则不然矣。盖弟子有父兄在，不得自专。且年方少艾，正是东日方升，志气舒展之时，便不可以记诵辞章困缚其心，故必行有余力而后可学文也。然今日有余力，则今日便当学文，来日有余力，则来日便当学文。午前有余力，则午前便当学文，午后有余力，则午后便当学文。以今日而视来日，则今日之学文在先而来日之行又在后矣。以午前而视午后，则午前之学文在先而午后之行又在后矣。是知孔子所说亦是知行并进之义，非有轩轾于其间也。

孟子曰：心之官则思，思则得之，不思则不得也。下一思字，何等紧切。又曰：人有鸡犬放则知求之，有放心而不知求之者。下一知字，亦何等紧切。

如夏正建寅最为的确，无可改者，而商必欲改之；商正建丑未为不是，而周必欲改之，无非欲新天下之耳目而已。阳明所以非朱子之意，盖亦如此。浅学之徒于朱子之说十不知其一二，一闻阳明之说遂唾视朱子之说而不顾，可哀也哉！

朱子之训格物也，谓穷至事物之理，是专指知而言也。阳明之训格物也，谓正其不正，以归于正，是专指行而言也。甘泉之训格物也，谓知行并至其极，是兼指知行而言之也。夫圣贤心无不同，心同则所见宜亦无不同者。今乃有此纷纷之论，何哉？吾意五百年之后必有至圣如孔子者出焉，大阐斯文之秘，能辨是非于疑似之间者，姑识以俟。

古源山人二论卷之六

男 敬之　姪 谦然　校刊

先儒知行论上

自阳明先生倡为行即是知之说，以格物为正物，以博文为人伦事物粲然之文，世儒靡然从之。而于先儒之说，漫不加省，且动辄肆毁议焉。故今摘取先儒论知行之说，分为上下二卷，随文注释，粗见大意，而以己意附于其中，使览者知先儒因时立言，因人设教之意，而毋惑于世儒拘执之见云。

程子曰：学也者，使人求于内也。不求于内而求于外，非圣人之学也。何谓求于外？以文为主者是也。学也者，使人求于本也。不求于本而求于末，非圣人之学也。何谓求于末？考详略，采同异者是也。是二者无益于德，君子弗之学也。谓二者非学不可。然忘内而求外，舍本而趋末，则岂君子之所谓学哉！君子之学，辨乎此而已矣。

程子曰："学者，有所闻而不著乎心，不见乎行，则其所闻故自他人之言耳，于己何与焉？"后世支离之弊，正在于此。孔子多闻择其善者而从之，多见而识之，正是著乎心见乎行也。

程子曰："世之人务穷天地万物之理，而不知反之一身。善学者，取诸身而已，自一身以观天地。"穷理之要法，无出于此。故愚尝谓"格物"之"物"，即指物有本末之物也，即指意、心、身、家、国、天下而言之也。亦程子取诸身之意也。朱子释格致章，而以天下之物为言，较之程子之言，似乎未莹。

程子曰："萃百物然后观化工之神，聚众材然后知作室之用，于一事一义上欲窥圣人之用心，非上智不能也。须开心胸去理会，理会大，所包得亦大。"理会得大者，知其性也。所包得亦大者，尽其心也。

程子曰："学者不知所以入德，未见其能进也。故孟子曰'不明乎善，不诚乎身矣'，《易》曰'知至，至之'。"知先行后，何疑哉？

程子曰："学在知其所有，又养其所有。见之既明，养之既熟，泰然而行之，其进曷御焉？"知字，养字，当玩味，须知所有为何物。

程子曰："力行先须要知。非特行难，知亦难也。"不能知者，为私欲所蔽也。不能行者，为私所累也。蔽，斯累矣。故撤去私蔽，而后知斯至矣。知之既真，则行之斯笃。行之未笃者，以知之未真也。人但知行之难，而不知知亦难也。

程子曰："君子以识为本，行次之。今有人焉，力能行之而识不足以知之，则有异端者出，彼将流荡而不知反，内不知好恶，外不知是非，虽有尾生之信，吾弗贵矣。"识不足者，知不真也。流荡而不知反者，守未定也。知未真则守未定，然则知行果二乎哉？《大学》知、止、定、静之说，正是如此。所谓行次之，非以行为可缓也，以识为本，则行在其中矣。

程子曰："人谓要力行，亦只是浅近语。人既能知，岂有不能行？一切事皆所当为，不必待着意做。才着意做，便是有个私心，这一点意气能得他几时了？"谓要力行为浅近语，则谓能知便能行者为深远之论。为可见宇宙内事，何者非吾分内事？知之既真，则行之自顺，又何待着意去做？才着意做，便非出于中心之诚，施之于事人已俱不得其平矣！而亦未必能持久也。

程子曰："古人言知之非艰者，吾谓知之亦未易也。今有人欲之京师，必知其所出之门，所由之道，然后可往。未尝知也，虽有欲往之心，其能进乎？后世非无美材能力行者，然鲜能明道，盖知之者难也。"传说所谓知之非艰，行之惟艰者，正欲高宗较量于知行之间，以启其深长之思，而使之反观内省，随事精察以求为实践之地耳。非徒责之以不能行也。不然，何以又曰学于古训乃有获。呜呼，此岂可与浅浅者道哉！

程子曰："未有知之而不能行者，谓知之而未能行，是知之未至也。"乾知太始，坤作成物，地道无成，不过代有终耳。孔子以能择而不能守为非智，可见知而不能行者，犹是知之未至也。知即是行，此亦可见。

程子曰："知之而后可守，无所知则何所守也？故学莫先乎致知。"知行犹形影，有行斯有影，有知斯有守也。无所知而谓有所守，有是理乎？"何所"二字当玩味。

程子曰："问：'致知力行，其功并进乎？'曰：'人谓非礼勿为，则必强勉而从之。至于言窬不可为，不必强勉而后能也。故知有浅深，则行有远近，此进学之效也。循理而至于乐则已与理一，殆非勉强之可能也。'"由程子之言观之，知行虽曰并进，而实以知为主，甘泉释格致而谓知行一时齐到者，亦此意也。人知行即是知，而不知知即是行也。知知即是行之义，而后可与语知行之说矣。

程子曰："今之学者有三弊：溺于文辞，牵于古训，惑于异端。苟无是三者，则必求归于圣人之道矣。"无是三者，非先有定见不可，故曰知止而后有定。

程子曰："问：'如何学可谓之有得？'曰：'大凡学问，闻之知之，皆不为得。得者，须默识心通。学者欲有所得，须是要诚意烛理。上知，则颖悟自别；其次，须以义理涵养得之。'"须知"诚意"二字最紧要，诚不诚之在为己为人之别耳。然非先知诚意烛理自别，则亦不能诚意烛理矣。然致知所以为先务也。

程子曰："仁者，与物同体。识得此理，以诚敬存之而已，不须防检，不须穷索。若心懈则有防，心苟不懈，何防之有？理有未得，故须穷索。存久自明，安待穷索?"又云："体之而乐，亦不患不能守。"甘泉先生曰："明道存久自明，何待穷索，最简切。但须知所存者何事，乃又实地首言识得此意，以诚敬存之，知而存也。又言存久自明，存而知也。知行交进，所知所存，皆是一物其终。"又云："体之而乐，亦不患不能守，大段要见得这头脑亲切，存之自不费力耳。"〇呈祥曰："学者学何? 学为仁者而已。学为仁者，何与物为? 体而已。何谓语物为? 体也。"孔子曰："己欲立而立人，己欲达而达人。"子思子曰："天命之谓性。能尽其性，则能尽人物之性。"孟子曰："万物皆备于我矣。反身而诚，乐莫大焉。"《大学》言明德必言新民，其释齐家、治国、平天下，皆已好恶言之。张子以乾坤为父母，以民为同胞，物为吾与，此皆发明与物为体之义也。人惟不知此理，是以有我之私，胜千昏万蔽，千诈万伪，皆从此出。家之所以不齐，国之所以不治，天下之所以不平，皆由于此。此《大学》所以必先于格物，《中庸》所以必先名善也。今既已诚得此理，则此心高明广大，洞然无物我藩篱之隔，理已得于己矣，则但以诚敬存之可也，又何须防检，又何须穷索耶? 〇呈祥曰：人患不知此理，故必须穷索。今既识得此理，则已知之矣，又何须穷索耶? 人患心懈，则必须防检。今既以诚敬存之，则心未尝懈矣，又何须防检耶? 若更加防检，更加穷索，则是骑驴觅驴，心外求心，有安排布置于其间，失其流行自然之本体，非勿忘勿助，大公顺应之学矣。朱子谓：明道话头太高，初学无入头处，此类是也。

程子曰："致知则有知，有知则能择。"致知所以开吾良知之心窍也。心窍既开，而后能辨别是非，不差于所往矣。

程子曰："知者，吾之所固有，然不致则不能得之。而致之必有道，故曰致知在格物。"谓知为吾之所固有，即孟子所谓良知是也。世儒致良知之说，安能外吾程子之先见也哉?

程子曰："问：今有志于学，而知识蒙蔽力不能胜其任，则如之何? 曰：致知则明，明则无不胜其任者，在勉强而已。"致知者，知也。胜任者，行也。勉强者，勇也。然而知为主矣，盖非先知致知在勉强，亦何能勉强之有?

程子曰："问：学者多流于释氏之说，何也? 曰：不致知也。知之既至，孰得而移之？知玉之为宝，则人不能以石乱之矣。知醴之为甘，则人不能以蘖乱之矣。知圣人之为太中至正，则释氏不能以说惑之矣。"唐有颜真卿，宋有刘元城，非不能力行也。然而惑于异端者，以致知之功未加也。由是观之，则知行之孰为先后可默会矣。

程子曰："至显者，莫如事；至微者，莫如理。而事理一致，显微一源，古之君子所以善学者，以其能通于此而已。"即事以观理，即显以见微，此吾儒之学所以异于异端者，正在于此。须知通字最紧要。

程子曰："人之知识，未尝不全。其蒙者，犹寐也。呼而觉之，斯不蒙矣。"小人私智小见，自以为聪明过人，而不知自君子观之，犹大寐也。安得呼而觉之，以复其本然之知识也哉？

程子曰："读书将以穷理致用也。今或滞心于章句之末，则无所用也。此学者之大患。"古今读书之不同，为己为人之别耳。知为己为人之别，而后可以读书矣。

问："世有以读书为文为艺者？"程子曰："为文谓之艺，犹之可也。读书谓之艺，则求读书者浅矣。"谓之曰犹之可也，则犹未可也。为自见可也，浅矣，字须玩味。

程子曰："读书者，当观圣人所以作经之意，与圣人所以为圣人，而吾之所以未至者，求圣人之心，而吾知所以未得焉者。昼诵而味之，中夜而思之，平其心易其气，阙其疑，其必有见矣。"读书者必如此，而后谓之实学。有实学，而后有真见矣。

问："某欲克己，而患未能。"程子曰："此更无商量，人患不知耳。既已知之，便合下手做，更有甚商量？为仁由己，而由人乎哉？"知而不行，只是不勇。不勇，不足谓之真知也。

程子曰："知过而能改，闻善而能用，克己以徙义，其刚明者乎？"知而不改，犹不知也；闻而不用，犹不闻也。只是欠一刚明之故耳。然知而不能改者有之矣，未有不知而能改之者也。闻而不能用者有之矣，未有不闻而能用之者也。以此见知之在人，尤为急务。

程子曰："致知在所养，养知莫过于寡欲。"见知行合一之义。《大学》曰："知致而后意诚。"程子此言似与《大学》相悖驰矣。然必知养知莫过于寡欲，而后从而寡欲焉，则知未尝不在先也。

程子曰："进学莫大于致知，养心莫大于理义。古人所养处多若声音以养其耳，舞蹈以养其血脉。今人都无，只有一个义理之养，人又不知求。"既曰进学莫大于致知，又曰养心莫大于理义，则所致之知，即此心之理义可知。观下文曰只有一个义理之养人，又不知求，亦可见也。

程子曰："学而未有所知者，譬犹人之方醉也，亦何所不至？及其既醒，必惕然而耻矣。醒而不以为耻，末如何也。"醉时无所不至，醒则惕然而耻，则知之于人岂小补哉？知即是行，此亦可见。

程子曰："学者，不学圣人则已。欲学之，则是孰玩圣人气象，不可止于名上理会如是，只是讲论文字。"须知"熟玩"二字最紧要，玩之又玩，而后为真知，而后吾与圣人不相离矣。

程子曰："无物无理，惟格物可以尽理。"《大学》言格物，只指意、身、心、家、国、天下而言之也，而天下之物，亦未尝不在其内。此等言格物，又是推广一步说，然亦未尝不与意、身、心相为流通。盖凡耳目所接者，无非意、身、心之所在故也。渭厓曰：自格物至诚正治平只一事。学者须知此本源，又知此条件，然后知近世谈格物者之谬。

问："格物是外物，是性分中物？"程子曰："不拘。凡眼前无非是物，物物皆有理，如火之所以热，水之所以寒，至于君臣父子间，皆是道理。"程子此说亦据所问者而姑答之耳，未尝言合一之理以示之也。夫在外之物，孰非吾性分中物？性分中物，孰非在外之物？孟子曰："万物皆备于我矣。"若以水火为在外，则君臣父子亦非在外者耶？若以君臣父子为在内，则水火亦非在内者耶？在天为金木水火土，在人为仁义礼智信。金木水火土之理具于心则为仁义礼智信，金木水火土之气成乎物则为君臣父子夫妇长幼朋友。然则君臣父子亦在外之物，水火亦在内之物也。穷水火之理，孰非穷吾性分之理耶？穷性分之理，孰非穷水火之理耶？故程子又曰："穷理尽性以至于命，一物也。"不拘之说，正示之以无内外彼此之间合一之旨，盖跃然于目睫间矣。

程子曰："人于天理昏者，只是为嗜欲乱着他。"格物者，格此而已。

程子曰："闻道知所以为人也，夕死可矣，是不虚生也。"闻道而曰夕死可矣。则闻为真闻，而非闻见之闻。可知知即是行，此亦可见。

程子曰："穷理尽性以至于命，一物也。"如此而后谓之真知。然非知行一时齐到者，未足以语此。自理之具于心者，言之谓之性，自性之本于天者，言之谓之命，实一物也。

程子曰："视听、思虑、动作皆天也。人但于其中要识得真与妄尔。"格物者，格此而已，不离吾身心而言之也。知即是行，又何疑乎？

程子曰："凡人才学，便须知着力处，既学，便须知得力处。"两"知"字最紧要。上知字乃下知字之母，既曰知着力，又曰知得力，则知非徒知也。可见两言之间，该摄殆尽，非如世儒言行则遗知也。

程子曰："穷理尽性以至于命，三事一时并了，元无次序，不可将穷理作知之事。若实穷理，即性命亦可了。"穷理者，以心体之，以身认之，即是行也。若以为知之事别作一项工夫做，则为口耳之知，而非实穷得理矣。性命亦安可了耶？今之学者，童而习性命之说，而白首犹未可知性命之真者，亦坐此病故耳。渭厓曰：识此便是格物。

程子曰："欲知得与不得，于心气上验之，思虑有得，中心悦豫，沛然有裕者，实得也。思虑有得，心气劳耗者，实未得也，强揣度耳。"知字验字最紧要，然曰于心气上验之，则为反身之学，而非口耳之学，可知古人所谓知者皆是如此。

程子曰："观鸡雏，此可观仁。"两"观"字宜玩味，同一观鸡雏，也，而未知观仁，则非程子之所谓观也。

程子曰："人自孩提，圣人之质已完，只先于偏胜处发。"因其所发而遂明之，朱子之所以释明明德。因其善端发见之一偏，而悉推之以各造其极，朱子之所以释致曲也。孟子扩充其四端，亦曾子、子思之意也。此千圣相传心学之要旨，而谓致良知之说始于近世儒者，何其不考之甚与？

张子曰："观书必总其言，而求作者之意。读书少则无由考校得义理精。"又曰："书以维持此心，一时放下，则一时德性有懈也。"又曰："不读书，则终看义理不见。"读书之有益于人也如此。孔子曰："不有博弈者乎，为之犹贤乎已。"谓其无所用心也。况书为维持此心之具者乎，而可不以是为正务乎？

上蔡谢氏曰："人须是识其真心。""识"字最紧要。此识字便有体认意思在，如孟子所谓知皆扩充，然后能识之也。

上蔡谢氏曰："明道先生教人先使学者有知识，却从敬入。"朱子曰："上蔡曰先有知识以敬涵养，似先立一物了。"

上蔡谢氏曰："真知自然行之不难；不真知而行，未免有意，意有尽时。"率吾心之所见而行，何待着意？所见不真，则所行未免有意，有意则非出于中心之乐，未免有间断时矣。然《中庸》曰："勉强而行之。"董子曰："勉强行道。"谓之曰勉强者，是岂无意之谓哉？学者宜思之。

上蔡曰："穷理则是寻个是处。问天下多少事如何间得是处？"上蔡曰："穷理便间得事，不胜穷理则一也。"上蔡穷理则是寻个是处之言，亦甚好。但不及程子反求诸身之言为尤切耳。然反之于身为何？亦只是寻个是处而已。

龟山杨氏语罗仲素曰："某尝有数句教学者读书之法云：以身体之，以心验之，从容默会于悠闲静一之中，超然自得于书言象意之表。此盖某所自为者如此。"龟山读书之法如此，可谓善读书矣。"吾道南矣"之称，不属之龟山而属之何人哉？

龟山杨氏曰："夫鼎镬陷阱之不可蹈，人皆知之也。世之人未有蹈鼎镬陷阱者，以其知之审故也。致身下流，天下之恶皆归焉，故无异于鼎镬陷阱也。而士或蹈之而莫避之，以其未尝真知故也。使其真知为不善如蹈鼎镬陷阱，则人孰有为不善耶？若夫物格而知至，则目无全牛，游刃自有余地矣。"知其为善而为之不力，知其为不善而犹或为之，以未尝真知故也。目无全牛游刃有余地者，心手相应不容停滞故也。

龟山杨氏曰："今之学者只为不知为学之方，又不知学成要何用。此事体大，须是着力来方知不易。"着力二字承上知字言。盖着力用致知工夫，体认身心方知不易，不然亦皮肤之知耳。此见知即在于行之中，行即在于知之内也。

龟山杨氏曰："古之善学者，必先知所止，然后可以渐进。伥伥然莫知所之，而欲望圣贤之域，多见其难矣。此理宜切求之，不可忽也。"所谓宜切求之，不可忽也，正是吃紧为人处。

龟山杨氏曰："学者必以孔孟为师，而不求诸孔孟之言，亦末矣。《易》曰：'君子多识前言往行，以蓄其德。'孟子曰：'博学而详说之，将以反说约也。'世之学者欲以雕绘组织为工，夸多斗靡以资见闻而已。故扩其华而不茹其实，未尝蓄德而反约也，彼亦焉用学为哉！"后世支离之弊，正在于此。今欲因此而废古人博文之说，误矣。

龟山杨氏曰："后世道学不明，君子之辞受取舍鲜能知之。故常公之辞人不以为非，而程公之辞人亦不以为是。"详见《伊洛渊源录》。明字、知字须重看，辞受取舍之义不明于天下，而后不知所以处己，不知所以观人矣。

和靖尹氏曰："吕献可尝言：'读书不须多，读得一字，行取一字。'伊川亦尝言：'读得一尺，不如行得一寸，行得便是会读书。'二公之意正同。"读书将以力行也。以之力行，则一言而有余；不以之力行，则千言而不足。故读书虽多而不能行，则亦何取于读书也哉！须是依书所言，才不失古人著书立言之意。

五峰胡氏曰："学欲博不欲杂，守欲约不欲漏。杂似博，漏似约，学者不可不察也。"杂与博反，约与漏反，毫厘之差，千里之缪。

胡氏曰："学道者，正如学射，才持弓矢，必先知的，然后可以积习而求中的矣。若射者不求知的，不求中的，则何用持弓矢以射为？列圣诸经千言万语，必有大体，必有要妙。若志不在于的，苟欲玩其辞而已，是谓口耳之学，曾何足云？何不志于大体，以求要妙，譬如游山必上东岱，至于绝顶，坐使天下，高峰远岫，卷阿大泽，悉来献状，岂不伟与？"持弓矢者，行也；必先知的者，知也。若志不在于中，则亦不知的之所在而中之矣。愚所谓非存心则知行之功无所措，亦此意也。

致堂胡氏曰："君子之知贵乎至，知之至者，如知水之湿，知火之热，知美色之可爱，知恶臭之可恶。虽不幸瞽而瞆此，知不可乱也。知之不至者，由士而言学言善言道言中言诚言性言仁言恕言鬼神，得其形影之似而已。断学以记诵，断善以柔弱，断道以玄妙，断中以随俗，断诚以椎朴，断性以静，断仁以爱，断恕以宽宥，断鬼神以幽冥，是皆形影之似而非其至也。穷理不至，则在我者有蔽而不尽；在我者有蔽而不尽，在人者安能洞达而无惑乎？"世之穷理者，但于名物上理会，不于身心上理会，是以其所知者，特其形影之似而已。人我一理，岂有暗于在己者，而明于在人者乎？胡氏之说，但言穷理而未及身心也，予故足之。

胡氏曰："未有见理已明，而处事不当者。"朱子曰："此语甚好。"

延平李氏曰："学问之道，不在多言，但默坐澄心，体认天理。若真有所见，虽一毫私欲之发，亦退听矣。久久用力于此，庶几渐明讲学始有力耳。"默坐澄心，体认天理，是知之工夫，而行已在其中矣。此所谓知行合一者也。愚前所谓有讲学之知，有不为物累之知，延平所言，乃不为物累之知耳。

延平李氏曰："读书者，知其所言莫非吾事，而即吾身以求之，则凡圣贤所至而吾所未至者，皆可勉而进矣。若直以文字求之，悦其词义以资诵说，其不为玩物丧志者几希！"至哉，延平之言也。学者可不勉哉！

朱子曰："读书将以求道，不然读作何用？今人不去这上理会道理，皆以涉猎该博为能，所以有道学俗学之别。"均一读书也，而有道学俗学之别，所差只争毫末耳。明趋舍之途，正今日学者之急务也。

朱子曰："学不在读书，然不读书又不知所以为学之道。若曰何必读书，自有个捷径法，此便是误人底深坑也。"学犹行路人也，读书犹引路人也。行路在我，引路在人。故既曰学不在读书，而又曰不读书则不知所以为学之道。

朱子曰："书虽是古书，今日读之，所以蓄自家之德。却不是欲这边读得些子，便搬出做那边用。"读书须辨别为己为人之分。为己则蓄自家之德，为人则思搬出以现人矣。

朱子曰："读书便是做事。凡做事有是非，有得有失，善处事者，不过称量其轻重耳。读书而讲究其义理，判别其是非，临事即此理。"*平时之讲究正为临事之用耳，否则何贵于读书也哉？妙在读书便是做事一句。*

朱子曰："孟子说学问之道无他，求其放心而已。所谓求放心者，非是别去求个心来存着，只才觉放心便在此。又曰鸡犬放则知求之，心放则不知求。某尝谓鸡犬犹是外物，若是自家心，便不用别求，才觉便在这里。"*谓才觉放心便在，则知即是行可见；谓心放则不知求，则知为行先，又何疑哉？*

朱子曰："为学工夫，固当有先后，然亦不是截然今日为此，明日为彼也。且如所谓先明性之本体，而敬以守之，固是如此。然从初若不敬，亦何由得有见耶？"*此所谓知行互为其根者也，不可以先后言也。然必知有见由于敬而后从事。于敬，则知先行后，何疑哉？*

朱子曰："为学之道，莫先于穷理；穷理之要，必在于读书。读书之法，莫贵于循序而致精；而致精之本，则又在于居敬而持志。此不易之理也。夫天下之事，莫不有理。为君臣者，有君臣之理；为父子者，有父子之理；为夫妇、为兄弟、为朋友，以至于出入起居应事接物之际，亦莫不各有理焉。有以穷之，则自君臣之大以至事物之微，莫不知其所以然与其所当然，而无纤芥之疑，善则从之，恶则去之，而无毫发之累，此为学所以莫先于穷理也。*第一段。*至论天下之理，则要妙精微，各有攸当，亘古亘今，不可移易，唯古之圣人为能尽之，而其所行所言无不可为天下后世不易之大法。其余则顺之者为君子而吉，背之者为小人而凶。吉之大者，则能保四海而可以为法；凶之甚者，则不能保其身而可以为戒。是其粲然之迹，必然之效，盖莫不具于经训史册之中。欲穷天下之理，而不即是而求之，则是正墙面而立耳。此穷理所以必在于读书也。*第二段。*若夫读书，则其不好之者，固怠忽间断而无所成；而其好者，又不免乎贪多而务广，往往未启其端而遽已欲探其终，未究乎此而忽已志在乎彼。是以虽复终日勤劳不得休息，而意绪匆匆，常若有所奔趋迫逐，而无从容涵泳之乐。是又安能深信自得，常久不厌，以异于彼之怠忽间断而无所成者哉？孔子所谓欲速不达，孟子所谓进锐者退速，正谓此也。诚能监此而有以反之，则心潜于一，久而不移，而所读之书，文意接连，血脉贯通，自然渐渍浃洽，心与理会，而善之为劝者深，恶之为戒者切矣。此循序致精，所以为读书之法也。第三段。若夫致精之本，则在于心。而心之为物，至虚至灵，神妙不测，常为一身之主，以提万事之纲，而不可有顷刻之不存者也。一不自觉而驰骛飞扬，以徇物欲于躯壳之外，则一身无主，万事无纲，虽其俯仰顾盼之间，盖已不觉其身之所在，而况能反复圣言，参考事物，以求义理至当之归乎？孔子所谓'君子不重则不威，学则不固'，孟子所谓'学问之道，无他，求其放心而已矣'者，正谓此也。诚能严恭寅畏，常存此心，使其终日俨然不为物欲之所侵乱，则以之读书，以之观理，将无所往而不通；以之应事，以之接物，无所处而不当矣。此居敬持志所以为读书之本也。第四段。"谓居敬持志为读书穷理之本者，非存心无以致知也。然非知居敬持志为读书穷理之本，则亦莫能居敬而穷理矣。此愚所以谓知常先于行也。

朱子曰："圣人千言万语，只是要教人做人。"读书虽多而不知做好人者，视此可以自愧矣。

朱子曰："古人只去心上理会，至去治天下皆自中心流出。今人只去事上理会。"理会者，知也；治天下者，行也，均一理会也。而古今人所以不同者，心与事之别耳。心者，体也，体立而用自行矣。

朱子曰："人心知此义理，行之得宜，固自内发。一时见未到得，别人说出来，反之于心，见得为是而行之，是亦内也。人心所见不同，圣人方见得尽。今陆氏只是要自渠心所见得底，方谓之内，才自别人说出，便指为义外，如此乃是告子之说。所以指文义而求之者，皆不为内，是其病痛只在此。"愚前所谓闻见虽在外，而闻见之理则具于心，亦此意也。盖人心所见不同，圣人方见得尽。此孔子所以每每以多闻、多见为言也。

朱子曰："本心陷溺之久，义理浸灌未透，且宜读书穷理常不间断，则物欲之心自不能胜，而本心之义理自安且固矣。"读书之有益于人也如此。彼谓读书为第二义者，夫岂至言也哉？是盖不知知即是行之故也。"且宜"二字与"常不间断"四字宜玩味。

朱子曰："圣人千言万语，只是说个当然之理。恐人不晓，文笔之于书。须要思量圣人之言，是说个甚么，要将何用？若只读过便休，又何必读？"如此思量，则读书不为无益，而后不失圣人著书立言之意。

朱子曰："读书如炼丹，初时烈火煅煞，然后渐渐慢火养。又如煮物，初时烈火煮了，却须慢火养。读书初勤敏，着力子细穷究，后来却须缓缓温寻，反复玩味，道理自出。又不得贪多欲速，直须要熟工夫自熟中出。"此孟子"勿忘勿助"之意也。如此读书，何患义理不昭著，心地不光明？若贪多欲速，便是助长，便是徇外为人，涉于人欲之私矣。

朱子曰："今学者要紧且要分别个路头，是为己为人之际，若分别得了，方可理会文字。"分别路头者，知也；理会文字者，亦知也。然必分别路头，而后可理会文字，则分别为知之母，理会为知之子矣。子母之际，人可不致辨与？

朱子曰："读书穷理，当体之于身。凡平日所讲贯穷究者，不知逐日常见得在心目间否？不然则随文逐义，赶趁期限不见悦处，恐终无益。"既曰读书穷理，而又曰当体之于身，知行当并进也。体之于身，则知为真知，知即是行也。不体之于身，则知非真知，知自知，而行自行，两不相干惹矣。

朱子曰："孟子曰，博学而详说之，将以反说约也。故必先观《论》《孟》《大学》《中庸》以考圣贤之意，读史以考存亡治乱之迹，读诸子百家以见其驳杂之病。其节目自有次序不可逾越，近日学者多务从约而不于博求之，不知不求于博，何以考验其约？"博而约，则其博也为益精；约而博，则其约也为益至。未博而约，则其约也空疏，而失于虚；未约而博，则其博也无主，而失于泛。须既知先后之所在，又当知不可以先后言。

朱子曰："夫学，非读书之谓，然不读书，又无以知为学之方。故读之者，贵专而不贵博。盖唯专为能知其意而得其用，徒博用反苦于杂乱浅略而无所得，必也。致精一书，优柔厌饫以求圣学工夫次第之实，俟其心通意解，书册之外别有实下工夫处，然后更易而少进焉，则得尺得寸，虽少而皆为吾有矣。"此教人以读书之法也。愚所谓读书中自有涵养者在，正此之谓也。否则博杂而不精，未能知其意而能得其用者，鲜矣！

朱子曰："观书但当虚心平气，以徐观义理之所在。"虚心平气，徐观义理，此读书之法也，而涵养即于此乎在矣。愚尝谓读书中自有涵养者在，正此之谓也。

朱子曰："为学之实，固在践履，苟徒知而不行，诚与不学无异。然欲行而未明于理，则所践履者，又未知其果何事也。故《大学》之道，虽以诚意正心为本，而必以格物致知为先。"观此谓知为先可也，谓行为先亦可也。日本日先，以见知行俱不可缓，未知孰为先而孰为后也，吁至矣哉！

朱子曰："书不记熟读可记，义不精细思可精。惟有志不立，直是无着力处，只如而今贪利禄而不贪道义，要作贵人而不要做好人，皆是志不立之病。直须反复思量，究竟是病痛起处，勇猛奋跃，不伏作此等人。见得所说千言万语，都无一字不是实语，方始立得此志，就此积累工夫，迤逦向上去，大有事在。"反复思量者，知也；勇猛奋迅者，勇也；立得此志者，行也。知、仁、勇三者可缺一乎哉？

朱子曰："主敬者存心之要，而致知者进学之功。二者交相发焉，则知日益明，守日益固，而旧习之非，自将日改月化于冥冥之中矣。"非存心无以致知，而存心者又不可以不致知。

朱子曰："为学无许多事，只是要持守身心，研究道理，分别得是非善恶，直是如好好色，如恶恶臭，到这里方是踏着实地，自住不得。"非持守身心，固无以研究道理；非研究道理，又何以真知善之所在而好之真，恶之所在而恶之真，而为持守身心之实地哉！到此其进自不能已矣。

朱子曰："未有耳目狭而心广者，其说甚好。"又曰："愈细密，愈广大；愈谨辩，愈高明。"闻见既狭，则心地不广，此内外合一之道也。《中庸》所谓尊德性而道问学，意亦如此。

朱子曰："读《六经》时，只如未有《六经》。只就自家身上讨道理，其理便易晓。"求道理于《六经》，而不求道理于吾身，今之读书者，大抵皆如此。名物度数，彼非不知也，然所知者，特其名而已矣，非真知也。

朱子曰："圣人作经以诏后世，将使读书诵其文，思其义，有以知事理之当然，见道义之全体，而力行之，以入圣贤之域也。其言虽约，而天下之故，幽明巨细，靡不该焉。欲求道以入德者，舍此为无所用其心矣。"圣人所以作经之意如此。彼谓读书为第二义者，夫岂至言也哉？

或问读书之法，其用力也奈何？朱子曰："循序而渐进焉，则意足理明，而无疏易凌躐之患矣。不惟读书之法，是乃操心之要。"心当无时无处而不存读书，而能循序渐进焉，则心便存于读书时矣。以存心读书为二事者，是岂知心事合一之妙也哉？

朱子曰："为学须觉今是而昨非，日改月化，便是长进。"觉己之非而改之，始为真觉。

朱子曰："人须是于大原大本上看得透，自然心胸开阔，见世间事皆琐琐，不足道矣。"须知"看"字最紧要，上面"看"字，乃下面"见"字之母。

朱子曰："日用之间，随时随处提撕此心，勿令放逸。而于其中随事观理，讲求思索，沉潜反复，庶于圣贤之教，渐有默契处，则自然见得天道性命真不外乎此身。而吾之所谓学者，舍是无有别用力处。"先言提撕此心，而即继之曰随事观理，盖非存心无以致知。而存心者，又不可以不致知也。"而于其中"四字，尤令人有可玩想处。

朱子曰："人之为学，当知何所为而为学，又知其何所事而可以为学，然后循其次第勉勉而用力焉。必使此心之外更无异念，而旧习之能否，世俗之毁誉，身计之通塞，无一毫入于其心，然后乃可几耳。"前所云者，犹分别路头之说也；后所云者，犹适越而南其辕，适燕而北其辕也。知先行后何疑哉？

朱子曰："穷理涵养要当并进。盖非稍有所知，无以致涵养之功；非深有所存，无以尽义理之奥。正当交相为用而各致其功耳。"所谓交相为用者，见知行互为其根也。所谓各致其功者，见知行缺一不可也。吁，至矣哉！

朱子曰："人之所以为学者，以吾之心未若圣人之心故也。心未能若圣人之心，是以烛理未明，无所准则，随其所好，高者过，卑者不及，而不自知其为过且不及也。若吾之心即与天地圣人之心无异矣，而又何事于学哉！"知此则知所以为学矣。

朱子曰："圣人之言，具在方册，其所以垂教天下后世，固已不遗余力，而近世一二先觉又为之指其门户，表其梯级，而后学者由是而之焉，宜亦甚易而无难矣。而有志焉者，或不能以有所至。病在一观其外，粗觇仿佛，而便谓吾已见之，遂无复入于其中，以为真有而力究之。计此所以骤而语之，虽知可悦，而无以深得其味，遂至半途而废，而卒不能以有成耳。"学者之大病正在于此。

问：今之学者不是忘，便是助长。朱子曰："这是见理不明耳。理是自家固有底，从中而出，如何忘得？使他见之明，如饥而必食，渴而必饮，则何忘之有？如食而至于饱则止，饮而至于满腹则止，又何助长之有？此皆是见理不明之病。"见得理明，则自无忘助之病，可见明理为先也。又曰"理是自家固有底"，则所谓明理者，岂徒事外求者哉？

朱子曰："今须先正路头，明辩为己为人之别。若见不透，路头错了，则读书虽多，为文日工，终做事不得。"今世学者之大病，正在于此，紧要在"明辩"二字。朱子平日拳拳以读书为言，而此曰"读书虽多，终做事不得"，犹孔子平日拳拳以学《诗》为言，而又曰"诵《诗》三百，虽多亦奚以为？"是故圣贤教人犹良医之用药也，良医用药无定方，然则圣贤教人岂有定说也哉？

朱子曰："博我以文，约我以礼，圣门教人，只此两事，须是互相发明。约礼底工夫深，则博文底工夫愈密。"口耳之学，分博约为二事，此所以不能互相发明也。"须是"二字宜玩味。

朱子曰："涵养又须致知，既致知又须力行。若致知而不力行，与不知同，亦须一时并了。非谓今日涵养，明日致知，后日力行也。"涵养中有致知，致知中有涵养，力行中有致知，致知中有力行。善看之则为一物，不善看则为三事，须知一时并了义意。

朱子曰："学问之功无内外，身心之间无粗细显微之分。初时且要大纲持守，勿令放逸，而常切提撕，渐加严密。更读圣贤之书，逐句逐字，一一理会，从头至尾，不要拣择。如此久之，自当见得分明，守得纯熟也。"持守提撕，乃存心也。更读圣贤之书，存心者，又不可以不致知也。学问之功，兼是二者而言之也。观此，则朱子岂专于道问学者哉？

朱子曰："自古圣贤，皆以心地为本。"又曰："圣贤千言万语，只要人不失其本心。"朱子此言所以启迪吾人者，至矣！而犹有谓朱子道问学之功居多者，其不知朱子亦甚哉！

朱子曰："人只一心，识得此心，便无走作。虽不加防闲，此心常在。"又曰："人昏时便是不明，才知那昏时便是明也。"既曰"识得此心，便无走作"，又曰"才知那昏时便是明也"，以此见知即是行也。朱子此言，何支离之有哉！

朱子曰："学者为学，未问真知与力行，且要收拾此心，令有个顿放处。若收敛都在义理上安顿，无许多胡思乱想，则久久自于物欲上轻，于义理上重。须是教义理心重于物欲，如秤令有低昂，即见义理自端的，自有欲罢不能之意，其于物欲自无暇及之矣。苟操舍存亡之间，无所主宰，纵说得亦何益？"此教人真知与力行之方法也。愚所谓非存心则知行之功无所措，即此真知与力行之方法也。然非知此方法，则亦莫能行此方法也。此愚所以谓知常在先也。

朱子曰："存心只是知有此身。谓如对客，但知道我此身在此对客。"谓之曰"存心只是知有此身"，以此见存心非知，亦不可以此见知即是行也。

朱子曰："明底人便明了，其他须是养，只是心虚静久则自明。""明底人便明了"，此本明之体未亏也。其他未明者，须是养。不言穷理而言养何？愚尝谓知有二，有以讲求之知言者，有以不为物累之知言者。此以不为物累之知也。然必知所养而后养之，则讲求之知，亦未尝不在先也。

朱子曰："人心本明，只被事物在上盖蔽了，不曾露的头面，故烛理难。且彻了盖蔽底事，待他自出来行两匝，看他既唤作心，自然知得是非善恶。"撤去盖蔽便明了。此亦以不为物累之知言也。

朱子曰："大抵心体通有，无该动静。故工夫亦通有，无该动静，方无透漏。若必待其发而后察，察而后存，则工夫之所不至者，多矣！惟涵养于未发之前，则其发处自然中节多，不中节者少。体察之际，亦甚明审，易为着力。"象山曰：涵养是主翁，省察是奴婢。阳明曰：颜子不迁怒、贰过，须是有未发之中始得。亦此意也。然则有谓朱子道问学之功居多者，岂知朱子者哉？虽然，亦延平有以授之也。

朱子曰："今之人知求鸡犬，而不知求其放心，固为大惑。然苟知其放而欲求之，则即此知求之处，一念疏然，是亦不待别求入处，而此心体用之全已在是矣。由是而持敬以存其体，穷理以致其用，则其日增月益，自将有欲罢而不能者矣。""即此知求之处"与夫"由是"二字皆吃紧为人处。非知求放心，固无以致持敬穷理之功。非持敬穷理，又何以见求放心之实功也哉？然不徒曰知而曰知求之，不徒曰穷理而曰致其用，则知行合一之义昭然可见。

朱子曰："人之为学，千头万绪，岂可无本领？此程先生所以有持敬之语。只是提撕此心，教他光明，则于事无不见，久之自然刚健有力。"学之本领，只在存心而已。知者，知此者也；行者，守此者也；提撕者，知行并进者也。孟子曰"心之官则思"，思亦提撕之义。

朱子曰："但因其良心发见之微，猛省提撕，使心不昧，则是做工夫底本领。本领既立，自然下学而上达矣。若不察于良心发见处，即渺渺茫茫，恐无下手处也。""察"字须重看，即提撕之义也。上文曰"下学而上达"，此等处须要精思所以然，使有得。观此，世儒致良知之说，朱子已先言之矣。

朱子曰："动静无端，亦无截然为静之理，凡事皆然。且如涵养致知，亦何所始？程子谓学莫先于致知，是知在先。"又曰："未有致知而不在敬者，则敬也在先。从此推去，只管恁地。"知行互为其根，然不真则无以为元，不静则无以为动。故动静虽曰无端，而实以静为主；知行虽曰并进，而实以知为先也。又极而言之，涵养以澄此心之体，静中之知也；致知以尽此心之量，动中之知也。涵养以立天下之本，静中之行也；致知以通天下之故，动中之行也。知行合一之义，不昭然可见也哉？

朱子曰："横渠云，言有教，动有法，昼有为，宵有得，息有养，瞬有存。此语极好。君子终日乾乾，不可食息闲过，不必终日读书，或静坐存养，亦是天地之生物以四时运动，春生夏长，固是不息，及至秋冬凋落，亦只藏于其中，故明年复生。若使至秋冬已绝，则来春无缘复有生意。学者常唤令此心不死，则日有进。""唤令此心不死"者，知也。"日有进"者，则又是知中之知也。母能生子，见生生无穷之义。又极而言之读书，优游玩味，勿忘勿助，是读书中存养也；默坐澄心，体认天理，是存养中读书也。知行合一之义，在处皆是，可一时而暂离也哉？离之，则不足以为学矣。

朱子曰："今人非无恻隐、羞恶、辞让、是非发见处，只是不省察了。若于日用间试省察，此四端者分明迸赞出来，就此便操存涵养将去，便是下手处。"惟省察而后操存涵养有其地。孟子曰："我固有之也，弗思耳矣。"思亦是省察之义，须知两"便"字亦紧要。观此，世儒致良知之说，朱子已先言之矣。

朱子曰："今说求放心，吾辈却要得此心主宰得定，方赖此做事业。致知，即心致也；格物，即心格也；克己，即心克也。非礼勿视、听、言、动，勿与不勿，只争毫厘地尔。所以明道说，圣贤千言万语，只是欲人将己放之心收拾入身来，自能寻向上去。今日须就心上做得主宰，方验的圣贤之言有归着，自然有契。"（谓致知求之于外者，岂先儒论知行之本旨哉？

朱子曰："静中私意横生，此学者之通患。能自省察至此，甚不易得，此当以敬为主，而深察私意之萌，多为何事？就其重处，痛加惩窒，久之纯熟，自当见效，不可计功于旦暮，而多为说以乱之也。"其义见"动静无端"一条之下，须知"省察"二字为紧要。

朱子曰："知有此病，必去其病，此便是疗之之药。如觉言语多，便用简默；意思疏阔，便加细密；觉得轻浮浅易，便须深沉重厚。程先生所谓矫轻警惰盖如此。""知有此病，必去其病，"则知不徒知矣。见知先行后之义。

朱子曰："人有此心，便知有此身。人昏昧不知有此心，便如人困睡不知有此身。人虽困睡，得人唤觉，则此身自在。心亦如此，方其昏蔽，得人警觉，则此心便在这里。"知即是行，复何疑哉？

朱子曰："人心常炯炯在此，则四体不待羁束而自入规矩。只为人心有散缓时，故立许多规矩来维持之。但常常提警教身入规矩内，则此心不放逸而炯然在矣。心既常惺惺又以规矩绳检之，此内外交相养之道也。"提警者，知也；炯炯者，又知之知也，母能生子者也。曰常常提警，曰炯然在此。甘泉所谓笃行所以恒其知也。

朱子曰："凡人之心不存则亡，而无不存不亡之时。故一息之顷，不加提省之力，则沦于亡而不自觉。天下之事，不是则非，而无不是不非之处。故一事之微，不加精察之功，则陷于恶而不自知。"知即是行，复何疑哉？

问进德之方？朱子曰："大率要修身穷理。若修身上未有工夫，亦无穷理处。"又问："修身如何？"曰："且先收放心。如心不在，无下手处。要去体察你平日用心是为己为人？若读书计较利禄，便是为人。"为己，则心存；为人，则心放。若不去体察平日其用心之所在，又何以知为己为人之别，而收其放心也哉？故体察即是穷理工夫，穷理即是修身工夫也。知即是行，昭然可见。朱子以体察为修身工夫，以读书为穷理工夫，于义似未完备。然朱子岂不知此哉？特为不知修身者而言之耳。

朱子曰："学之博，未若知之之要；知之之要，未若行之之实。"知行二字，此圣贤教人为学之定规也。要与"实"字须重看。

朱子曰："方其知之，而行未及之，则知尚浅。既亲历其域，则知之益明，非前日之意味。"始焉非知，何由以行？终焉非行，则知尚浅。知行互为其根，而知则为指挥之元帅矣。

朱子曰："圣贤说知便说行。《大学》说如切如磋道学也，便说如琢如磨自修也。《中庸》说学问思辨，便说笃行。颜子说'博我以文'谓致知格物，'约我以礼'谓克己复礼。"说知不说行，则恐其流为口耳之知；说行不说知，则恐其流为适莫之行。故知行二字，圣贤教人为学之定规也。

朱子曰："涵养中自有穷理工夫，穷其所养之理；穷理中自有涵养工夫，养其所穷之理。两项都不相离，才见成两处便不得。"知行合一之义，跃然在吾心目间矣。非实尝潜心圣学者，讵能言及此哉！蔡选山云：宋儒每说先知而后行，都说得先后字太重，殊不晓知行不离之意。此言固是，但所谓宋儒者得非指朱子辈而言之耶？凡考究不精详而妄议先儒者，大抵皆选山类也。

朱子曰："学者工夫唯在居敬穷理二事互相发。能穷理，则居敬工夫日益进；能居敬，则穷理工夫日益密。譬如人之两足，左足行则右足止，右足行则左足止。又如一物悬空，右仰则左昂，左仰则右昂。其实只是一事。"不能不分，而又不能不一。分者，下学之工也。一者，上达之妙也。

朱子曰："士患不知学。知学矣，而知所择之为难。能择矣，而勇足以行之，内不顾于私己，外不牵于俗习，此又难也。"知学而后知择。知择矣，而勇不足以行之，则亦徒知而已。此知、仁、勇三者，所以为天下之达德也。须知"患"字与二"难"字最紧要。

朱子曰："程子言学者识得仁体，实有诸己，只要义理栽培。如求经义，皆栽培之意。识得与实①有，须做两句看。识得是知之也，实有是得之也。若只识得，只是知有此物，却须实有诸己，方是己物也。"先言"识得仁体"以见知在所先也，后言"实有诸己"以见行不可缓也。义理栽培而后能保其所有，日盛而不自知矣。

朱子曰："《大学》之书，虽以格物致知为用力之始，然非谓初不涵养践履而直从事于此也，又非谓物未至则意可以不诚，心可以不正，身可以不修，家可以不齐也。但以为必知之至，然后所以治己治人者，始有以尽其道耳。若曰必俟知至而后可行，则夫事亲从兄，承上接下，乃人生之所以不能一日废者，岂可谓吾知未至而暂辍，以俟其至而后行哉？"知得一分，便要行得一分，知行当并进也。

朱子曰："程子言：'涵养须用敬，进学则在致知。'下须字、在字，便是皆要齐头着力，不可道知得了方始行。有一般人尽聪明，知得而行不及，是资质弱。又有一般人尽行得，而知不得。"知行当并进，然必知涵养须用敬。方才去敬，则知未尝不在先也。

---

① 原文为"识"，据文意改。

朱子曰："致知工夫，亦且据所已知者玩索，推广将去，具于心者，本自无不足也。"谓之曰具于心者，本无不足，则非求之于外可知。

朱子曰："只争个知与不知，争得个切与不切。且如人要做好事，及见不好事也似乎可做，方要做好事，又似乎有个做不好事底心从后面牵转去，这只是知不切。"《大学》所谓知致而后意诚者，意正如此。

朱子曰："圣贤教人，虽以恭敬持守为先，而于其中，又必使之即事即物，考古验今，体会推寻，内外参合。盖必如此，然后见得此心之真，此理之正耳。于世间万事，一切言语，无不洞然了其黑白。孟子所谓知言养气，正谓此也。"知行并进，而后所见益亲切也。妙在"而于其中"四字，渭厓曰：亦须知穷理即所以养心，乃不错。

朱子曰："问：'穷理集义孰先？'曰：'穷理为先，然亦不是截然有先后。'曰：'穷是穷在物之理，集是集处物之义否？'曰：'是。'"既曰穷理为先，而又曰不是截然有先后，以见知行当并进，而穷理为首务矣。若识得破，则穷理不是先，集义不是后。集义亦穷理，穷理亦集义，二而一者也。吁！是岂可以言传也哉？

朱子曰："问：'或有只教人践履者。'曰：'义理不明，如何践履？'曰：'他说行得便见得。'曰：'如人行路，不见便如何行？今人多教人践履，皆是自立标致去教人，自有一般资质好底人，便不须穷理格物致知。圣人作个《大学》，便使人齐入于圣贤之域，若讲得道理明时，自是事亲不得不孝，事兄不得不弟，交朋友不得不信。'"行得便见得，亦岂不是但欠知得便行得一句？便见其为偏耳。且如讲明道理，为何而讲明，为践履而讲明也。为践履而讲明，则心心念念皆在于行，安得不谓之行？故愚尝谓知亦可谓之行，为此故耳。"不得不孝"数句，宜潜玩。

朱子曰："穷理以虚心静虑为本，而今看道理不见，不是不知，只是为物塞了。而今粗法，须是打叠了胸中许多恶杂方可。张子云：义理有疑，则濯去旧见，以求新意。"行即是知，此亦可见。然必知穷理以虚心静虑为本，而后肯去虚心静虑，则知未尝不在先也。

朱子曰："理不是在前面别为一物，即在吾心。人须是体察得此物诚实在我方可，譬如修养家，所谓铅汞龙虎，皆是我身内之物，非在外也。"如此方为真知，"体察"二字，须玩味。渭厓曰：认得此，而后穷理工夫不错。不然，则固有博通万卷如司马公，笃信好古如司马公，乃终身不知道者。

朱子曰："这道理若见得到，只是合当如此。如穿牛鼻、络马首，这也是天理合当如此。若络牛首，穿马鼻，定是不得。"此与"力行如何是浅近"一条，当互看。

朱子曰："学者理会道理，当深沉潜思，不可去名上理会，须求其所以然。"世之理会道理者，只是去名上理会，所知者特其名而已耳。如是而欲望其能行，可得乎？

朱子曰："心熟后自然有见处。熟则心精微，不见理，只缘是心粗。"程子所谓"存久自明，何待穷索"，正此之谓也。然必知心熟后，自然有见，而后肯去心熟，则知未尝不在先也。

朱子曰："理会道理到纷然处却好，定着精神看一看。"理虽纷然而有至一者在，惟吾心之不一，故不能辨众理之至一者在也。惟定则静，静则心虚而不窒，而称物之权衡在我矣。故能辨众理之纷然，而有至一者在也。渭厓曰：象山只是心急促，到不合意处，便扫了。愚谓象山只是自是太过，故不肯定着精神看一看也。

朱子曰："看道理须是见得实，方是有功效处。若于上面添些玄妙奇特，便是见他实理未透。"此理原于天，具于人，见于日用。云为之际，无非实也，穷理者，穷此而已。若厌平常而于上面添些玄妙奇特，是知实理为何物哉？此子思所以有《中庸》之作也。

朱子曰："看义理难，又要宽着心，又要紧着心。这心不宽，则不足以见其规模之大；不紧，则不足以察其文理之细密。若拘滞于文义，少间又不见他大规模处。"至哉斯言！其读书之要法乎？不紧，不宽，不拘滞于文义，三者尽之矣。

朱子曰："只是见不透，所以千言万语，费尽心力，终不得圣人之意。《大学》说格物，都只是要人见得透，且如杨氏为我，墨氏兼爱，他欲以此教人，他岂知道他不是？只是见不透，此学所以贵穷理也。"

格物只是寻个是处。

《答包定之书》云："《中庸》实未易读，更宜虚心玩味，久当自得。大抵其说，虽无所不包，然其用力之端，只在明善谨独。所谓明善，又不过思虑应接之间，辨其孰为公私邪正而已。此穷理之实也。若于此草草放过，则亦无所用其存养之力矣。"《中庸》一书，天人俱备，大小兼该，然其入德之方，则惟在于明善谨独而已，此一书中紧要字眼也。于一书中抽出紧要字眼以示人，非朱子其孰能之？朱子释精一，则曰精则察乎二者之间而不杂也。释明善，则谓辨其公私邪正为穷理之实。随文注释，不拘一例，亦何尝舍身心性情之外，而别有一穷理工夫也哉？

《答程允夫书》云："谓能持敬，则欲自寡。此语甚当，但纸尾之意，以为须先有所见，方有下手用心处，则又未然。夫持敬用功处，伊川言之详矣。只云但庄整齐肃，则心便——，则自无非僻之干。"又云："但动容貌，整思虑，则自然生敬，只此便是下手用功处，不待先有所见，而后能也。须是如此，方能穷理而有所见。"既曰"能持敬，则欲自寡"，所见在此，则下手用心处，亦即在此。而又曰"须先有所见，方有下手用心处"，不知又指何见而谓之见耶？故示之曰："只此便是下手用功处。"又曰："须是如此，方能穷理而有所见。"其吃紧为人之意至矣，不知允夫亦能知之否乎？

又《答允夫书》云："每与吾弟讲论，觉得吾弟明敏，看文字不费力，见得道理容易分明，但似少却玩味践履功夫。故此道理虽看得似分明，却与自家身心无干涉。所以滋味不长久，才过了便休，反不如迟钝之人，多费功夫，方看得出者意思，却久远。此是本原上一大病，非一词一义之失也。记得在高沙时，因吾弟说，觉得如此讲论，都无个归宿处。曾奉答云：讲了便将来践履，即有归宿。此语似有味，更请思之。"凡资性明敏者，视此宁不惕然有省乎？谓之曰"却与自家身心不相涉"，则朱子之读书为可知。

朱子曰："古人由小学而进于大学，其于洒扫、应对、进退之间，持守坚定，涵养纯熟，固已久矣。是以大学之序，特因小学已成之功，而以格物致知为始。今人未尝一日从事于小学，而曰必先致其知，然后敬有所施，则未知其以何为主而格物以致其知也？故程子曰，入道莫如敬，未有能致知而不在敬者。又论敬云，但存此久之，则天理自明。"朱子教人，亦何尝不以先立乎其大者为言耶？

《答曾无疑书》云："孟子之言有曰：'人之所以异于禽兽者几希，庶民去之，君子存之。'此君子所为而学也，然欲存此，必有以识此之为何物，而后有以存之。既识之，则所以存之者又必勉勉孜孜，而不少懈焉，然后乃可几也。令足下自谓学无本原，心常驳杂，岂亦自觉其未尝用力于此而然耶？"君子为存心而为学，学固有本原矣。然必识此而后有以存之，而存之之功，又不可少有懈焉。此知行兼尽，乃存心之工夫也。皆所以存心，则知行实一物也，而谓知行有二乎哉？

《答徐居厚书》云："大病新复，正要将护，不可少有激触，损动真气。读书且歇得数月亦佳，古人之学，自有正当用力处，此等止是随力随分，开广规模，若专恃此，亦成何等学问耶？今人但见孔子问礼问官，无所不学，便道学问只是如此，却不知得孔子合下是甚次第，大底有本领，方有功夫到此。"谓之曰"有本领，方有工夫到此"，则朱子之学，亦未尝不以尊德性为先也。

《答李叔文书》云："向来所说性善，只是且要人识得本来固有，元无少欠。做到圣人，方是恰好；才不到此，即是自弃。故孟子下文，再引成覸与颜渊、公明仪之言，直是要人立得此志，勇猛向前，如服瞑眩之药，以除深锢之病耳。求放心不须注解，只日用十二时中，常切照管，不令放出，即久久自见功效。义理自明，持守自固，不费气力也。"谓之曰"要人识得本来固有"，则朱子之所谓知者，岂舍力行而为言哉？平日知行之说，可默会矣。

《答陈叔向书》云："示喻学者，不能身践而骛于空言，此诚今世莫大之患，然亦不善读书者之咎耳。书之设，岂端使然哉？大抵圣贤之教，无一言一句，不是入德门户，如所谓礼乐，不可斯须去身者，尤为深切，真当佩服，存省以终其身可也。"自家不善读书，而归咎于文公误人，其为妄诞孰甚焉？

朱子曰："古人之学，以庄敬持守为先，而读书穷理以发其趣。

至于读书之法，则又当循序专一，反复玩味。一日之课，不可过三五条，譬如良药，虽无劫病之功，而积日累月，自当渐觉四大轻安矣。"如此为学，岂有忘本逐末之患哉？如此读书，岂有欲速不达之患哉？

朱子为程允夫作《尊德性斋铭自序》云："内弟程允夫以道问学名斋，予谓当以尊德性易之。"以朱子之豪杰，而岂不知尊德性者哉？世之未能深考而妄议朱子者，多见其不知量矣。

朱子《答吕伯恭书》云："子静旧日规模，终在其论为学之病，多说如此即只是意见，如此即只是议论，如此只是定本。熹因与说，既是思索，即不容无意见；既是讲学，即不容无议论；统论为学规模，亦岂容无定本，但随人材质病痛而救药之，即不可有定本耳。渠却云，正为多是邪意见闲议论，故为学者之病。熹云，如此即是自家呵叱，亦过分了。须着邪字、闲字，方始分明，不教人作禅会耳。又教人恐须先立定本，却就上面整顿，方始说得无定本底道理。今如此一概挥斥，其不可禅学者几希矣。渠虽唯唯然，终亦未穷竟也。又自主张太过，须说我不是禅，而诸生错会了，故其流至此。然其好处，自不可掩覆，可敬服也。"观朱子此书，豪厘之差必辨，防其源，所以遏其流也。慈湖辈后，果流为禅学，非朱子先知之明验与？又朱子《答黄直卿书》云：此是向来定本之误，即此书之所谓定本也。定本者，犹谚云所谓死补子也。或者指章句之定为定本，误矣。

朱子《答陈肤仲书》云："陆学固有似禅处，然鄙意近觉婺州朋友，专事闻见，而于自己身心全无工夫。所以每劝学者，兼取其善，要得身心稍稍端静，方于义理知所决择，非欲其兀然无作，以冀于一旦豁然大悟也。吾道之衰，正坐学者各守己偏，不能兼取众善，所以终有不明不行之弊，非是细事。"程篁墩曰："按朱子在前有曰'子静全是禅学'，至此始谓'陆学固有似禅处'。且劝学者'要得身心稍稍端静，方于义理知所决择'，即是观之，则道问学固必以尊德性为本，而陆学之非禅也明矣。"

朱子《答吴伯丰书》云："闲中颇有学者相寻，早晚不废讲学，得以自警然。觉得今世为学，不过两种，一则径趋简约脱略过高，一则觉得外驰支离烦碎。其过高者，固为有害，然犹为之近本；其外驰者，诡谲狼狈，更不可言。吾侪幸稍平正，然亦觉欠却涵养本原工夫。此不可不自反也。"程篁墩曰："朱子谓两种为学之人，其一径趋简约脱略过高，盖指陆子之闷人；其一觉得外驰支离繁碎，殆谓己之门人也。然陆子晚年益加穷理之功，朱子晚年益致反身之诚。取是编前后所书者考之，则二先生之学，所谓去短集长，兼取众善者，真入道进德，不易之法程也。"

古源山人二论卷之七

男 敬之　姪 谦然　校刊

先儒知行论下

朱子曰："务反求者，以博观为外驰。务博观者，以内省为狭隘。堕于一偏，皆学者之大病也。"此朱子所以为学者之大成也。

朱子曰："穷理者，欲知事物之所以然与其所当然者而已。知其所以然，故志不惑；知其所当然，故行不缪。非谓取彼之理，而归诸此也。程子所谓物我一理，才明彼，即晓此。"穷理，而后志可不惑，行可不缪，然则穷理之功果可缓哉？物我一理，才明彼，即晓此，然则格物果求之于外也哉？

朱子《答王钦之书》曰："所谓穷理，不必泥古人言句，固是也。然亦岂可尽舍古人言句哉？"程夫子曰："穷理亦多端，或读书讲明道理，或论古今人物别其是非，或应事接物求其当否，皆穷理也。夫讲道明理别是非，而察之于应接事物之际，以克去己私，求乎天理，循循而进，无迫切陵节之弊，则亦何患乎与古人背驰也？若欲尽舍古人言句，道理之不明，是非之不别，泛然无所抉择，虽欲惟出处语默之际，譬之适越者不知东西南北之殊，而仆仆然奔走于途，其不北入燕，则东入齐、西入秦耳。"愚所谓问路而后能行路者，正此意也。学者须知为何而穷理，须辨别为己为人之分，则所学自不流于口耳之赘，自无迫切陵节之弊矣。

问："力行如何说是浅近？"朱子曰："不明道理，只是硬行。"

又问："何以为浅近?"曰："他只是见圣贤所为，心下爱之，硬依他行，这是私意，不是当行。若见得道理时，皆是当恁地。"发明程子之意。如此，知即是行，此亦可见。

朱子曰："知得如此是病，即便不如此是药，若更问何由得如此，则是骑驴觅驴，只是一场闲说话矣。"今之讲学者，正坐此病。

朱子曰："天理人欲之分，只争些子，故周先生只管说几字。然辩之又不可不早，故横渠每说豫字。""几"字"豫"字须仔细看，能如此则为知，而从迪则吉；不如此则为不知，而从逆则凶矣。知即是行，昭然可见。

朱子曰："天理人欲并行。论其本然之妙，则唯有天理而无人欲。是以圣人之教，必欲尽去人欲，而复全天理。所谓'人心惟危，道心惟微，惟精惟一，允执厥中'者，尧、舜、禹相传之密旨也。夫人自有生而牿于形体之私，则固不能无人心矣。然必有得乎天地之正，则又不能无道心矣。日用之间，二者并行，迭为胜负，而一身之是非得失，天下之治乱安危，莫不系焉。是以欲其择之精，而不使人心得以杂乎道心；欲其守之一，而不使天理得以流于人欲。则凡其所行，无一事之不得其中，而于天下国家无所处而不当矣。岂任人心之自危，而以有时而泯者为当然；任道心之自微，而幸其须臾之不泯也哉。"知本然之妙，而后可与语精语一矣。谓之曰：精则理欲之辨，毫厘必察。谓之曰：一则理欲之限，分守必严。

朱子曰："学者做切己工夫，要得不差，先须辨义利所在。如思一事，非特财货利欲，只每事求自家安稳处便是，推此便不可入尧舜之道。切须勤勤提省，察之于纤微毫忽之间，不得放过。如此，便不会错用功夫。"财货利欲，显而易见。有志学圣贤者，大概便能辨别。若每事求自家安稳，亦是利欲所在，伏于不见，似为细事。虽有志者亦忽之而不致察，而不知推此便不可入尧舜之道。须知勤勤提省不得放过之说，最是吃紧为人处。

朱子曰："学者工夫只求一个是。天下之理，不过是与非两端而已。从其是则为善，徇其非则为恶。凡事皆用审个是非，择其是而行之。圣人教人，谆谆不已，只是发明此理。"古人之所谓知者盖如此，岂若后世记诵之知，与身心不相干涉也哉！

朱子曰："凡读书处事，当烦乱疑惑之际，正当虚心博采，以求至当。或未有得，亦当以阙疑阙殆之意处之。若遽以己所粗通之一说，而尽废己所未究之众论，则非惟所处之得失或未可知，而此心之量亦不宏矣。"此朱子之所以为朱子也。

朱子曰："为学当以存心为先，而致知力行不可偏废。"此言最精密完备，而世未之知也。"先"与"偏废"字眼当玩味。

问："延平先生静坐之说如何？"朱子曰："这事难说。静坐理会道理自不妨。若理会得道理明透，自然是静坐。若只是讨静坐以省事则不可。"《大学》知止定静之说，是亦如此。

朱子曰："以圣贤之意观圣贤之书，以天下之理观天下之事。"心胸开阔，不容一毫有我于其间。以之观书，则圣贤之意可得；以之观事，则天下之理可得。

朱子曰："圣贤教人下学上达，循循有序。故从事其间者，博而有要，约而不孤，无妄意躐等之弊。今之言学者，类多反此，故其高者沦于空幻，卑者溺于见闻，侊侊然未知其将安所归宿也？"二端之学，并行于天地之间，而始乱吾圣贤教人之成法，其高者惑人尤甚。

朱子曰："夫道虽若大路然，然非上智、生知之资，亦岂不藉师友而独得之哉？要当有以发其端倪，然后有余师者可得而求耳。"未有不先发其端倪，而能知有余师者可求也。是故师友讲习之功，于是为大。

朱子曰："昔陈烈先生苦无记性。一日，读《孟子》'学问之道无他，求其放心而已矣'。忽悟曰：'我心不曾收得，如何记得书？'遂闭门静坐，不读书百余日，以收放心，却去读书，遂一览无遗。"烈盖读《孟子》而发其端倪，故能如此。须看"忽悟"二字，忽悟者，知也，盖尝论之。古之圣贤所以聪明太过乎人者，无他，亦惟在于心存而已。故有十分心存，则亦有十分聪明，而为大圣；有八九分心存，则亦有八九分聪明，而为大贤；有五六分心存，则亦有五六分聪明，而为贤人。常人则无一心存，不过良知之天时发而未尽泯者耳。宜乎其心孔闭塞流于污下，而与庸人为伍也！

朱子曰："南轩有曰：'学莫若先于义利之辨。而义也者，本心之所当为而不能自已，非有所为而为之者也。一有所为而为之，则皆人欲之私，而非天理之所存矣。'呜呼，至哉言也！其亦可谓扩前圣所未发，而同于性善养气之功者欤？"义利之辨，知也。辨在义利，则其所趋者亦在于义矣，知行不相离也。下文则指其所辨之实。

朱子曰："持敬读书，表里用力，切须实下功夫，不可徒为虚说。然表里亦非二事，但不可取此而舍彼耳。其实互相为用，只是一事。"知行当并进，知行实合一也。夫心无内外，理无彼此。持敬者，此心也。读书者，此心也。持敬者，涵养此心者也。读书者，培养此心者也。持敬则心存而理益明，读书则理明而存益。至交相为用，合而为一，又何表里之可言哉？由此观之，合一之说，朱子盖已言之。世儒妄谓朱子之说为支离者，殆未深考之故耳。

朱子曰："为己之学，于他人无一毫干预。圣贤千言万语，只是使人反其固有而复其性耳。"渭厓曰："学知为己真味，则知接人处事，有一毫不尽其心，皆切己实病，于人殊无加损。此穷理尽性至命，一以贯之者也。"

世俗之学所以与圣贤不同者，亦不难见。圣贤直是真个去做，说正心直要心正，说诚意直要意诚，修身、齐家皆非空言。今之学者，说正心，但将正心吟咏一饷；说诚意，又将诚意吟咏一饷；说修身，又将圣贤许多说修身处讽咏而已。口耳之学，身心不相干摄。正是如此说得痛快，令人毛竦汗出。

朱子曰："今人略见些大意，便立个主张，硬要去说，便要圣贤从我言语路头去。此其病只是要说高说妙。"若当时慈湖辈，正是如此。今之如慈湖辈者，更又不少。

朱子曰："从陆子静学，如杨敬仲辈，持守得亦好。若肯去穷理，须穷得分明。然他不肯读书，只任一己私见。"彼非不知读书也，不以读书为正务，虽看书亦不精致，亦只是任一己之见耳。如谓圣人之教一而已矣，四教之说，此必记者之误。只此一端，便可见其简傲自是，不可以入尧舜之道。后世尊象山之学者，勇于废知行之说，亦敬仲之流也。

朱子曰："义理精微，纵横错综，各有意脉。今人多是见得一边，便欲就此执定，尽废他说，此乃古人所谓执德不弘者，非但读书为然也。须要识破此病。"惟其见得一边，是以执德不弘。此穷理之功，所以不可无也，须知识字最紧要。渭厓曰：亦须自作得主乃可，否则亦莫知适从也。

朱子曰："古人设教，自洒扫、应对、进退之节，礼、乐、射、御、书、数之文，必皆使之抑心下首以从事于其间，而不敢忽。然后可以消磨其飞扬倔强之气，而为入德之阶。今既皆无此矣，则唯有读书一事，尚可以为摄伏身心之助，然不循序而致谨焉，则亦未有益也。"谓之曰"为摄伏身心之助"，则读书之有益于人，岂小补哉？渭厓曰："此为失却小学工夫者设。"

朱子曰："读书固不可废，然亦须以主敬立志为先，方可就此田地上推寻义理，见诸行事。若平居泛然，略无存养之功，又无实践之志，而但欲晓解文义，说得分明，则虽尽通诸经，不错一字，亦何所益？"渭厓曰："知读书为摄伏身心之助，又知尽通诸经为无所益。然后博学于文，于道不背。"又此与明道读史不蹉一字，而箴显道举史文成诵，意同。呈祥曰："渭厓下两知字甚好。"

朱子曰："前辈有欲澄治思虑者，以黑豆白豆记善念恶念，然此只是个死法。若更加以读书穷理工夫，则去那不正当底思虑，何难之有？"渭厓曰："心如马，然人有置马于闲厩中，乃不与之刍与豆，便跳跃不驯，不然便死矣。欲除去泛思虑，却无以养之，是置马于闲而不与之刍也。"

朱子曰："如今要下工夫，且须端庄存养，独观昭旷之原，不须枉费工夫钻纸上语。待存养得此中昭明洞达，自觉无许多窒碍，恁时方取文字来看，则自然有意味，道理自然透彻，遇事时自然迎刃而解，皆无许多病痛。此等语不欲对诸人说，恐他不肯去看文字，又不实了。"渭厓曰："明道先教人静坐，意亦如此。复有一辈人，却不可以此言告者。朱子告人多因人而施，后人不察，反自为支离也。"

朱子曰："某尝谓人，未读书，且先收敛得心身在这里，然后可以读书，求其义理。而今硬捉在这里读书，心飞扬在那里去，如何得会长进?"所谓非存心无以致知者，正谓此耳。然必真知，非存心无以致知，而后肯去存心，则知未尝不在先也。

朱子曰："涵养本原之功，诚易间断。然才觉得间断，便是相续处。只要常自提撕，分寸积累，将去久之，自然接续，打成一片耳。"须知"觉"字与"提撕"字最紧要。

朱子曰："大凡学者须先理会敬字。敬是立脚去处，常要自省得，才省得便在此。或以为此事最难，曰患不省察耳。觉得间断，便已接续，何难之有? 操则存舍则亡，只在操舍两字之间。要之，只消一个操字。到紧要处，全不消许多文字言语。若此意成熟，虽操字亦不须用。"理会、省察皆知之工夫也。既曰须先理会，常要自省，则知为存心之功，何疑哉? 又曰觉得间断，便已接续，则知行合一之义，又何疑哉?

朱子曰："不自知其病者，是未尝去体察警省也。"体察警省，虽是属知，然而反观内省，则行亦在其中矣。是故无知则无行，无行则无知矣，知行曷相离哉!

朱子曰："惟此心无主宰，故为私意所胜。若常加省察，使良心常在，见破了这私意，纵饶有所发动，只是以主待客，以逸待劳，自家这里亦容他不得。"常加省察，则良心常在，是良心之存，由于省察也，则知为存心之功无疑。孟子所谓"思则得之"，亦此意也。彼谓格物为正物者，何其敢于自是也哉?

朱子曰："持敬，是穷理之本; 穷理得明，又是养心之助。"然必知持敬为穷理之本，而后肯去持敬，则知未尝不在先也。

问："致知后须持养方力行。"朱子曰："如是，则今日致知，明日持养，后日方行。只持养便是行。正心、诚意，岂不是行? 但行有远近，治国、平天下则行之远耳。"渭厓曰："识此便知格、致、诚、正以至治、平只一事。"

朱子曰："不可道知得了方始行。"渭厓曰："不可说先做了知的工夫，乃去做行的工夫。宜离合看，乃契会得互相发意。"

朱子曰："未能博学，便要约礼。穷理处不曾用工，守约处岂免有差? 若差之毫忽，使有不可胜言之弊。"渭厓曰："此孔门正路也。"

朱子曰："心包万理，具于一心。不能存得心，不能穷得理；不能穷得理，不能尽得心。"非存心无以致知，非穷理无以尽心。渭厓曰："识得万物万理俱心中物，虽如明道读史不蹉一字，亦是尽心。朱子全体大用之说，正如此。"

朱子曰："世上万般皆下品。若见得这道理高，便见世间万般皆低。故这一段紧要处，只在先明诸心上。盖先明诸心了，方知得圣之可学有下手处，方就此处做工夫。若不就此，如何地做？"须知明字最重。明字，乃见字、知字之母。其曰先明诸心，则非求之于外也可知；其曰有下手处，则从事于心学也可知。渭厓曰："朱子有时又不如此说，盖因人而发也。"

朱子曰："道理无形影，唯因事物言语乃可见得。是非理会极子细，即道理极精微。古人所谓物格知至者，不过是就此下工夫。"事物言语之是非，无非身心之形见。理会极子细，见得道理极精微，自不肯舍是而为非矣。然则格致之工夫，夫岂求之于外也哉？

朱子曰："讲学固不可无，须是更去自己分上做工夫。若只管说，不过一两日，都说尽了。"又曰："若不用躬行，只是说得便了，则七十子之从孔子，只用两日说便尽。"世儒非朱子之学而废博文之说者，亦曾为此言，而不知朱子先有此说矣。

朱子曰："工夫全在行上。"今夫行路者，必须问路；问路者，必须亲去路口上问，然后路可得也。然则行路者，固行也；问路者，亦是行也。孰谓致知之功非即力行之功也哉？故曰：工夫全在行上。渭厓曰："此与前'行路不见如何行'意互相发，宜并玩，可也。"

问："学者讲明义理之外，亦须理会时政，庶他日临事不至面墙。"朱子曰："学者若得胸中义理明，从此去量度事物，自然泛应曲当。人若有尧舜许多聪明，自做得尧舜许多事业。若要一一理会，则事变无穷，难以逆料，随机应变，不可预定。今世才士文人，开口便说国家利害，把笔便述时政得失，终济得甚事？只是讲明义理以淑人心，使世间识义理之人多，则何患政治之不举耶？"此等心胸，何等周遍广阔？岂区区遇一人教一人，以知朱子者耶？渭厓曰："时政岂出义理之外？朱子云若知为己，虽甲兵钱谷皆为己也，此其至论。大抵朱子告人，多因人而发，后人不识也。"

朱子曰："惟君子然后知义理之所必当为，与义理之必可恃。利害得失既无所入于其心，而其学又足以应事之变，是以气勇谋明，无所慑惮，不幸蹉跌，死生以之。小人之心，一切反是。"须看"知"字与"必"字。知是如此，必是如此，然后为知之真也。

朱子曰："人之一心，天理存则人欲亡，人欲胜则天理灭，未有天理人欲夹杂者。学者须要于此体认省察之。"此心理欲之分，非体认省察，乌能知之？体认省察则知也，而行亦在其中矣。非知则不能行，理本是如此。故说来说去，亦自是如此，不容安排布置于其间也。虽以象山之粗心浮气，说来说去，亦终在此条路上来。呜呼！是孰使之然哉？渭厓曰："今世讲学者，全要两得。然其自冒名位，又却高了。"

朱子曰："未知学问，此心浑为人欲。既知学问，天理自然发见。而人欲渐渐消去者，固是好矣。然克得一层，又有一层，大者固不可有，而纤微尤要密察。"先日既知学问，而继之日尤要密察，则是已精而益求其精也。先日人欲渐消，而继之日克得一层又有一层，则是已密而益求其密也。是故知之既精到，则行亦自细密矣，知行不相离也。

问："水火明知其可畏，自然畏之，不待勉强。若是人欲只缘有爱之之意，虽知之而不能不好之，奈何？"朱子曰："此亦未能真知而已。"朱子《中庸注》有曰："知味之正，则必嗜之而不厌；知道之中，则必守之而不失矣。若曰知是人欲，而又不能不好之，是岂足为真知者哉？"

朱子曰："今人日中所为皆苟而已，其实只将讲学做一件好事，求异于人，然其设心依旧只是为利。其视不讲者，又何以大相远近？"后世讲学者为圣贤之言语，为圣贤之衣冠，非不俨然一圣贤也，而其设心则有大不然者。只是讲学之心不真切，是以知有未真，行亦有未笃焉故耳。

朱子曰："圣贤千言万语，只是明天理、灭人欲。天理明自不消讲学。"讲学之功，虽终身不可废。为此言者，只为口谈学问而躬行人欲者发也。

朱子曰："须于日用间令所谓义了然明白，或言心安处便是义。亦有人安其所不当安，岂可以安为义也？"人亦有安其所不当安者，只是见义犹未明白也。知之则自不安矣，则自不安其所不当安矣。此可见知即行也，此格物之功，所以不可无也。渭厓曰："世有错认人欲作天理者，且刚执不屈，奈何！"

朱子曰："圣门教学循循有序，无有先求顿悟之理，但要持守省察，渐久渐熟，自然贯通。"渭厓曰："此孔门正路也。"

朱子曰："博文约礼。博文功夫虽头项多，然于其中寻将去，自将有个约处。圣人教人有序，未有不先于博者。孔门三千人，颜子固不须说，只曾子、子贡得闻一贯之诲，谓其余人不善学，固可罪。然夫子亦不叫来骂一顿，教便省悟，则夫子于其门人告之亦不忠矣。是夫子亦不善教人，致使宰我、冉求之徒，后来狼狈也。要之，无此理，只得且待他事事理会得了，方可就其上欠阙处告语之。如子贡事，亦不是许多时只教他多学，使他枉做功夫，直到后来方传以此秘妙。正是待他多学之功到了，方可以言此耳。"朱子平生心事，此篇尽之矣。有谓朱子教人头绪多端，而人不得其要领者，是岂足以知朱子者哉？又有谓朱子自误人之说为晚年定论者，亦岂足以知朱子哉？渭厓曰："今世讲学俱有一个完成活套法，所以可笑。"

《答范文叔书》云："《春风堂记》，久已奉诺，安敢忘之？但觉得此等空言无益于实，区区装点，亦徒为玩物丧志而已。若论为己切实功夫，岂此等所能助？而为仁由己，亦何待他人之助耶？况明道先生气象如此，乃是不违仁之影子，今于影外傍观，而玩其形式，孰若深察其心之所到，而身诣之之为实耶？区区之望，固不在于言语文字之间而已也。"看此等说话，朱子岂尚言语文字者耶？

朱子《答何叔京书》云："此心操之则存，而敬者所以操之之道也。乃于觉而操之之际，指其觉者，便以为存。而于操之之道，不复致力，则于日用功夫，亦有所间断而不周矣。愚意窃谓正当就此觉处，敬以操之，使之常存而常觉，是乃乾坤易简交相为用之妙。若便以觉为存，而不加持敬之功，则恐一日之间存者无几何，而不存者什八九矣。"觉者，知其放也。操者，存而不放者也。觉而不能操，终是未觉也。今之号为知学者，误以觉为存者多矣，进于觉而不能进于存，则一觉便了。屡放屡觉，觉常掩放，及其卒也，谬为空言以欺人，自谓知存心，而不知其放心依旧，实无以异于常人也。

朱子曰："今之学者之病，最是先学作文干禄，使心不宁静，不暇深究义理。故于古今之学，义利之间，不复能察其界限分别之际，而无以知其轻重取舍之所宜。所以诵数虽博，文词虽工，而只以重为此心之害，要须反此然后可以议为学之方耳。"观朱子此言，亦何尝不教人先立乎其大者耶？

朱子曰："且就日用间实下持敬功夫，求取放心，然后却看自家本性元是善与不善，自家与尧舜元是同与不同，若信得及，意思自然开明，持守亦不费力矣。"非存心无以致知。

朱子《答董叔重书》云："示喻日用功夫，更于收拾持守之中，就思虑萌处察其孰是人欲，取此舍彼，以致敬义夹持之功为佳。"知此则知知行当并进，知行不相离矣。

朱子曰："陆子寿兄弟近日议论与前大不同，却方要理会讲学，其徒来相见，气象皆尽好，却是先于情性持守上用力，此意自好。"观乎此言，则知朱子教人亦何尝不以尊德性为主耶？而去短集长之言，亦于是乎验矣。

朱子《答林伯和书》云："省察之功，盖与讲学互相发明。但日用应接思虑隐微之间，每每加察，其善端之发，慊于吾心而合于圣贤之言，则勉励而力行之；其邪恶之萌，愧于吾心而戾于圣贤之训，则果决而速去之。大抵见善必为，闻恶必去，不使有顷刻悠悠意态，则为学之本立矣。异时，渐有余力，然后以次渐读诸书，旁通当世之务，盖亦未晚。今不须预为过计之忧，以失先后之序也。"观此则知省察讲学，皆是知也，皆不离吾身心而为言者也。朱子岂支离之学者哉？末复以失先后之序为言，则其教人又何尝不以立大本为先耶？

朱子曰："大抵今日后生辈，以科举为急，不暇听人说好话，此是大病。须先与说破此病，令其安心俟命，然后可告以收拾身心、讨论义理次第，当有进耳。"谓之曰"先与说破此病"者，彼不自知其病，须先与说破可也。孔子曰："古之学者为己，今之学者为人。"分别古今之辨，正是说破此病也。又曰："君子喻于义，小人喻于利。"分别义利之辨，亦是说破此病也。

朱子曰："此理初无内外，本末之间，凡日用间涵泳本源，酬酢事变，以至讲说辩论，考究寻绎，一动一静，无非存心养性，变化气质之实。学者之病在于为人而不为己，故见得其间一种稍向外者，皆为外事。若实有为己之心，但于此显然处，严立规程，力加持守，日就月将，不令退转，则便是孟子所谓深造以道者。盖其所谓深者，乃功夫积累之深；而所谓道者，则不外乎日用显然之事也。及其真积力久，内外如一，则心性之妙无不存，而气质之偏无不化矣。所谓自得之而居安资深也，岂离外而别有从事心性之妙也哉？"程子曰："学者须守下学上达之语。"朱子此言正所谓下学而上达者也。此朱子之学所以为无弊也。然又曰"岂有舍学问思辨力行之实，而别有从事心性之妙也哉"，则知知行为下学之工夫无疑。

朱子《答严居厚书》云："触事未能不为事物所夺，只是未遇事时，存养未熟，所以如此。然又别无他岐，不可欲速，但常存此心勿令间断，讲明义理以栽培之，则久当纯熟明决矣。"前数句即《中庸》所谓"立天下之大本"之意也，后数句即孟子所谓"勿忘勿助"之意也。"尊德性而道问学"之意，亦在其中。一书之中，兼备数意而无渗漏焉，此朱子之所以为朱子也。

朱子曰："自昔圣贤教人之法，莫不使之以孝弟忠信、庄敬持养为下学之本，而后博观众理，近思密察，因践履之实，以致其知。其发端启要，又皆简易明白。初若无难解者，而及其至也，则有学者终身思勉而不能至焉。盖非思虑揣度之难，而躬行默契之不易。故曰：'夫子之文章可得而闻也，夫子之言性与天道不可得而闻也。'夫圣门之学，所以从容积累，涵养成就随其浅深，无非实学者以此与？"此亦下学而上达之意，为学固当知所先后。然又曰：因践履之实以致其知，则知行又未尝相离也。孰谓朱子之学为支离哉？

朱子《答陆子书》云："道理虽极精微，然初不在耳目见闻之外，是非黑白，即在面前。此而不察，乃欲别求玄妙于意虑之表，亦已误矣。"此言亦有为而发。

朱子《答滕德章书》云："陆丈教人于收拾学者散乱身心甚有功，然讲学趋向上不可缓，要当两进乃佳耳。"观慈湖后来大入于禅，则知朱子两进之说，诚中正不易之至论也。

象山陆氏曰："念虑之正不正在顷刻之间：念虑之不正者，顷刻而知之，即可以正；念虑之正者，顷刻而失之，即是不正。此事皆在其心。《书》曰：'惟圣罔念作狂，惟狂克念作圣'。"谓之曰顷刻而知之即可以正，则知固为主也。知即是行，此亦可见。

象山陆氏曰："学问固无穷已。然端绪得失，则当早辨。孟子曰：'人皆可以为尧舜。'病其自暴自弃，则为之发四端，物有本末，事有终始，知所先后，则近道矣。于其端绪，知之不至悉精，毕力求多；于末沟浍皆盈，涸可立待，要之其终，本末俱失。夫子曰：'知之为知之，不知为不知，是知也。'后世耻一物不知者，亦耻非其耻矣。"知有二：有反身之知，有考索之知。辨端绪之得失，此反身之知也。耻一物之不知，此考索之知也。陆子斯言，其欲人致力于反身之知，而不欲人致力于考索之知也与。本末俱失之言，令人惕然有深省处。

象山陆氏曰："此理本天所以与我，非由外铄。所病于吾人者，正谓此理不明，内无所主，一向萦绊于浮论虚说，终日只依藉外说以为主，天之所与我者反为客。主客倒置，迷而不反，惑而不解，自为支离之说。以自萦缠，穷年卒岁，靡所底丽，岂不重可怜哉？"须知"正谓此理不明"一句，亦是以知为先也。

象山《与邵中孚书》云："孟子曰：'苟得其养，无物不长，苟失其养，无物不消。'今吾友既得其本心矣，继此能养之而无害，则谁得而御之。如木有根，苟有培浸而无伤戕，则枝叶当日益畅茂；如水有源，苟有疏浚而无壅窒，则波流当日益充积。所谓原泉混混，不舍昼夜，盈科而后进，放乎四海，有本者如是。大抵读书诂训既通之后，但平心读之，不必强加揣量，则无非浸灌培益，鞭策磨励之功。或有未通晓处，姑缺之，无害。且以其明白昭晰者，日加涵泳，则自然日充日明，后日本源深厚，则向来未晓者，将亦有涣然冰释者矣。《告子》一篇自'牛山之木尝美矣'以下可常读之，其浸灌培植之益，当日深日固也。其卷首与告子论性处，却不必深考，恐其力量未到，则反惑乱精神，后日不患不通解也。此最是读书良法。《尚书》《皋陶》、《益稷》、《大禹谟》、《太甲》、《说命》、《旅獒》、《洪范》、《无逸》篇，可常读之。"

象山《与曹挺之书》云："大抵学者且当大纲思省，平时虽号为士人，虽读圣贤书，其实何曾笃志于圣贤事业？往往从俗浮沉，与时俯仰，徇情纵欲，汩没而不能以自振。日月逾迈，而有泯然与草木俱腐之耻，到此能有愧惧大决之志，乃求涵养磨励之方。若有事役未得读书，未得亲师友，亦可随处自家用力检点，见善则迁，有过则改。所谓心诚，求之不中不远。若事役有暇，便可观书册。所读书亦可随意自择，亦可商量程度，无不有益者。看挺之殊未曾如此着实作工夫，何遽论到一贯多学之处？此等议论，可且放下，且本分随自己日用中猛性，自知愧怍，自知下手处矣。""大纲思省"者，知也；"求涵养磨励之方"者，亦知也。若大纲不知思省，则亦岂知求涵养磨励之方也哉？大纲之知，是谓求知之母；求知之知，是谓大纲之子。前知虚而大，后知实而精，然则知之于人所系岂小补哉？

象山《与朱济道书》云："此理在宇宙，未尝有隐遁，天地之所以为天地者，顺此理而无私焉耳。人与天地并立而为三极，安得自私而不顺此理哉？孟子曰：'先立乎其大者，则其小者不能夺也。'人惟不立乎其大者，故为小者所夺，以叛乎此理，而与天地不相似，诚能立乎其大者，则区区时文之习何足以汩尊兄乎？"孟子所谓先立乎其大者，指心之官则思而言也。思则致知之事，先立乎其大者之工夫也，以此见知未尝不在先也。

象山《与陈正己书》云："古之学者以养心，今之学者以病心。古之学者以成事，今之学者以败事。前言往行，所当博识，古今兴亡治乱，是非得失，亦所当广览而详究之。顾其心苟病，则于此事业，奚啻聋者之想钟鼓，盲者之测日月，耗气劳体，丧其本心，非徒无益，所伤实多。他日败人事如房琯之车战，荆公之均输者，可胜既乎？"泥古说而不知变通者，非真知义理者也。既不足以养心，又焉足以成事？失古人为学之意矣。此谓徒读书而不知反求诸心者言之，非谓读书为不急之务也。

象山至白鹿洞讲"君子喻于义"一章，以示诸生。云："此章以义利判君子小人，某平日读此不无所感。窃谓学者于此当辩其志，人之所喻由其所习，所习由其所志。志乎义，则所习者必在于义，所习在义，斯喻于义矣；志乎利，则所习必在于利，所习在利，斯喻于利矣。故学者之志不可不辩也。"既曰"读此不无所感"，则读书之有益于人也可知。又曰"学者当辨其志"，夫不曰立志而曰辨志，则知之于人又岂非先务也哉？

象山陆氏曰："学者不自着实理会，只管看人口头言语，所以不能进。且如做一文字，须是反覆穷究去，不得又换思量，皆要穷到穷处，项项分明。他日或问人，或听人言，或观一物，自有触长底道理。"此言若出于朱子之口，则世儒便以为教学者溺志于文艺，而谓朱子之学为不纯矣。"穷究"之穷与"穷到"之穷，即朱子所谓"穷至"也。

象山陆氏曰："凡欲为学，当先识义利公私之辨。今所学果为何事？人生天地间，为人自当尽人道。学者所以为学，学为人而已，非有为也。"又云："孔门弟子如子夏、子游、宰我、子贡，虽不遇圣人，亦足号名学者，为万世师。然卒得圣人之传者，柴之愚、参之鲁，盖病后世学者溺于文义，知见缴绕，蔽惑愈甚，不可入道耳。"为学，大头脑在先识义利公私之辨而已。紧要在"先识"二字，以识为先，则何者当在所后乎？可默喻矣。

象山陆氏曰："今之谈经者，历叙数十家之旨，而以己见终之。开辟反覆，自谓究竟精微，然试探其实，固未之得也，则何益哉？"程子所谓考评，略采同异，不求于本而求于末者是也。

陆子《与舒元宾书》云："此心之良本非外铄，但无斧斤之伐牛羊之牧，则当日以畅茂。圣贤之形容咏叹者，皆吾分内事耳。尊兄看到此，不须低回思索，特达奋发，无自沉于萦回迂曲之处。此事不借资于人，人亦无着力处，圣贤垂训，师友切磋，但助鞭策耳。"曰：看到此则知未尝不在先也。

陆子《答詹子南书》云："为学有本末先后，其进有序，不容躐等。夫子天纵之圣，且自志学以至从心。今人天资去圣人固远，辄欲以耳口剿窃场屋之余习，妄论圣经，多见其不知量也。要之，吾友且当孜孜行其所知，未当与人辨论是非。辨论是非以解人之惑，其任甚重，非吾友之责也。不与之论，他日却自明白，今欲遽言之，只是强说自加惑乱耳。"曰"不知量"，曰"且当行其所知"，则知为先务也可见。

象山《答包祥道书》云："李季远谓精勤不懈，有涵泳玩索之处，此亦是平常本分事，岂可必将无事之说，排之如读书接事闻见？有理会不得处，却加穷究理会，亦是本分事，亦岂可教他莫要穷究理会？须知此等说话是闲议论，方有就己向实功夫，涵养讲究，却是本分事。"又曰："垂谕新功以是未能宽裕，所以费力处多。优而柔之，使自求之，餍而饫之，使自趋之，若江海之浸膏泽之润。此数语不可不熟味，于己于人皆当如此。若能如此静处应事，读书接人皆当有益。优游宽裕却不是委靡废放。此中至健至严，自不费力。恐祥道所谓奋迅者，或不免助长之患。"观此书，则陆子教人，未尝外读书应事闻见以为言也。其与朱子之说，何分毫异哉？陆子之非禅学益明矣。

象山曰："开卷读书时，整冠肃容，平心定气，诂训章句，苟能从容勿迫而讽咏之，其理当自有彰彰者。纵有滞碍，此心未充未明，犹有所滞而然耳。姑舍之，以俟他日可也，不必苦思之。苦思则方寸自乱，自躏其本，失己滞物，终无明时。但能于其所已通晓者，有鞭策之力，涵养之功，使德日以进，业日以修，而此心日充日明，则今日滞碍者，他日必有冰释理顺时矣。若固滞于言语之间，欲以失己滞物之智，强探而力索之，非吾之所敢知也。"此教人以读书之法也。

象山《与吕伯恭书》云："天下事理，固有愚夫愚妇之所与知，而大贤君子不能无蔽者。元献晏公尹南京日，文正范公居母夫人忧，元献屈致教导诸生，文正孳孳诲诱不倦，从之游者，多有闻于时。窃闻执事者，俨然在忧服之中，而户外之履亦满。伯夷、柳下惠，孟子虽言其圣，至所愿学则孔子。文正虽近世大贤，至其居忧教授，岂大贤君子之所蔽乎？执事之所为标的者，宜不在此。执事天资之美，学问之博，此事之不安于心，未契于理，要不待烦说博引而后喻。窃闻凡在交游者，皆不为执事安，谅执事之心，亦必不自安也。夫苟不安，何惮而不幡然改之乎？于此而改，其所以感发诸生，亦不细矣。伏愿不惮改过以全纯孝之心，不胜至愿。"程篁墩曰："按东莱先生居父之丧，文公遣子从学，而象山有书与东莱，甚言居忧讲授之非礼，此亦二先生相异之一。然于此亦觉于尊德性道问学，各有所从入而致隆之意。"

陆子《与朱子书》云："君子之过也，如日月之食焉。过也，人皆见之，及其更也，人皆仰之。通人之过，虽微箴药，久当自悟，愿依末光以卒余教。"又祭伯恭文云："惟其不肖，往往失坠，鹅湖之集已后一岁，辄复妄发，宛尔故态。公虽未言，意已独至，比年以来，日觉少异，更尝差多观省加细追，惟曩昔粗心浮气，徒致参商，岂足酬义？"载此者以见其有悔意。

南轩《答陆子书》云："讲学不可以不精也。毫厘之差，则其弊有不可胜言者。故夫专于考索，则有遗本溺心之患；而骛于高远，则有躐等凭虚之忧。二者皆其弊也。考圣人之教，人固不越乎致知力行之大端，患在人不知所用力耳，莫非致知也。日用之间，事之所遇，物之所触，思之所起，以至于读书考古，苟知所用力，则莫非吾格物之妙也。其为力行也，岂但见于孝弟忠信之所发，形于事而后为行乎？息养瞬存以至于三千三百之间，皆合内外之实也。行之力则知愈进，知之深则行愈达，区区诚有见乎此也。如笺注诂训学者，虽不可使之溺乎此，又不可使之忽乎此，要当昭示以用工之实，而无忽乎细微之间，使之免溺心之病，而无躐等之失。涵濡浸渍，知所用力，则莫非实事也。心之精微，书莫能究。"程篁墩曰："按南轩先生尝有书与二陆论为学之大端，不出致知力行二者，且称朱子卓然特立，真金石之友。殆闻其平日与朱子各主尊德性道问学之说，而为之中处邪？"

南轩《答吴晦叔书》曰："所示有云，譬如行路须识路头，诚是也。亲去路口寻求方得，若只端坐于室想象，跂而曰吾识之矣，则无是理也。元晦所论知字，乃是谓知至之知。要之，此非躬行实践，则莫由至。但所谓躬行实践者，先须随所见端确为之，此谓之知常在先可也。"亲去路口寻求者，以身至之，是谓真知。朱子平生所论知字意正如此。南轩与朱子同时人也，得闻朱子之论为最真，故有此议论也。南轩其知朱子者哉！

南轩张氏曰："知有精粗，行有浅深，然知常在先，固有知之而不能行者矣，未有不知而能行者也。《语》所谓'知及之，仁不能守之'，是知而不能行者也。所谓'知之者不如好之者，好之者不如乐之者'，是不知则无由能好而乐也。且以孝于亲一事论之，自其粗者，知有冬温夏清，昏定晨省则行之而又知其有进于此者，则又从而行之。知之进，则行愈有所施；行之力，则知愈有所进。以至于圣人人伦之至，其等级固远，其曲折固多，然亦必由是而循循可至焉耳。盖致知、力行，此两者工夫互相发也。"知行互为其根。

南轩张氏曰："所谓知之至者，则其行自不能已。然须致知力行工夫至到，而后及此，如颜子是也。彼所谓欲罢不能者，知之至而自不能以已也。"始也，知行并进；终也，知之至则其行自不能已。此颜子博文约礼，所以造于欲罢不能之地。

南轩张氏曰："吕伯恭说，近日士人只务闻见，不务践履，须是致知力行，互相发明始得。"阴阳并运而后生意不息，知行并进而后互相发明也。

南轩张氏曰："若不致知，将人欲做天理，焉知所谓私而去之？须是知而后能行，行而后有所知，互相发明亦可。"知行互为其根，而知实为行之主。

南轩张氏曰："人之良心，岂无发见之时？引而伸之，涵养而充扩之，天理明，人欲自消。伊川所谓明得一分天理，减却一分人欲。"人知讲究之为知，而不知引伸扩充亦属知也。朱子所谓因其所发而遂明之，亦此意也。呜呼！安得知行合一之人，而与之语心学之妙也哉！

南轩张氏曰："自谓知非而不能去非，是不知非也；自谓知过而不能改过，是不知过也。真知非，则无不能去；真知过，则无不能改。人之患在不知其非，不知其过而已。"知即是行，此亦可见。观此则凡所谓能知而不能行者，岂谓之真知也哉？

吴晦叔言："省克二字不可废。"南轩张氏曰："然才省了便克，既克了又省，当如循环然。"知行当并进。

象山陆氏曰："念虑之正不正，在顷刻之间。念虑之不正者，顷刻而知之，即可以正；念虑之正者，顷刻而失之，即是不正。此事皆在其心。《书》曰：'惟圣罔念作狂，惟狂克念作圣。'"谓之曰"顷刻而知之，即可以正"，则知固为主也。知即是行，此亦可见。

勉斋黄氏曰："人心如火，遇木即焚，遇事即应。惟于世间利害得丧及一切好乐，见得分明，则此心亦自然不为之动，而所谓持守者始易为力。"至哉，斯言！其得朱子之传乎？

勉斋黄氏曰："古先圣贤言学，无非就身上用功，人心道心直内方外都未说。近讲学处恐其识见易差，于是以博文约礼对言。博文先而约礼后，博文易而约礼难。而讲学穷理，所以求其明且正耳。若但务学，而于身心不加意，恐全不成学问也。"谓"讲学穷理，所以求其明且正"者，朱子博文之说正如此。但分别人心道心，即是讲学。今乃曰"都未说，近讲学处"则是专指读书为讲学，而不知即此便是讲学，犹未得为至论耳。

勉斋黄氏曰："为学只要收拾身心，勿令放逸，盖理义非由外铄我，我固有之也。此心放逸，则固有之理先已昏惑纷糅，而失其正矣。便说得天花乱落，亦于我何有干涉？"此心昏惑，固由于放逸。然必知此心昏惑由于放逸，则所以收拾身心勿令放逸者，自不容已矣。此愚所以谓知常在先也。

勉斋黄氏曰："古之为学，大抵先于身心上用功。如危微精一之旨，制心制事之语，敬胜怠义胜欲之戒，无非欲人检点身心，存天理去人欲而已。然学问之方，难以人口授，故必载之方册，而义理精微，亦难以意见揣度，故必参之圣贤。故初学之法，且令格物穷理考古验今者，盖欲知为学之方，求义理之正，使知所以居敬集义，而无毫厘之差，亦卒归于检点身心而已。年来学者，但见古人有格物穷理之说，但驰心于辨析讲论之间，而不务持养省察之实。所以辨析讲论者，又不原切问近思之意，天之所以与我，与吾之所以全乎天者，大本大原，漫不加省，而寻行数墨入耳出口，以为即此便是学问。退而察其胸中之所存，与夫应事接物，无一不相背驰，圣人教人决不若是。"古人为学之方，与后世支离之弊，此说尽之矣。勉斋其得朱子之传乎？

勉斋黄氏曰："留意讲习，若是实体之于心，见吾一身之中实具此理，操而存之，实有诸己，则不至流于口耳之学。"实体之于心者，心存于讲习时也。操而存之者，心存于讲习后也。讲习时固要心存，不讲习时亦要心存。君子存心之功，宁有已乎？故曰非存心则知行之功无所措。紧要在三"实"字。

勉斋黄氏曰："始之以致知，则天下之理洞然于吾心，而无所蔽；终之以力行，则天下之理浑然于吾身，而无所亏。知之不至则如摘埴索涂，而有可南可北之疑；行之不力，则如敝车羸①马，而有中道而废之患。然则有志于圣贤之域者，致知力行之外，无他道也。"曰始曰终，非截然分为二事，见非知则不能行之意耳。

勉斋黄氏曰："学者初且令识得性情部伍，认得虚灵体面，庶几欲读书存养，不得全无着落。"所谓识者，识何物哉？所谓认者，认何物哉？为何而读书？为何而存养？皆一以贯之而无遗矣。

勉斋黄氏曰："致知乃入道之方，而致知非易事，要须默认实体，方见端的。不然，则只是讲说文字，终日譊譊而真实体段元不曾识，故其说易差而其见不实。动静表里，有未能合一，则虽曰为善而卒不免于自欺也。"默认实体，虽是说知，而行亦在其中矣。观勉斋致知之说如此，则朱子致知之说可知，勉斋其得朱子之传乎？

勉斋黄氏曰："义理以讲习而明，德性以相观而善。古之人所以重朋来之乐者，岂不以此与？"知行固当并进，而知行之资于师友者尤多。不然知以孤陋寡闻而狭，行以孤根独立而倾矣。

云庄刘氏曰："季通先生处家以孝、弟、忠、信仪刑子孙，而其教人也以性与天道为先。自本而支，自源而流，闻者莫不兴起。尝

---

① 原文为"羸"，据文意改。

言文公教人以训诂文义为先，下学上达，固是常序。然世衰道微，邪说交作，学者未知大原，未必不惑于异端之说也。故文公晚年接引后学亦无隐焉。"性与天道，夫子罕言，所常言者，诗书执礼而已，故曰不可得而闻也。今日教人以性与天道为先，且闻者莫不兴起，其故何哉？学者宜细思之。然谓之曰教，亦未尝不以知为先也。

北溪陈氏曰："颜子称夫子循循善诱，亦惟在于博我以文约我以礼而已，无他说也。然二者亦非截然判先后为二事，犹之行者，目视足履，动辄相应，盖亦交进而互相发也。故知之明则行愈远，而行之力则所知又益精矣。"知行并进，知行互为其根者也。

潜室陈氏曰："徒记诵博，而理学不明，不造融会贯通处，是逐其小者忘其大者，反以无用之物累其空明之心，是为玩物丧志。"知此意而后知程子玩物丧志之说。

潜室陈氏曰："君子之学不守诸约，则泛滥支离，固无以为体道之本；不致其博，则狭陋偏党，亦无以尽道体之全。存养省察，致知力行，缺一不可。"

潜室陈氏曰："仁、义、礼、智、信之理，皆具于中而为人心之所固有。然学者苟无存养体验之功，则气质物欲有以蔽之，而无以识其体之实有于己矣。幸而有以识其体之实有于己矣，然或不能博学于文讲求义理以栽培之，则如孤根独立，而无所壅培，非特无以助其生长，而使之进于盛大，亦恐风霜凋摧，而其根将不能以自存也。"存养体验，虽是属行，然必知存养体验为当务之急，而后能存养体验也。此愚所以谓知常在先也。况所存何物？存吾良知之天耳。养者养何物？养吾良知之天耳。所体验者又是何物？不过体验吾此心此理之实何如耳。故愚尝谓知有二：有涵养体验之知，有讲求义理之知。世之人但知讲求义理为知，而不知涵养体验亦属知也。此其所以支离困惫，而卒不能造于浑化之境界也。

西山真氏曰："学者观圣人论人之得失，皆当反而观己之得失，然后为有补云。"此教人以读书之法也。古人所谓博文者，意正如此。

西山真氏曰："程子云：'涵养须用敬，进学则在致知。'盖穷理以此心为主。欲穷理而不知持敬以养心，则思虑纷纭，精神昏乱，于义理必无所得。知持敬以养心矣，而不知穷理，则此心虽清明虚静，又只是个空荡荡底，其于应事接物，必不能皆当。释氏禅学正是如此。故必以敬涵养，而又博学、审问、慎思、明辩以致其知，则于清明虚静之中而众理悉备。其静则湛然寂然，而为未发之中；其动则泛应曲当，而为中节之和。天下义理，学者工夫无以加于此。自伊川发出，而文公又从而阐明之，《中庸》'尊德性而道问学'，即此意也。"此千古圣贤相传之秘旨也。吾儒之所以异于禅学，正在于此，非西山固不能发明至此也。西山其知朱子者哉！

西山真氏曰："学问之道有三，曰省察也，克治也，存养也。是三者不容以一阙也。夫学者之治心犹其治疾，然省察焉者，视脉而知疾也；克治焉者，用药以去疾也；而存养焉者，则又调虞爱护以杜未形之疾者也。"由此观之，知行岂容阙一者乎？

西山真氏曰："圣贤大道为必当繇，异端邪径为不可蹈，此明趋向之要也。非义而富贵，远之如垢污，不幸而贱贫，甘之如饴蜜。志道而遗利，重内而轻外，此审取舍之要也。欲进此二者，非学不能。学必读书，然书不可以泛读，先《大学》，次《论》《孟》，而终之以《中庸》，经既明，然后可观史，此其序也。沉潜乎训义，反复乎句读，以身体之，以心验之，循序而渐进，熟读而精思，此其法也。然而所以维持此心，而为读书之地者，岂无要乎？亦曰敬而已矣。平居齐栗，如对神明，言动酬酢，不失尺寸，则心有定主而义理入矣。盖操存固则知识明，知识明则操存愈固，子朱子之所以教人大略如此。"此知行互为其根者也。西山其知朱子者哉！

临川吴氏曰："子贡之颖悟，曾子之诚笃，皆俟其每事用力，知之既遍，行之既周，而后引之，会归于一以贯之之地。无子贡、曾子平日累计之功，则一贯之旨不可得而闻也。近世程子受学于周子，而太极一图终身秘藏，一语曾莫之及，宁非有深虑乎？夫小德之川流，道之派也；大德之敦化，道之源也。未周遍乎小德而欲窥觇乎大德，是以舍派而寻源者也。"孟子所谓博学而详说之，将以反说约也，意正如此。

临川吴氏曰："今之学者之学，不过二端，读书与为文而已矣。

读书所以求作圣之路途，而或徒以资口耳。为文所以述先世之训辞，而或徒以眩萃采。如是而学，欲以变化其气质，不亦难哉？宜其愈学而无益，虽皓首没世犹夫人也。"读书者，思取法乎先圣也；作文者思修辞以立诚也。如是而学，庶不差矣。尚谓气质之不可变乎？

临川吴氏曰："天之所以生人，人之所以为人，以此德性也。然自孟氏以来，圣传不嗣，汉唐千余年间，董、韩二子依稀数语近之，而原本竟昧昧也。宋初如胡如孙首明圣经以立师教，一时号为有体有用之学。然稽其所极，庶越董、韩者无几，是何也？于所谓德性未尝知所以用其力也。逮夫周、程、张、邵兴，始能上通孟氏而为一。程氏四传而至朱，文义之精密，又孟氏以来所未有者。而其学徒往往滞于此而溺其心。夫既以世儒记诵词章为俗学矣，而其为学亦未离乎言语文字之末，甚至专守一艺而不复旁通它书。掇拾腐说而不能自遣一辞，反俾记诵之徒嗤其陋，词章之徒讥其拙，此则嘉定以后朱门末学之敝，而未有能救之者也。夫所贵乎圣人之学，以能全天之所以与我者尔，天之与我德性是也，是为仁义礼智之根株，是为形质血气之主宰，舍此而它求所学，果何学哉？假而行如司马文正公，才如诸葛忠武侯，亦不免为习不著行不察，亦不过为资器之超于人，而谓有得于圣学则未也。况止于训诂之精，讲说之密，如北溪之陈、双峰之饶，则与彼记诵词章之俗学，相去何能以寸哉？汉唐之儒无责焉，学大明于宋代，而踵其后者如此可叹已澄也。钻研于文义，毫分缕析，每犹以陈为未精，饶为未密也。堕此科臼之中，垂四十年而始觉其非，自今以往，一日之内子而亥，一月之内朔而晦，一岁之内春而冬，常见吾德性之昭昭，不使有须臾之间断，则于尊之之道，殆庶几乎于此。有未能则问于人学于己，而必欲其至，若其用力之方非言之可喻，亦味于《中庸》首章，《订顽》终篇，而自悟可也。夫如是齐于贤，跻于圣，如种之有获，可必其然也。若夫为是标榜，务以新美其名，而不务允蹈，其实是乃近代假托欺诳之儒，所以误天下误国家而自误其身，使异己之人得以借口而斥之为伪学者，其敝又浮于朱学之外。"草芦此言，盖欲痛革末世支离之弊，意则善矣，然未深知朱子者也。夫朱子之所谓知者，正欲人知此德性所当尊也，知此德性为何如物也，非尊德性之外，别有所谓知也，是其意未尝不以尊德性为主也。草芦未能发扬乎此，非惟不知朱子，则其平日之所谓学，虽曰稍知从事于身心，终不能胜其言语文字之习，此所以见之未定，晚年犹有此论也。晚年所论，虽知以尊德性为主，其实不知知即是行之义，犹是分知行为二事，犹是行不著习不察也。千载而上，惟孟子为能知之，曰思诚，曰思则得之，曰有放心而不知求之者，曰至于心而不知所以求之者，曰知言养气，曰知皆扩而充之，曰学问之道在求其放心，曰博学而详说之，将以反说约是也。孟子而上，惟孔、颜、曾、思知之，曰明诚，曰择守，曰格、致、诚、正，曰博约，曰知及仁守是也。孔子而上，惟尧、舜、禹、汤、文、武知之，曰精一执中之相传是也。夫知者，行之主意，知即是行也；行者，知之成功，行即是知也。前贤不能外此以为教，后贤不能外此以为学。故知行二字，乃圣贤教人之定规也。其或有专言知专言行者，有先言知先言行者，乃因病用药，圣贤应机接物之微权，未可执此以为例也。草芦矫末世支离之弊，而欲人知尊德性者，必先为此论以觉天下之人，未能舍知以为先也。世儒矫末世支离之弊，而专以力行为言者，必先为《传习录》以觉天下之人，未能舍知以为先也。夫何遂以格物为正物，以博文为事事尽道理，以惟精为纯乎天理，以明善为力行其善，显然可见。以孔子多闻多见为闻见之知，虽立言宗旨不背古人，而矫枉过甚，不免启后学猖狂。自是之失，草芦所谓务新美其名，而不务允蹈，其实此乃假托欺诳之儒，误己误人，其弊又浮于朱学之外。此正今日学者之大弊也。

临川吴氏曰："庸斋序《夹漈通志》，惜其不及伊洛之门，相与切劘格物之学，而反博于约。其意固为忠厚，然在昔游伊洛之门而不得其学者亦众矣。使夹漈生于其时，讲于其说，其反博而约也可必乎？况夹漈之博物，初非颜子之博，何遽能一反而至于约哉？庸斋号为主伊洛，然观其言，则于伊洛格物之说，盖未之有闻也。知者，心之灵而智之用也，未有出于德性之外者。今曰真知者，德性之知；多知者，闻见之知。然则知有二乎哉？夫闻见者，所以致其知也。夫子曰'多闻阙疑，多见阙殆'，又曰'多闻，择其善者而从之，多见而识之'。盖闻见虽得于外，而所闻所见之理则具于心，故外之物格，则内之知致。此儒者内外合一之学，固非如记诵之徒博览于外而无得于内，亦非如释氏之徒专求于内而无事于外也。今立真知多知之目，而外闻见之知于德性之知，是欲矫记诵者务外之失，而不自知其流入于异端也。圣门一则曰多学，二则曰多学，鄙孤陋寡闻而贤以多问寡，曷尝不欲多知哉？记诵之徒则虽有闻有见，而实未尝有知也。朱子于《大学或问》尝言之矣，曰此以反身穷理为主，而必究其本末是非之极致，是以知愈博而心愈明，彼以徇外夸多为务，而不核其表里真妄之实，然是以识多而心愈窒。夹漈惟徒知其物而不核其实，又乌足以语博约之说哉？"草芦所谓知岂有二乎哉？可谓得其肯綮者矣。是故知知无二，而后知格致博文之说，皆非求之于外者矣。然则此篇所论似与上篇相反者，何哉？曰上篇所论盖以矫末世支离之弊，欲人不可逐末而忘本也。此篇所论，盖以阐内外合一之学，欲人不可事内而遗外也。均之为垂训之意也。

鲁斋许氏曰："凡为学之道，必须一言一句自求己事，如《六经》《语》《孟》《中》，我所未能，当勉而行之；或我所行不合于《六经》、《语》、《孟》、《中》，便须改之。先务躬行，非止诵书作文而已。"此教人以读书之法也。古人所谓博文者，意正如此。然曰先务躬行，亦尊德性而道问学之意也。

鲁斋许氏曰："凡事一一省察，不要逐物去了，虽在千万人中，常知有己，此持敬大略也。"朱子曰"未有致知而不在敬者"，而此以常知有己为持敬大略，则知又为持敬之本可知，是故知行虽不可以先后言，而知实为主也。

鲁斋许氏曰："二程以格物致知为学，朱子亦然，此所以度越诸子。《大学》，孔氏之遗书也，其要在此。凡行之所以不力，只为知之不真，果能贞①知，行之安有不力者乎？博学之，审问之，慎思之，明辩之，只是要个知得真，然后道笃行之一句。"此鲁斋所以得

---

① "贞"疑为"真"字之讹误。

朱子之传也。才思知得要真，则行的意思便在里面，此言外之意也。

程篁墩曰："宇宙之间，道一而已。道之大原出于天，其在人则为性而具于心。心岂有二哉？惟其蔽于形气之私而后有性，非其性者。故孔门之教，在于复性，复性之本，则不过收其放心焉尔。颜之四勿，曾之三省，与子思之尊德性道问学，孟子之先立乎大者而小者不能夺，其言凿乎如出一口。诚以心不在焉，则无以为穷理之地，而何望其尽性以至于命哉？中士以来去圣益远，老佛兴而以守玄悟空为高，训诂行而以分章析义为贤，辞华胜而以哗世取宠为得，由是心学晦焉不明，尼焉不行。虽以董、韩大儒，尚歉于此，而亦何觊其他哉？子周子生千载之下，始阐心性之微旨，推体用之极功，以上续孟氏之正传，而程子实亲承之。其言曰圣贤千言万语，只寻向上去，下学而上达也。此其言之切要，意之诚恳，所望于后学者何如？而卒未有嗣其统者。朱、陆两先生出于洛学销蚀之后，并以其说讲授于江之东西，天下之士靡然从之。然两先生之说，人知其有异而不知其卒归于同也。至谓朱子偏于道问学，陆子偏于尊德性，是岂善言德行者哉？夫朱子之道问学，固以尊德性为本，岂若后之分章析义者，毕力于陈言？陆子之尊德性，固以道问学为辅，岂若后之守玄悟空者，悉心于块坐走？诚惧夫心性之学将复晦且尼于世，而学者狃于道之不一也。考见其故，详著于篇。"论朱陆之学之同始见于此。

甘泉先生曰："所谓致知涵养者，察见天理而存之也，非二事也。"

甘泉先生曰："良知之说出于孟子，夫复何疑？致字须兼学问思辨笃行之功，则所知无过不及，而皆天理之知，则良矣。若无学问思辨功夫，则所知弗或过则或不及，如杨氏之知为我，墨氏之知兼爱，皆知也，致其知必至无父无君而为害之大者，又安得良？"

甘泉先生曰："读书有涵泳持养之功，有穷格发明之益，于此有得，必有不知其手舞足蹈之乐，心广体胖之验。而吾弟以为心病者何耶？圣贤之书将以养心非以病心也，无乃求之太深，索之太苦，而所谓执事敬者犹有未得要乎？"

甘泉先生曰："格物是大头脑，必知格物，则所致所诚所正所以修齐治平者，方有着落，不然恐无入头处。比为老氏之学者，亦非不言诚意，只为其不知此一着，便不知止了，与吾儒异。"

甘泉先生曰："乾知太始，主在念头上；坤作成物，主在实践上。通贯一段功夫乃为佳耳。"

诸生有言博约之功者。甘泉曰："若如此说，还是将圣贤说话牵搭在自己意思上，恐不是原初指以精一为执中功夫，则是以博文为约礼功夫，则犹有说。圣人立教，直是万世无弊，全体不息。"呈祥曰："博与约反而实相成也，文与礼异而实相贯也。谓博文非约礼工夫，固不可；谓工夫止在博文不在约礼，亦不可。礼既为天理之节文，而文又为人伦事物粲然之文，则文与礼义亦无异。义理文势两无所着，决非孔子立言之宗旨。夫以博文为人伦事物粲然之文，不知以余力学文之文，文行忠信之文，又为何文哉？易简之言，出于孔子，然孔子未尝有心于易简，而卒亦未尝不易简也。近世高明之士，好为易简之论，而不知有心于易简，是多一易简字矣。是以立言不若孔子之中正而无偏也。"

阳明王氏曰："知之真切笃实处，即是行；行之明觉精察处，即是知。知行本不可离，只为后世学者分作两截用功，失却知行本体，故有合一并进之说。真知即所以为行，不行不足谓之知。此虽吃紧救弊而发，然知行之体，本来如是。"东石王氏曰：若如阳明谓行即是知，只于行上用功，则几微毫发之间必有所不精，理欲邪正之途必有所或昧，而欲其行之无不当也，断不可得矣。所谓差之毫厘缪以千里之失，其能免乎？故知行工夫必兼尽并进而后可，而所谓合一者即此是矣。若由其工夫而推论其妙，则知中亦有行，即所谓知之真切笃实处，即是行也；行中亦有知，即所谓行之明觉精察处，即是知①也。谓知行之体，本来如是亦可也。谓真知即所以为行，不行不足谓之知，亦可也。但若泥其本体而遂欲混其工夫，舍知而径行，因行以为知，则背乎圣门之教而为学者之害也大矣！

古源山人曰："饶氏谓知本二字即物格二字之误。东阳许氏谓，若如此说，则'此谓知本''此谓知之至也'两句，总是格物致知

---

①　原文为"行"，据文意改。

章结句耳，非衍文也。"遭秦焚火之后，岂无错简？岂无缺文？《大学》所谓此谓知本，此谓知之至也，明是《格致章》结句无疑。但脱传首所谓致知在格物者一句，是以启后儒纷纷之议耳。有结句而无首句，明是脱漏无疑，今因脱漏之传而遂欲变乱圣经之全文，可乎？

古源山人二论卷之八

男 敬之　姪 谦然　校刊

朱子晚年论上

阳明先生有《朱子晚年定论》之编，而陆子晚年所论则未之及也。夫陆子晚年所论，即朱子早年所论，编朱子晚年论，而不及陆子晚年论，是阳明先生欲讳之也。陆子晚年造诣弥高，阳明学宗陆子，而反不及其晚年所论，何与？夫二公晚年所论，盖以救学者末流之弊，而各补其早年之所未足者也。各补其所未足，而独遗其一，可乎？予今既集朱子晚年所论为上篇，盖不没阳明救世之意，复集陆子晚年所论为下篇，盖不废古人教人之常规云。

《答项平父书》云："大抵子思以来，教人之法，惟以尊德性、道问学两事，为用力之要。今子静所说，专是尊德性事，而熹平日所论却是道问学上多了。所以为彼学者多持守可观，而看得义理全不子细。又别说一种杜撰道理，遮盖不肯放下，而熹自觉虽于义理上不敢乱说，却于紧要为己为人上，多不得力。今当反身用力，去短集长，庶几不堕一边耳。"程篁墩曰："按此书则知朱子所以集诸儒之大成者，如此世之祸心自用务强辨以下人者，于是可以惕然而惧，幡然而省矣。然陆子亦有书论为学，全与朱子合而无中岁枘凿之嫌。"

《答吕子约书》云："大抵此学以尊德性、求放心为本，而讲于圣贤亲切之训，以开明之，此为要切之务。若通古今，考世变，则亦随力所至推广增益，以为补助耳。不当以彼为重，而反轻凝定妆敛之实，少圣贤亲切之训也。若如此说，则是学问之道不在于己，而在于书；不在于经，而在于史。为子思、孟子则孤陋狭劣而不足观，必为司马迁、班固、范晔、陈寿之徒，然后可以造于高明正大简易明白之域也。"徐少湖曰："子思不徒曰尊德性，而必继之以道问学①，则可见功夫之有在，而为尊德性者所不能遗。不徒曰道问学，而必先之以尊德性，则可见主本之有定，而为道问学者所不能外。不徒曰尊德性道问学，而必合之以'而'之一字，则可见其为一事，而非耦立并行者之可伦。是故尊德性道问学一也。朱子世以为专道问学，而其言必主于尊德性；陆子世以为专尊德性，而言不遗夫道②问学。此两夫子所以同也。学者苟反身以究夫学之不容二，而又虚心以观两夫子之言，则可无疑于纷纷之说矣。"或问于呈祥曰："子思先言尊德性，而后及于道问学；夫子告哀公先言明善，而后及于诚身戒；子张学干禄先言多闻多见，而后及于慎言慎行；颜子称夫子善诱人，先言博文而后及于约礼，何与？"呈祥曰："言明善而即继之以诚身，则知明善的主意在于诚身。言多闻多见而即继之以慎言慎行，则知闻见的主意在于言行。言博文而即继之以约礼，则知博文的主意在于约礼。是亦尊德性而道问学之意也。"

《答周叔谨书》云："书中所说收拾放心乃是紧切下工夫处，讲学乃其中之一事。""其中"二字当玩味。

《答黄直卿书》云："为学直须先要立本。文义即可，且与说出正意，令其宽心玩味。未可，便令考校同异研究纤悉，恐其意思促迫难得长进，将来见得大意，略举一二节目渐次理会，盖未晚也。此是向来定本之误，今幸见得，却烦勇革，不可苟避讥笑，却误人也。"朱子尝谓非存心无以致知，即此先要立本之意也。立本之说，早年亦常言之，固不待晚年也。定本云者，犹谚云规则例也。圣贤教人有定本，知行二字，乃圣贤教人定本也。朱子初年教人，每令学者讲求文

---

① 原文为"问道学"，据文意改。
② 据文意增补"道"字。

义，使知圣贤为学之要，庶几所行不差所向云尔。此亦定本所在也。其后学者不免昧本旨而专求传注，昧大意而专事烦琐考校同异研究，纤悉驰心文义，有忘本逐末之患，意思迫促无宽舒自得之意。此朱子之所深忧也。然此非朱子之过也，不善学者之过也。误在学者，非误在朱子也。其曰"向来定本之误"者，谓向者拘定本之说以教人，反以启学者支离之弊耳。盖痛自悔恨，冀以感悟乎人耳。世之儒者恶末世支离之弊，欲援是以伸其格致之说，且将古人精一博约明诚择守之类，一切更攻殆尽，而乃晓晓然以号于人曰，吾之学求之于心也，非求之于外也。呜呼，朱子之学独非求之于心也哉！此书与《答张敬夫书》只是一意，学者宜细考之。

《答吕子约书》云："日用工夫，比复何如？文字虽不可废，然涵养本原而察于天理人欲之判，此是日用动静之间，不可顷刻间断底事。若于此处见得分明，自然不到得流入世俗功利权谋里去矣。熹亦近日方实见得向日支离之病，虽与彼中证候不同，然忘己逐物贪外虚内之失，则一而已。程子说不得以天下万物挠己，己立后自能了得天下万物。今自家一个身心不知安顿去处，而谈王说伯，将经世事业别作一个伎俩商量讲究，不亦误乎？"既曰涵养本原，而必察夫理欲之判，则知为先务也可见。又曰于此处见得分明，则自然不到得流入世俗功利矣，则知即是行也可见，不但已也。又曰近日方实见得，又曰自家身心不知安顿去处，拳拳以知为言，则夫教人以力行之计者，舍知之外，又岂别有一方法者乎？

《答何叔京书》云："若使道可以多闻博观而得，则世之知道者为不少矣。熹近日因事方有少省发处，如鸢飞鱼跃，明道以为与必有事焉勿正之意同者，今乃晓然无疑。日用之间，观此流行之体，初无间断处、有下工夫处，乃知日前自诳诳人之罪，盖不可胜赎也。此与守书册泥言语，全无交涉，幸于日用间察之知此，则知仁矣。"此为徒博文而不知求诸心者发也。孔子尝曰："学而不思则罔"，又曰："以思无益，不如学也"；尝曰："不学诗，无以言"，而又曰："使于四方，不能专对，虽多，亦奚以为是。"故圣贤教人无定术，犹医者之治病无定方也。今欲援是而废孔子博文之说，废朱子格致之说，其殆主张太过而欠反复精思者之故与？然曰因事省发，曰晓然无疑，曰观此流行之体，曰幸于日用间察之，则其吃紧为人之际，亦未尝不拳拳在于知也。

《答潘叔昌书》云："示喻天上无不识字底神仙，此论甚中一偏之弊。然亦恐只学得识字，却不曾学得上天即不如，且学上天耳。上得天了，却旋学上大人亦不妨也。中年以后，气血精神能有几何，不是记故事时节。熹以目昏，不敢着力读书，闲中静坐，收敛身心，颇觉得力。间起看书，聊复遮眼，遇有会心处时，一喟然耳。"此亦为徒知读书，而不知收敛身心者发也。

《答潘叔度书》云："熹哀病，目力全短，看文字不得，冥目静坐，却得收拾放心，觉得日前外面走作不少，颇恨盲废之不早也。看书鲜识之喻诚然。然严霜大冻之中，岂无些小风和日暖意思，要是多者胜耳。"意已见上。

《与周叔谨书》云："近来吕、陆门人互相排斥，此由各徇所见之偏，而不能公天下之心以观天下之理，甚觉不满人意。熹近日亦觉向来说话有大支离处，反身以求，正坐自己用功亦未切耳。因此减去文字功夫，觉得闲中气象甚适。每勤学者亦且看孟子道性善、求放心两章，着实体察收拾为要。其余文字且大概讽诵涵养，未须大段着力考索也。"陆氏专主力行之说非不是，但不察朱子知行之说亦非不在于力行，此则其粗心浮气之失耳。今不罪其不察之非，而并弃其所言之是，是不能虚心平气以观天下之理。其与陆氏之粗心浮气，相去何能以间哉！朱子反己之说，正是虚心平气忘己，以观天下之理。其不没人之善，正与大舜舍己从人一同，此其所以为学之大成也。

《答陆象山书》云："熹哀病日侵，所幸迩来日用功夫，颇觉有力，无复向来支离之病。甚恨未得从容面论，未知异时相见，尚复有异同否耳？"意已见上。

《答吕子约书》云："向来诚是太涉支离，盖无本以自立，则事事皆病耳。今日正要清源正本，以察事变之几微，岂可一向汩溺于故纸堆中，使精神昏弊，失后忘前，而可以谓之学乎？"孔子曰："吾常终日不食，终夜不寝，以思，无益，不如学也。"孔子岂思而不学者哉？盖为徒思而不学者发耳。然则朱子岂涉支离者哉？为学者流弊而发耳。人但见其有向来二字，遂以为晚年定论，误矣！

《与吴茂实书》云："近来自觉向时工夫，止是讲论文义，以为积集义理，久当自有得力处，却于日用工夫全少点检。诸朋友往往亦只如此做工夫，所以多不得力。"知行并进，则知行互相发，自有得力处矣。须知"止是"二字最紧要。止是者，止于此而不能无乎彼也。

《答张敬夫书》云："近日一种向外走作，心悦之，而不能自已者，皆准止酒例，戒而绝之，似觉省事。此前辈谓下士晚闻道，聊以拙自修者。若充扩不已，补复前非，庶其有日。又曰平日解经，最为守章句者，然亦多是推衍文义，自做一片文字，非惟屋下架屋，说得意味淡薄，且是使人看者，将注与经作两项工夫做了。下稍看得支离，至于本旨，全不相照。以此方知汉儒善说经者，不过只说训诂，使人以此训诂玩索经文，不相离异，只做一道看了，真是意味深长也。"所谓"准止酒例，戒而绝之"者，亦有为而言也。世儒欲废博文之说，而不援此以为证，天下后世其孰从而信之？朱子解经，以义理为主，而事迹次之，有功于经大矣。汉儒焉能及之？其犹云尔者，亦谦己诲人之意，望道未见之心也。

《答吕伯恭书》云："道间与季通讲论，因悟向来涵养工夫全少，而讲说又多疆探必取寻流逐末之弊。推类以求，众病非一，而其源皆在此。恍然自失，似有顿进之功。若保此不懈，庶有望于将来，然非如近日诸贤所谓顿悟之机也。"此见朱子进学不已之意。然曰因讲论而有悟，则其所进未尝不因知而得之也。且既曰"恍然自失，似有顿进之功"，而又曰"非如近日诸贤所谓顿悟之机"，则其立言亦自完全而无渗漏矣。

《答吕子约书》云："年来觉得日前为学，不得要领，自做身主不起，反为文字夺却精神，不是小病。每一念之，惕然自惧，且为朋友忧之。"孟子曰："学问之道①无他，求其放心而已矣。"要领者，

---

① 此处原文作"他"，当是"道"字之误，孟子原文作"道"。

求放心之谓也。不然主客莫辨，徒费精神而无益。贪外忘内之病，夫岂小哉？须知"觉"字最紧要，非觉则不知此是大病也。故曰知常在先也。

《答林择之书》云："前日不知敬字上用力，徒以口耳浪费光阴。人欲横流，天理几灭。今而思之，怛然震悚，盖不知所以措其躬也。"前日不知，而今日思之，此所以怛然震悚也。须知"不知"与"思之"四字最紧要。

《答林择之书》云："此中见有朋友数人讲学其间，亦难得朴实头负荷得者。因思日前讲论，只是口说，不曾实体于身，故在己在人，都不得力。今方欲与朋友说，日用之间常切点检气习偏处、意欲萌处，与平日所讲相似与不相似，就此痛着功夫，庶几有益。陆子寿兄弟近日议论，却肯向讲学上理会，其门人有相访者，气象皆好，但其间亦有旧病。此间学者，却是与渠相反。初谓只如此讲学，渐涵自能入德，不谓末流之弊，只成说话，至于人伦日用，最切近处亦不得毫毛气力。此不可不深惩而痛警也。"孔子既曰好古敏求，而又曰汝以予为多学而识之者与；既曰叩两端而竭焉，而又曰予求无言；既曰未之思也，夫何远之有，而又曰以思无益不如学也；既曰吾道一以贯之，而又曰子以四教。是知圣贤教人，初何定论之有，抑扬轻重之间，不过随时随事以为转移之术耳。其曰末流之弊，则非朱子之初意，可知晚年所论，规学者末流之弊耳，非真谓前说为非也。且曰陆氏兄弟近日却肯向学，其门人来访者间亦有旧病，则其不满于陆氏之门人但知力行而不知讲学者，亦隐然见于言表矣。然则谓朱子晚年所论为定论者，谓之不知朱子可也。

《答梁文叔书》云："近看孟子见人即道性善，称尧舜，此是第一义。若于此看得透，信得及，直下便是圣贤，便无一毫人欲之私做得病痛。若信不及，孟子又说第二节工夫，引成覸、颜渊、公明仪三段说话，教人如此发愤勇猛向前，日用之间不得存留一毫人欲之私在这里，此外更无别法。若于此有个奋迅兴起处，方有田地可下功夫，不然即是书脂镂水无贞实得力处也。近日见得如此自觉，颇得力，与前月不同。"曰看得透，信得及，直下便是圣贤，则知即是行可见，须知"看"字"见"字最紧要。

《答潘恭叔书》云："学问根本在日用间持敬集义，工夫直是要得念念省察，读书求义乃其间之一事耳。旧来虽知此意，然于缓急先后之间终是不觉，有倒置处，误人不少，今方自悔耳。"省察、读书，皆致知工夫也。而省察之方，则载之于书，必读书而后知之，则读书非所先耶？然省察者，考得失于己也；读书者，考得失于书也。考于书者，固不若考于己者之为切矣。使其以省察之心为读书之心，则反观之下开卷有益，又何先后缓急之可言哉？惟其不然，而势必趋于记诵也。不免有贪外忘内之失，是以不得不为此抑扬轻重之论，觉己以觉乎人耳。

《答何叔京书》云："李先生教人，大抵令于静中体认大本未发时气象分明，即处事应物自然中节，此乃龟山门下相传指诀。然当时亲炙之时，贪听讲论，又方窃好章句训诂之习，不得尽心于此，至今若存若亡无一实见处，辜负教育之意。每一念此，未尝不愧汗沾衣也。"知中为天下之大本，则知延平令学者体认未发时气象为第一紧要工夫，而不可缓矣。然曰体认分明则应事自然中节，知即是行为可见。章句训诂之习，亦学者所不可废。但谓好章句训诂之习，不尽心于此，则可愧耳。

《答何叔京书》云："熹近来尤觉昏惯无进步处，盖缘日前偷堕苟简，无深探力行之志，凡所论说皆出入口耳之余，以故全不得力。今方觉悟，欲勇革旧习，而血气已衰，心志亦不复疆，不知终能有所济否？"为此论者，盖为讲论之功多、力行之功疏而发也，非徒以诲人，盖真以自警也。

《答何叔京书》云："向来妄论持敬之说，亦不自记其云何。但因其良心发见之微，猛省提撕使心不昧，则是做工夫底本领。本领既立，自然下学而上达矣。若不察良心发见处，即渺渺茫茫，恐无下手处也。所喻多识前言往行，固君子之所急。熹向来所见亦是如此，近因反求未得个安稳处，却始知此未免支离。如所谓因诸公以求程氏，因程氏以求圣人，是隔几重公案，曷若默会诸心以立其本，而其言之得失自不能逃吾之鉴耶？"均一多识也。然彼以之蓄其德，此则未免为支离。何哉？盖彼之多识求之于心也，此之多识求之于书也。求之于心，则彼之言即我之言，彼之行即我之行焉。往而不为蓄德之资，否则书自书而我自我，此俗儒之学所以异于圣贤之学也。若使本领既立，则自无此失矣。朱子尝谓非存心无以致知，夫岂不知此弊而复自蹈之者耶？为此言者，特以觉乎夫人之不知存心者耳，而亦因以自警也。然曰提撕，曰察，曰默会，则亦未尝不以知为先也。

《答林择之书》云："所论颜、孟不同处，极善极善。正要见此曲折始无窒碍耳。熹近只就此处见得向来未见底意思，乃知'存久自明，何待穷索'之语是真实不诳语。今未能久已有此验，况真能久邪？但当益加勉励，不敢少弛其劳耳。"此为徒穷索而不知存心者发也。然曰"正要见此曲折"，则亦未尝不以知为先也。

《答杨子直书》云："学者堕在语言，心实无得，固为大病。然于语言中罕见有究竟得彻头彻尾者，盖资质已是不及古人，而功夫又草草，所以终身于此若存若亡，未有卓然可恃之实。近因病后不敢极力读书，闲中却觉有进步处，大抵孟子所论求其放心是要诀尔。"为何而读书？为知此求放心之要诀耳。今既不然矣，故不得不提此要诀以示人，为是伸此抑彼之论也。然既曰"闲中却觉有进步处"，而又曰"于语言中罕有究竟得彻头彻尾者"，则是持衡无一定之权，轻重无一定之势，未尝专主一端之说以教人也。是故知此意而后知吾所谓知即是行之说矣，知此意而后知阳明所谓行即是知之说矣。

《答陈才卿书》云："若知此心此理端的在我，则参前倚衡自有不容舍者，亦不待求而得，不待操而存矣。格物致知亦是因其所已知者，推之以其未知，只是一本原无两样工夫也。"此发明格致之说无余蕴也。朱子恐人求之于外，故为是近裹着己之言以示人也。心非死物也，因事因物因耳目闻见有所感触处，便是良知之发，便是所已知也。即此推之以及其所未知，便是格物。此便是存心之妙诀，便是孟子所谓思则得之者也。然则格物岂求之于外也哉？是故何物非我，何我非物，何事非理，何理非心？只是一本原无两样工夫也。

《与刘子澄书》云："近觉向来为学，实有向外浮泛之弊，不惟自误人，亦不少方，别寻得一头绪，似差简约端的。始知文字言语之外，贞别有用心处，恨未得面论也。"所谓言语文字者，得非读书与讲论之谓乎？孔子曰博我以文，约我以礼，既曰博文，而又曰约礼，则知博文之主意在于约礼也。主意在于约礼，则博文为约礼之工夫可知，约礼为博文之归宿可见，是知行互相资，知行实一事也。今日文字言语之外，别有用心处，是分知行为二事，非所以为训矣。盖此为向外浮泛者而言之也。向外浮泛者，徒从事于言语文字而不知反求其本心，故不得不为此反本之论以救之也，亦孔子礼奢宁俭之意也。

《答吕子约书》云："日用工夫，且要见一大头脑分明，便于操舍之间有用力处，如实有一物把住放行在自家手里，不是谩说求其放心，实却茫茫无把捉处也。"谓之曰"要见一大头脑分明"，则知为先务也可见。子约复书云："某盖尝深体之，此个大头脑本非外面事，是我元初本有底。其曰人生而静，其曰喜怒哀乐之未发，其曰寂然不动。人汨汨地过了日月，不曾存息，不曾实见此体段，如何会有用力处？程子谓，这个义理仁者又看做仁了，智者又看做智了，百姓日用而不知，此所以君子之道鲜。此个亦不少亦不剩，只是人看他不见，不大段信得此话。及其言于勿忘勿助长间认取者，认乎此也。认得此，则一动一静皆不昧矣。恻隐、羞恶、辞让、是非，四端之著也，操存久则发见多，忿懥忧患，好乐恐惧，不得其正也。放舍甚则日滋长。记得南轩先生谓，验厥操舍乃知出入，乃是见得主脑，于操舍间有用力处之实话。盖苟知主脑不放下，虽①是未能操存，然语默应酬间历历能自省，验虽非外实有一物在我手里，然可欲者是我底物，不可放失，不可欲者非是我物，不可留藏，虽谓之实有一物在我手里亦可也。若是谩说既无归宿，亦无依据，纵使强把捉得住，亦只是袭取，夫岂是我元有的底邪？愚见如此，敢望指教。"朱子答书云："此段大概甚正当亲切。"

《与吕子约书》云："孟子言，学问之道惟在求其放心。而程子亦言心要在腔子里。今一向耽着文字，令此心全体都奔在册子上，更不知有己，便是个无知识不识痛痒之人。虽读得书，亦何益于吾事邪？"读书而不知求其放心者有之矣，未有不读书而求其放心者也。所谓"此

---

① 原文为"雄"，据文意改。

心都奔在册子上，更不知有己"，是书不能为吾用，而吾心反为书所夺矣。此意也，孔孟以前未知有言也，至朱子始言之。夫义理无穷，世变无尽，固非一圣一贤之所能尽发明也，惟居此时遇此事方有此言耳，固不先天以开人也。今欲因此而遂废古人博闻之说，得非矫枉过甚者耶？是故秦皇焚书之事可以鉴①矣。

《答吴德夫书》云："去人欲存天理，且据所见，去之存之功夫既深，则所谓似天理而实人欲者，次第可见，今大体未正而便欲察及细微，恐有放饭流歠，而问无齿决之讥也。如何如何？"须知两"见"字最紧要。上"见"字，知中有行也；下"见"字，行中有知也。上"见"字乃下"见"字之母。

朱子曰："中和二字，皆道之体用。旧闻李先生论此最详，如云人固有无所喜怒哀乐之时，然谓之未发则不可言无主也。又如先言慎独，然后及中和，此意亦尝言之。当时既不领略，后来又不深思，遂成蹉过，孤负此翁耳。"不领略，不深思，则不知其言之精密，所以遂成蹉过也。此圣贤教人所以必以知为先也。然朱子《中庸注》未尝不用延平之意，虽稍有不同，然大意则未尝相背也。是岂真不领略不深思者哉？其犹云尔者，特以其见于力行之间，未能恳切至到，有负延平之教为可恨耳。此则朱子之所自知，而他人不及知也。观"遂成蹉过"之言，则可见。

《答刘子澄书》云："日前为学缓于反己追思，凡百多可悔者，所论注文字，亦坐此病，多无着实处。回首茫然，计非岁月功夫所能救治，以此愈不自快。"学者缓于反己急于文义者，每每以朱子先知后行之说为言，而不知其支离亦甚矣。故不得不痛自悔恨，以感悟之也。然此岂朱子之罪哉？不善学者之罪也。今观其所论注文字，真无遗恨矣。惟补格致之说，不以物有本末之物为言，而以天下之物为言，措辞少涉支离耳。然以格致为知，以诚正为行，大意未尝不是也。今欲因此追悔之语，援此为证，而遂废古人知行之说，其殆痴人前难与语梦也与？

---

①　原文为"监"，据文意改。

陆子晚年论下

杨氏廉曰：吕氏兄弟五人，若大忠、大钧、大临三人，皆从横渠学，而卒业于二程者也。横渠教人以礼为先，固宜。吕氏兄弟，人人好礼。三人之贤，大临为最，在程门，与游、杨、谢称四先生。若乡约，则大钧所著也。

朱子曰：吕公家传，深有警悟人处。但其论学，殊有病。如云：不主一门，不私一学，则博而杂矣。如云：直截径捷以造圣人，则约而陋矣。最后论佛学犹可骇叹。程门千言万语，只有见儒者与释氏不同处，而吕公学于程氏，意欲直造圣人，尽其平生之力，乃及见得佛与圣人合，岂不悖戾之甚哉！夫以资质之纯美，涵养之深厚如此，疑若不叛于道，而穷理不精，错谬如此，流传于世，使有志于道而未知所择者，坐为所误。盖非特莠之乱苗，紫之乱朱而已也。又曰：吕家学问，更不须理会，直是可以为戒。

其早年所论有暗合乎晚年者，亦附见于此。

《与赵咏道书》云："为学有讲明，有践履：《大学》致知格物，《中庸》博学审问谨思明辩，《孟子》，始条理者智之事，此讲明也；《大学》修身正心，《中庸》笃行之，《孟子》终条理圣之事，此践履也。物有本末，事有终始，知所先后，则近道矣。欲修其身者，先正其心；欲正其心，先诚其意；欲诚其意，先致其知；致知在格物。自《大学》言之，固先乎讲明矣。自《中庸》言之，学之弗能，问之弗知，思之弗得，辩之弗明，则亦何所行哉？未尝学问思辩，而曰吾唯笃行之而已，是冥冥者也。自《孟子》言之，则是盖未有无始而有终者，讲明之未至，而徒恃其能力，是犹射者不习于教法之巧，而徒恃其有力，谓吾能至于百步之外，而不计其未尝中也。故曰其至尔力也。讲明有所未至，则虽材质之卓异，践行之纯笃，如伊尹之任，伯夷之清，柳下惠之和，不思不勉，从容而然，可以谓之圣矣，而孟子顾有所不愿学。拘儒瞽生，又安可以其硁硁之必为，而傲知学之士哉？然必一意实学，不是空言，然后可以谓之讲明。若谓口耳之学为讲明，则又非圣人之徒矣。"陆子曰："为学有讲明，有践履。"讲明者，知也；践履者，行也。夫先日讲明而即继之以践履，则知所讲明者皆践履之实也。是其未讲明之先，主意已在于践履矣，而又何支离之有？孔子博文约礼之说，正如是也。是虽不言知行合一，不言先立乎其大者，而知行合一先立乎其大者之意，盖已跃然于吾前矣。又何待明为之说也哉？

《与黄元吉书》云："尊其所闻则高明，行其所知则光大，非欺人也。今元吉纵未有闻所未闻，见所未见处，且随日前所已闻已知者尊之行之，亦当随分有日新处，未至全然为妄行也。"知者，吾之所固有，非由外铄我也，行则践吾固有之知者耳。此知行二字，古人所以教人为学之定规也。虽以陆子之粗心浮气，亦岂能废古人知行之诚说也哉。是故尊闻行知之说，宜乎以为非欺人也。

《与彭子寿书》云："讲明存养，自是两节。《易》言知至，至之可与几也；知终，终之可与存义也。《大学》言格物而后知至，知至而后意诚，意诚而后心正，心正而后身修。《孟子》言始条理者，智之事也。皆是圣贤教人使之知有，讲学岂有一句不实？顾今讲学之路未通，而以己意附会往训，立为成说，则恐反成心之蟊贼，道之榛棘日复一日，而不见其进。志与事乖，说与行达，首尾衡决，本末舛逆，未可归之说禀赋，罪其懈怠也。"陆子曰："讲明存养，自是两节。"使两节之言出于朱子，则世儒又必以为支离，而非议之不暇矣。今乃不然，何耶？得无以早年之陆子可以盖晚年之失，而思欲为之隐讳耶？

《与刘淳叟书》云："申公曰：为治不在多言，顾力行何如耳。今尔曰，道不再多言，学贵乎自得。明理者观之二语之间，其病昭矣。夫子之于颜子，盖博之以文。夫博学于文，岂害自得？颛臾之不必伐，卫政之必正名，冉有、季路不能无蔽，夫子不得不申言之。夷之陈相告子之徒，必执其说以害正理，则孟子与之反复辨论，不得不致其详。必曰不在多言，则问之弗知弗措，辨之弗明弗措，皆可削也。自得之说，本于孟子，而当时称其好辩，自谓博学而详说之，将以反说约也。《中庸》固言力行，而在学问思辩之后。今淳叟所取自得力行之说，与《中庸》、孟子之旨异矣。仁、智、信、直、勇、刚，皆可以力行，皆可以自得，然好之而不好学，则各有所蔽。

倚于一说一行而玩之，实无其味，不考诸正，则人各以其私说而传于近似之言者，蚩有穷已哉！"此篇与朱子平日知行之说无分毫少异，虽然，犹幸而出于陆氏之口也。岂天不欲精一博约之传，尽至泯没者耶？不然，何二先生若是之符契也。

《与周庞夫书》云："处家之道，古圣人格言具在。《易》之家人，《诗》之二南是也。庞夫孙世隐约，却不甚英特，非磨之以学问，其为害未有已也。"既曰"处家之道，古圣人格言具在"，又曰"非磨之以学问，其为害未有已也"，以见其非知不能行也。

《与戴少望书》云："《中庸》《大学》《论语》诸书不可不时读之，以听其发扬告教。戕贼陷溺之余，此心之存者，时时发见。若火之始燃，泉之始达，苟充养之功不继，而乍明乍灭，乍流乍窒，则渊渊其渊，浩浩其天者，何时而可复邪？"朱子平日教人读书之意，亦是如此。

《与傅子渊书》云："夫子言君子喻于义，小人喻于利。孟子谓欲知舜与跖之分，无他，利与善之间也。读者多忽此，谓为易晓，今子渊知致辨于此，可谓知先务矣。《易》之学聚、问辩、宽居、仁行，《中庸》之博学、审问、谨思、明辩、笃行，皆圣人之明训。苟能遵之，当随其分量有所增益。凡此皆某之所愿从事，而愿与朋友共之。"谓之曰欲知，谓之曰致辨，谓之曰有序，而又引古人知行之说以实之，则知为行之主意可见。

《与颜子坚书》云："喆之言布在方册，何所不备。传注之家，汗牛充栋，譬之药笼方书，搜求储蓄，殆无遗类。良医所用，不必奇异，唯足以愈疾而已。苟厌其常，忽其贱，则非求医之本意也。"考圣言以为自淑之计，犹用方书，以为医病之计也。

陆子曰："学者读书，先于易晓处，沉涵熟复，切己致思，则他难晓者涣然冰释矣。若先看难晓处，终不能达。"朱子平日之言亦有此意。〇见傅子云录。

或问："读《六经》当先看何人注？"陆子曰："须先看古注。如读《左传》，则杜预注不可不精看。大概先须理会文义分明，则读之其理自明白。"观此，则陆子亦未尝不教人读书也。〇见傅子云录。

陆子曰："后生看经书，须著看注疏及先儒解释。不然执己见议论，恐入自是之域，便轻视古人。"陆子门人如慈湖辈，深有此病，得非早年粗心浮气之病传染于门人者深，而未能遽去者耶？〇见周清叟录。

陆子曰："读书之法，须是平平淡淡去看，子细玩味，不可草草。所谓优而柔之，厌而饫之，自然有涣然冰释、怡然理顺底道理。"朱子平日之言亦有此意。〇见周清叟录。

陆子曰："人谓某不教人读书。如敏求前日来问某下手处，某教他读《旅獒》《太甲》《告子》《牛山之木》以下，何尝不读书来，只是比他人读的别些子。"胡氏瓒曰："观《象山文集》所载，未尝不教他徒读书穷理，而自谓理会文字，颇与人异者，则其意实欲体之于身，亦未尝不以道问学为事也。"

陆子曰："博学、审问、谨思、明辩、笃行。博学在先，力行在后。吾友学未博焉，知所行者，是当为是不当为？"曰"在先"，曰"在后"，截然分知行为二事，支离之甚，无过于此。此朱子早年之失也。陆子又何为而蹈之耶？而况朱子早年之失犹未若是之甚耶！然则世儒非朱子而不非陆子，何耶？得非欲伸己说，以自附于早年之陆子耶？〇见李伯敏录。

陆子曰："后生有甚事，但遇读书不晓便问，遇事物理会不得时便问，并与人商量其他有甚事。"读书固知也，遇事理会亦知也，朱子格致之说亦是如此。〇见包扬录。

陆氏曰："惩忿窒欲未是学问事，便惩窒得全无后也未是学。学者须是明理，须是知学，然后说得惩窒。知学后惩窒，与常人惩窒不同。常人惩窒，只是就事就末。"可与程子所谓"人谓要力行，亦只要浅近语"相参看，紧要只在"须是明理，须是知学"二句。〇见包扬录。

二　柯乔

（一）柯乔文

崧林公行实

先君赠文林郎贵州道监察御史，前授武义县司训，复升河南周府教授致仕。柯公讳崧林。呜呼！我先君卒之明年，不肖孤走白下，谒夫子请铭。初，不肖官京师，迎养先君，求见夫子于旅邸，退而语不肖曰："吾道果在是矣，汝殆得所宗乎？"亟欲归以导子弟，不肖留之不可。既归，适朝廷推恩，封先君监察御史。未几，不肖坐事，南还归侍先君一月，竟以疾不能兴，呜呼痛哉！

先君姓柯讳崧，字钟秀，别号云门。其先洛阳人，有讳应诚公者，唐神龙初为池州刺史，爱九子山而家焉，即今居是也。宋元之季避兵疫，徙于尧封、于陡坑、于棠河、于峡川、于莆田、于广德、于彭泽，文科武弁彬彬然遍七邑之墟矣，皆应诚公之后也。太父讳原民，任侠嗜义驰声缙绅间，永乐中以人才举户部主事，不就。大父讳志洪，乐树阴德，乡人多述其遗行，称之者莫不道"一乡之望人"也。

天顺五年辛巳正月二十四日生先君，先君幼有厚质，入乡校习举子业，落笔有奇语。太守陈公深器之，提学司马公岁考取冠多士，然摈于场屋者数矣。正德庚午受武义教职，武义绝弦诵声，六七十年无第者。先君躬自课校，择其俊髦者隆遇焉。次年，得中式二人，自此声名大著。逾六年，升堵阳王府教授，王素嗜酒败于度，先君举祖训绳之，王少悛。又抗世子于法，王大喜曰："吾儿得良傅矣！"

居岁余，曰："人生仕宦适意耳，吾进不能有为于天下，久居此胡为也?"即乞休归九华。日以课子为事，间与二三知己芒鞋竹杖徜徉山水间，竟旬日忘返。与乡老议，尝欲复蓝田吕氏乡约，每朔望会子姓于堂，习家礼讲族谊，遂成为彬彬儒雅之乡焉。先君事亲曲尽其欢，饮食燕乐必与伯兄偕，酒酣相与携手，言欢煦如也，与母罗夫人礼敬至白首，面无赤色亦无亵语。同官有丧者亲为殡殓，封其籍待家属至而归之。雅好宾客，相对饮必歌，必尽欢，必期于醉，乃彻其洽，于故旧如此。居家不事生产，或劝之。曰："吾儿果足树立，何必为儿孙作远谋耶!"先君亭亭物表，如苍松翠柏望而可知其异，尝读经传曰："道之不名，传注误之也。"读白沙诗曰："可以追风雅矣!"见阳明《传习录》曰："宋儒殆剩言哉。"所注有《云门小集》二卷，谒夫子归而有得，自以年老不及门为憾，然可谅其志矣。子八人长不肖、次某某，女五人，孙十人。而易篑之际，神气安闲不乱，鬓发皎如银雪，人谓类尸解者云。

呜呼痛哉!先君有求道之志而未竟其业，有泽被天下之心而不得其位，有出举之识而未见诸行事，诚所遭之不偶哉。不肖反复典籍，见如先生之传而泯泯无闻者有矣，有述于人而闻者矣，有闻而传或不传者矣。夫其闻且传者必皆达者也，皆得贤子若孙者也，皆有大君子之言表而彰之者也。其不传不闻者，反是。夫先君属纩，未二载，试之人间有若罔闻者，况千百载之后乎哉?不肖用是惧，谨述其遗事于左，恳夫子赐之铭，非徒子若孙之幸，且以存先君于不朽云。不肖男乔谨撰。

（录自《莲玉柯氏宗谱》卷一）

九华山诗集序

九华故有志，而文献无征。在李白已窃病之，况后世之为志者乎?予祥后山居与施子宗道、江子可立略加雠定，而以诗文无属者附之后，惟王、湛二公自为一卷，于乎是岂足为有征耶?夫志溢于实则诬，寡于识则陋，芜于词则野，苟陋且诬，虽词奚为哉?故今之为志也。

山水以纪胜，物产以彰异，祠宇以示广，书堂以明道，诗赋以适趣，其词则芜，其事不诬且陋耶？虽然，吾因之有感矣，夫九华之所以名者，李白也。白云："上有史迁，其南游也，阙而不录。"纵彼不录，九华当亦有闻，何至白而后彰耶？白尝徜徉江上，诗文以圣称，盖有得于山水之助。上下数千年，山水不一章，其彰也以白。白之彰也，又止以诗文焉？世有不为诗文者，将无助而已乎？子思之说；《诗》曰："鸢飞戾天，鱼跃于渊"，言其上下察也；孟子称："观水有术，必观其澜"；包牺氏书卦："俯则观法于地"，盖山水之于人，心自相通已，吾用是知所以默会矣。昧于此而求助焉者，漫游哉，漫游哉！按察司副使双华撰。

（录自《莲玉柯氏宗谱》卷一）

凤台精舍记

初，凤台任子学于阳明先生，既以先生之学治池矣。明年，为先生祠，祠既成而北上。则又筑室阶下，而共予居之，距数时弗忍去。嗟乎，此岂崇先生之声而为之哉！窃闻之先生之设科也，以致良知为主，入道之秘，盖自先生尽泄之，而说者以上接伊洛之传。且先生之去此非远也，能因其言而求之，与有能不欺其知，而无负于先生者，与依违不足怪，吾独于凤台有感也。夫凤台之所得，予虽不能尽知，然以论萧山则乎，以命舞阳则治，以守吾池则百务斩斩，比于古之循良者焉。要之为足得于先生无疑也。夫先生之道虽至，亦必待其人而传。使及门之士皆若凤台者焉，则道之明于天下可知也。不皆若凤台者焉，则道之不明于天下亦可知也。凤台之守池也，池之人曰：不得阳明而师之必也凤台乎？是凤台能尊先生之道于池矣，其去而之天下也，又岂不尔乎？行于此则必达于彼，信于今则将传于后，顾凤台之自力若何耳？予既以是为望而又书之精舍，且以为他日之甘棠云。赐进士出身按察司副使双华撰。

（录自《莲玉柯氏宗谱》卷一）

日省轩诗集序

夫乐也者，声诸器者也；言也者，声诸心者也。声诸器者，鸣天地之和；声诸心者，发天地之蕴。故世之论，鸣天地之和者，必归之乐，而发天地之蕴者，必归之言。然求其言之切，句之抑扬，音韵之谐协，而可与乐媲美者，惟诗为切焉！故韩退之代张籍作《与李氏浙东书》，有曰："籍又善于古诗，阁下无事一时置之，座侧阁下凭几而听之，未必不如听竹、弹丝、敲金、击玉也。"

仙源孙君荫之学问该文典，交游遍四方之贤达。予初遇时，固知其为豪放奇杰人也，及三四见，则其抱负之大，蕴蓄之深，愈不可得而窥测之也。后予讲道陵阳，厥子仲光亦在诸友会中。时或余闲，众相与道及荫之之贤。予以所作询仲光，仲光即以七言八句律诗稿约百余篇，以进号曰：《日省轩诗集》。字皆草书，乃荫之所亲演也。其间有对景陶情者，有咏物适趣者，有上达人而赠亲旧者。辞藻烂然，体制肃然，理趣渊然。虚心潜玩之下，易气讽诵之余，令人思入风云。善评事理者，谓诗可以配乐，则此稿也，又当为乐之韶濩矣！虽古称李杜为诗之圣，是殆不多让，与仲光将欲世守之，恳予为之序。予顾诸友曰："荫之之有是集，固奇作也；仲光世守乎是集，其有继述之志者也。"予闻诸人曰："不有所为于前，虽美而弗彰；不有所守于后，虽盛而弗传。荫之之父子其殆有为有守者乎！"予嘉其意遂不为辞，而以是归诸仲光焉！双华为孙仲光作。

（录自《莲玉柯氏宗谱》卷一）

（二）与柯乔相关诗文

咏柯乔居

王守仁

九华天作池阳东，翠微堤边复九峰。两华亘起镇南极，一万七千罗汉松。松林繁阴霭灵秘，拟有神物通其中。大者萃精储人杰，次者凝质成良虹。荡摩风雷状元气，推演八卦连山重。大华一百零四峰，芙蓉开篇花丛丛。小华二十有四洞，连珠累累函峙峒。云门高士祷其下，少微炯炯泂漠冲。华山降神尼父送，宁馨儿子申伯同。三岁四岁貌岐嶷，五岁颖异如阿蒙。六岁能知日远近，七岁默思天际穷。十岁卓荦志不羁，十四五六诗书通。二十以外德义富，仰止先觉慕高风。谪仙遗躅试一蹴，文晶吐纳奔霓虹。阳明山人亦忘年，倾盖独得斯文宗。良知亲唯吾道诀，荒翳尽扫千峰融。千峰不断连一脉，岩崿嵯崒咸作容。中有两峰如马耳，壁立万刃当九空。龙从此起云泼岫，膏霖海宇资化工。化工一赞雨仪定，上有丹凤鸣雍雍。鸣喤喤，和气充。飧松啮芝欲不老，飘飘洒逸如仙翁。小华巨人迹，可以匡天步；大华仙人阪，可以登鸿蒙。双华之巅真大观，尚友太岳峨岷童。俯瞰八荒襟四渎，我欲跻攀末由从。登登复登安所止，太乙三极罗胸中。太乙三极罗胸中，双华之居夫子宫。

（录自《莲玉柯氏宗谱》卷一）

海徼肃清序

杨一谟

嘉靖己酉春二月，大宪伯双华柯公南征佛郎杂虏，破之于双屿，越旬献馘。君子曰："双屿之师，其惟儒者之功乎！"

先是，皇上以海防隳驰，慎简宪臣，以重其任。铨部以公才望荐，朝廷莫不为吾闽庆曰："自是海不扬波矣！"明命员宪肃度修文，剪奸剔蠹，百坠具举，诸夷闻之，相戒远遁。有号佛郎者，直指穷发，狠毒乌章，凭险出没，久为海滨患。公乃督率诸将指授方略，分据上流，誓以吉日舟师四会，驱我貔虎之徒，歼彼蛇虺之众，伙飞催坚，楼船冲击，枭俊殄酋而群丑殄灭矣！

初，夷势猖獗，诸将计莫知所出，公曰："第循吾纪律耳，蕞尔小丑不足患也！"用是以全取胜者，咸公之力。自诸夷横行海上，殆十八年。官兵懈驰，莫能悉心一战。公以新励之将卒，讨累年之逋寇，苏濒海之生灵，宣廓清之茂烈，谓非经纶谋略，得之素定而能之乎？昔裴晋公节制河东而边陲肃穆；范龙图经理延夏而威震戎洛。

当时朝廷倚之为重，民社赖之以安。今公宏被远谟，慰此黔庶于以仰副皇上简命之隆，永抒南顾之虞，行且人黼衮之职，以绥永清大定之化。双屿之役岂不伟欤？鲁颂曰："桓桓于征，遄彼东南，蒸蒸皇皇，不侯不扬，不告于讻，在泮献功。"其殆我公之谓欤！

赐进士出身、朝议大夫、贵州布政司左参、前南京吏部郎中、晋安兰石杨一谟顿首拜撰。

（录自《莲玉柯氏宗谱》卷一）

题双华柯公草堂叙

李恺

天下名山大川，秩望于黄虞，载古图牒者，惟岱、霍、恒、华诸岳，若夫侯甸遐方，奇峰异源为神仙之宅，贤人隐者之窝，墨客才子履寓题咏之境。至中古始著者，则有武夷、雁荡、罗浮、巫岷、黄芦数十洞天，而九华山其一也。山曰九子，言形也。李白以九峰似莲花，其诗曰："秀出九芙蓉。"易以华名，耸削碧天，景象万千矣。

今闽宪伯中丞柯公家于青阳，观九华之麓，爱双峰之胜，构数楹于其下，因以为号曰"双峰"。峰乎哉，或类代之以华，士大夫学者称为双华先生，华犹峰也。

余生长南越，未涉秋浦，于峰之起伏，翔踊不可语其详略。近读阳明小序以及国志，言峰峙如笔架，峰之南发祖于华，而此为之支。草堂者，群峰众美之所会也。夫九峰竞秀，前人之述备矣。其绵亘包括峨巉瘦拔，上际斗分，下襟六朝，层峦迭巇，穷崖巨谷，如劈如飞，森然殊态，其精英磅礴之气，殆非升沉之流，栖迟之侣，当之必有伟人。钟灵秉秀兴于其地，九华得气之先。

冠卿少愚，诸贤光辉未大，惟公人品磊落，勋业炳赫，临机决疑憾之无动，山自浑沌剖拓至今，乃大发其秀德，而公之令子犹渥洼之驹，御以造父一日千里。族兄提督军务、都御史狮山翁，元老典型，先后连映，于斯为盛。崧降申、甫，眉产轼、辙，当双峰而结室者，其应兹峰五百年之昌运者欤！余闻公善，廓氏书而契其妙，往来华山之间，独于是卖田筑舍，若将终身则堂之方位合阴阳之体，挹环抱之势超于方外，卜历数百可以预征。堂在峰下藏而修焉，优而游焉。云霞之变化，水石之磷涧，松卉之苍苍，鱼鸟之鸣跃，田壤之平沃，皆取之几席桄牖间。公道心充养，藻思泛溢，胸次悠洒，韵致清旷，多获助于山而雄博不露，又与山之性同。人非山川不生，山川非人不重。

公早岁学于王氏，闻良知要旨而有独悟。出而从政，海内缙绅愿与之友。生得九华之精，养得九华之粹。仲尼居而杏坛尊，晦翁居而云谷耀。兹峰赖公于不朽，则公于兹峰也有荣光矣！或者谓公未及第先作此堂，古不云乎，中州士大夫以官为家，罢则无所归，故先治堂而为之。主不遇则耕稼教训谈道著书，为河汾之王通，进则辅世长民，功成而退处之。区之曰：绿野行止，不滞出处。惟时公刚方直大之志，不少诡随洲忍以从好，盖在昔陶茅之日已定矣。阳明之诗曰：尔家双峰下，深藏未脱颖。期之也！终之曰：悠然望双峰，可以发深省，则跃如有立引而上之。余赐间垦秒得侍左右，庄诵而慕悦之于峰，若有所见也，乃强臆为序，以贻辱于峰云。

时嘉靖二十九年岁次己酉二月吉旦，温陵逸人前进士惠安抑斋李恺拜撰。

（录自《莲玉柯氏宗谱》卷一）

贺大宪伯柯公双华五十寿序

戴时宗

大宪伯柯公双华始生之辰，龙溪县尹林子松请文为寿。

余曰：今之所谓寿者，年之高而已，公年才五十耳，吾之所以寿公者，则有大过于是。是岂无所征哉！《诗》曰："乐只君子，民之父母；乐只君子，万寿无疆。"周人祝寿之辞也！夫人生百年耳，而古之人，君臣朋友之间，平居燕乐，相许与则曰：万寿，万寿！岂谀言以相慕悦哉？盖人之情起于有爱也，人之爱起于有亲也。今夫父母者，一家之倚命也，其亲骨肉也。亲而爱之，必曰百岁；爱而不已，必曰千岁、万岁，其情也。君子之道，修之于身，见之于事，被之于人。其勋劳足以定邦国，国之人父母之欲其千万岁而常存者，其情也；其道德足以致主而庇民，其位望足以正朝廷而正百官，决大疑而断大事，天下之人父母之欲其千万岁而常存者，其情也；其功足以及当时，其泽足以被后世，后世之人父母之祭必尸食，必祝，常若千万岁而犹存者，其情也！夫以家寿之，一家之寿也；一国人寿之，一国之寿也；天下后世人寿之，天下后世之寿也！是故古之君子，所以始而为士，中而事亲，终而事君。朝而计事，夕而计过，孳孳为善，老而不倦者，非以自爱也，为天下后世而爱其身也；非寿其身也，为天下后世而寿其身也。

公抱不世出之才，负天下之望。初为御史，以謇谔落职。历郡县郎官金宪湖南，所至有声，其大者荆门堤防，功在庙食。公以少参来闽，海上多故，故庙堂抡才，擢公副宪，至则申法禁，诛首恶，赦小过，与民更始，科条一新；其大者县月港要害，有万世之功。

盖自余识公至今十五六年，风采如一，据其所至，可谓卓伟一时矣。公虽宪闽而居漳日久，漳人德之尤深，其祝公千万寿者，漳人之通情，非诸君之私也！呜呼，如公者使得大用，以行其志而尽其才，则当有天下后世之事业。余辛未老，尚当为天下后世称觞于公之堂也。余尝别公荆门之书曰："天下事尚可为，惟公强饭自爱！"今因诸君之请，乃复毕其说如此。若夫耄耋期颐，今之所谓寿者，天果为斯世生公欤？必有钟焉，不待赘也！

时嘉靖二十七年，岁在戊申季夏月吉旦，赐进士出身、中宪大夫、都察院右佥都御史、前奉敕巡抚苏蓟门河道郧阳等处长泰戴时宗拜撰。

（录自《莲玉柯氏宗谱》卷一）

题九华双华精舍记

任柱

昔阳明先生倡绝学于天下，凡两居九华。惟时侍御柯君，及江、施辈偕焉。日相与漱清陟奇，寻幽剔奥，采造化以供吟弄，旷盈视以畅天乐者，何莫而非道也？而非学也？而非教也？是固旷世之胜游也哉！先生逝矣，至今陵隰奠其文，草木含其芬，空阔澄其神，光风流其形，霜雪雨露融聚凝结，庶物露生，错然人事之前陈，而先生之道、之学、之教，迥然独存于口耳形迹之外者，则亦何莫而非先生之在目也哉！

今柯君以外难山居，一日，萧然凄怆，悲此意之莫将也！商于凤台子，相与构堂以祀焉。筑舍两偕以居业，同志若汪子，又远来从柯君游，日与切磋，笃良知之学，明天地之奥，触物感通，随处有得。取善于山，培其至静之体；相忘于鹿豕木石，平其万物一体之视；酌泉于涧，通其变易之神；聆鸟声于林，悟其天机之自动。俯仰乎荣悴，开落于时安，其始终造化之自然，感不淆寂，内不遗外。一时来学，懦者乃作，梦者乃觉，污者乃有攸濯，罔不知其至简至易，通一无二焉。则夫先生之道、之学、之教，流布于山水之间者，又何莫而不复见于柯君讲诵进修之内也哉！先生逝矣，而又不与先生俱逝者，是固柯君示我也。君其益懋也哉！

先时先生怡情九华也，先生主之，九华其宾也。今君亦舍以居焉，不又九华之主矣乎？不又天下之未游九华者之主矣乎？！予将有约九华，访君问道，赖君为斯道主也。欣然先为之记。东浣任柱拜撰。

（录自《莲玉柯氏宗谱》卷一）

（三）柯乔行状传记资料

乔公行状

柯尧年

先君讳乔，字迁之，号双华。先世以德行显，弘治丁巳我先君生，生而秀异，志意不类庸众。已而渐长，即有学圣贤心，乃师古源，学仁义之道。古源乃池之贤士，其为人如古濂溪、明道诸前辈，大有藻鉴，不轻唯诺。一见先君，独器之，曰："此岂恒人比哉！"

正德戊子，遂领乡荐。明年擢进士，拜行人司。又明年拜御史，侍经筵。其才望道术已倾动一时矣，无何为同进者所忌，奏黜黄州。是年又值封君忧，服阕赴黄州任，政通人和，百废具兴，天子嘉之，擢为员外郎。居一二年，又擢荆金事，官于沔阳。时沔阳连年江汉水涨，禾稼淹没，人民怠困。先君曰："嗟乎！汉水溺人，咎在官吏！"于是放汉江，度地势，量其基址，筑堤千里，工人千数，奖其勤而威其不用命者，不五月而堤成。老弱皆扶杖往观，环我先君而拜曰："微我公，吾其鱼乎？"次乃修长道，立厘市，通商旅，创浮桥；又次而兴学校，理淹冤之狱，诎诘胥之民，寝敝沔之政。暇则进诸生讲治性之方，诣道之要，与昔师之所传，沔阳遂彬彬然成一善郡矣。癸卯夏，不雨，先君祷之神祇，大雨千里，沔民颂之曰："我有子弟，柯公鞠之；我有麦禾，柯公生之。柯公而去，谁其嗣之？"乙巳，迁闽中参议，闻者莫不啼呼，曰："沔阳褊小不能留大贤，然天下皆王土也，善地宜无事柯公，而沔则非公不治，何天遽夺此以与彼哉？！"于是叩留不得，为之立祠，其善政之入人深如此。

入闽逾年，迁海道，海道以防御为职。先君至，人曰："柯公巨才也，他日靖海寇而安天子心者，必柯公也！"既而贼被擒，则又曰："柯公巨才也，他日理边储而受天子赏者，必柯公也！"讵知雠口呶呶，流言日炽，勘者冒以擅杀妄刑为请，天子不深省，遂罗大罪。

嗟夫！士君子策名当世，原欲大展其才，猷乃敷布未几，久而卒为群小猜忌，祸生旦夕，何遭逢之不幸哉？然先君素知命，系囹圄三载，若在官然。馈至则辞，劝之趋时，则曰："金以久而色足，人以难而志坚，余何用趋时为？"既放，喜愠不形于色，惟读书学道以自安。无何古源逝，先君亦相继而亡。嗟乎，嗟乎！此岂非终身之痛乎？且我先君，古人也，今世所绝无而仅见者也，其善行何能悉数可知者？惟重师友，厚姻戚，故人有危难事，皆不待诉告而力援之。既解亦不言难，多见负亦不以介意。平生无所好，所好者惟典籍，自经史传记以及诸子百家，无不悉领其趣奥。与之语性道人品高下，事势成败，若数一二，若辨黑白。其为文语约而意赅，作书启皆不思而就，见者莫不叹羡，以为有韩欧风。

寿五十八，配叶氏、程氏，有子二人：长尧年，次熹年，女三人，孙男一人。呜呼，先君其念之哉！谨状。

时嘉靖三十二年，岁次甲寅孟夏月之吉，不肖男尧年泣血谨撰。

（录自《莲玉柯氏宗谱》卷一）

双华公墓记

柯相

呜呼！此吾同宗弟讳乔、字迁之、别号双华之墓也。盖吾柯氏先世自唐神龙初应诚公，以池州刺史复迁蓉城九子山之西莲玉里，散处于广德、尧封、棠河、峡川、陡坑，为士族。

双华之曾祖原民，才识超拔，纳交皆一时名流，若安成李司成、吴兴凌都宪、淮南高学士、吾乡檀府丞、畲通政诸公是也。宗兄东冈暹，居给事时，以言事忤旨。淹薨棘者，三年赒馈如一日，有逾骨肉。晚年归隐云松致政，巡抚周文襄亦相过话旧，可以想见其贤矣。祖志洪孝悌力田，里评推重。父崧积学入邑庠，以岁荐铨授武义县司训，复升河南王府教授，以子乔贵，敕封贵州道监察御史，享有遐寿。

双华自幼即有志学圣贤。阳明先生游九华，讲道于化城寺，乃率同袍施宗道辈以师礼事之，讲明良知之学，诸经奥义直探其关钥，阳明先生深器异之。已而复师李古源，讲明知行合一之学，尤极精诣。学成名立，遂领戊子科乡荐，明年己丑连捷，礼部观政授行人司。行人乃闲职，复约同年有志者从甘泉湛先生，讲明随处体认天理之学。未几，以才望选授贵州道监察御史，获预经筵侍讲。无何，为同进者所忌，萋菲猬兴。当道者弗察，降为黄州府推官。未任丁父忧，服阕改推永平府。再逾年，召为户部主事迁员外郎，升沉荣辱喜愠不形，官评韪之。嘉靖十九年庚子岁，遂擢湖广按察司佥事，驻节沔阳，沔阳多沮洳深泽，萑苇奔广，潦集则弥望平湖，民艰粒食。乃周视环度，思以拯之。既而叹之曰："汉水讵能溺人？咎在官司匪人耳!"遂躬自上下，原隰丈度区分，筑江堤周回数百里，工程浩穰，作其勤而威其不用命者，未几而堤岸告成。远近老弱观者如堵，咸扣舆加额曰："微我公，民其鱼乎!"次乃修长道以立厘市，创浮桥以通商旅，兴学校以作士气，辨冤狱以判直枉，孔刷秕政，百尔具作。癸卯岁大旱，民苦不雨，即出郊处祷，而灵雨应期如澍，民甚德之颂声洋洋乎四起。暇则检约身心，阐明道义以振起俗学，沔阳遂为荆江一文明雄镇矣。岁乙巳升福建布政司参议，沔阳人挽舆泣送，无下数千人脱靴袍，立生祠以系去思，亦足以征其惠爱矣!

入闽二年，迁本省按察司副使，专理海道。闽俗多以通商贸货为常，双华至，乃下令一以公法裁之。诸有势力者辄呶呶，共称不便，嗣是，毁谤交流，市虎三至，遂文致附会，构成大狱，直欲置之死地而后已。赖天子明圣，台谏卿辅察其非辜，放还原籍，亦不为不幸也矣。迩来海寇猖獗，流毒两省。上厪当宣分遣文武大臣大张杀伐，而犹未即勘定其难，如此则吾双华之非罪可一印证也。使其不死，公论起而用之，当何如感奋思效也，然亦已晚矣!

惟念双华平生有用世之志，有勘乱之才，有独立不惧之操，有万夫莫回之勇，乃兹赍志以没，遗憾可胜悼哉! 时嘉靖三十三年甲寅岁四月二十有三日，将卒，无一语及家事，正襟端坐，观化而逝。痛哉! 享年五十有八。世短泽长，其在后嗣已乎? 妻叶氏贤，克余内蛊；继娶程氏，雍睦相副。昆弟八人：烨、烦、容、俊、尚、美、石，友爱周恤均平如一，割腴田以赡其业，推余润以沃其家，厚之道也。其子二：长尧年、次熹年，皆程氏出，聪明不凡，足世家学。女三：长幽兰、次蕙兰，皆叶氏出，又次芷兰，程氏出，长适贵邑包嘉美，次适施文臣，三聘李坦之子爱古源孙也。孙一尚幼。尧年等将以是年十月六日祔葬东庄垄先茔之旁，乞余铭诸墓石，遂拭泪书之。铭曰：

九华秀兮双华特，双华为号兮吾宗杰。希圣希贤兮孔孟正脉，龙虎榜中兮文翰两绝。豸绣荣亲兮封章烨烨，揽辔澄清兮沔阳尤烈。芟芜画界兮成阡陌，生死鼎峙兮香火热。闽南海岛兮挠寇贼，一鼓而擒兮渠魁得。夫何丑正庇邪兮天日黑，彼苍卒佑兮舆情叶。生还故里兮期终雪，誓不诛此凶孽兮心不白。大命弗延兮谁之厄？永言长号兮三叹一诀。后嗣振振兮籍先德，克绍芳躅兮视余铭刻。

时大明嘉靖三十三年，岁次甲寅九月十七日之吉，赐进士出身、嘉议大夫、前奉敕巡抚陕西河南等处、地方都察院右副都御史宗兄狮山相元卿拜撰。

（录自《莲玉柯氏宗谱》卷一）

丁编

遗风流韵

本编说明

1. 王、湛九华之游，不但是他们学术发展历程中不可忽视之一环，九华学风也为之丕变，山川更因此而留诸多胜迹。语不云乎哉："山不在高，有仙则名。水不在深，有龙则灵。"九华山向为释、道修炼名区，时节因缘之至，诚亦有待于王、湛二钜儒，为之发一异彩也。

2. 阳明九华之游殆以公务之暇，而甘泉之游则是有计划之讲学。二人均受九华学子之推崇，从游者不知其数，今从文献中考得近四十名，并简述其履历，亦录其往还之诗文，以见其"学而时习""风乎舞雩"之盛况。

3. 九华山王、湛相关遗迹，据各史籍所载，竟有阳明书院、甘泉书院等近三十之数。本编不论存与不存，一一罗列；或一处遗迹有多则文献记录，而内容不同者，亦一一照录，借以见历史之风尚及其对后世之影响。

4. 九华学子于兴造阳明书院、甘泉书院、神交亭等建筑时即撰有题记，于王、湛游所亦有吟咏。后世文士瞻仰、流连于其间，题咏不辍，此不啻一笔文化财富，洵可为山川增色。书院等建筑，随时消长，此理之固然，文献中亦有所反映。今录其较著者，以窥九华山明清二代理学发展之面影。

一　九华山王、湛之从游

（一）所交人物

王磐①

号晨冈，举止方正，从湛甘泉学有开悟，遂以斯道自任。郡县访谒不得见，安贫自乐，有商歌露肘之风。善诗文，工书。横望山石壁，题"壁立万仞"四大字，磐所书也。至今学者称晨冈先生。

（康熙《太平府志》卷二十七）

吕柟②

字仲木，陕西高陵人，学者称泾邑先生。隆庆戊辰会试第六，入廷试第一。公立教以正心修身、忠君孝亲为本，有劾甘泉之学者，则曰："圣君在上，岂可使明时有伪学之禁？"有问朱陆之学者，则曰："初时同法尧舜，同师孔孟，虽入门路径微有不同，而究竟本原，其致一也。"公于九华有《甘泉记》《仰止亭记》。

（乾隆《池州府志》卷四十六）

---

① 王磐，生卒年不详，为湛若水同时代人。
② 吕柟（1479—1542），字仲木，号泾野，西安府高陵（今陕西省西安市高陵区）人。为薛敬之的门生，明朝正德三年（1508）状元，官至南京礼部右侍郎。著述颇丰，今有《吕柟集》行世。

柯相[①]

字符卿，号狮山，由进士知吉安永新。值逆濠反，督府王守仁、吉守武文定举义师，相集兵三千隶守仁，而身居守。事平，守仁以首功六级与相，辞不受。后丁艰，补商河。岁饥，赈济有方，全活甚众。既为南吏科给事中，劾去官邪数十，裁省内府暨诸司库藏巨万。寻迁藩臬，巡抚陕西、河南，改督两广，未赴归。抚陕西时，为筑皋兰边墙三百里，虏俺答不敢犯。后论功，遣官赐金币于家。相为人刚正耿介，其按察浙江，巡按来臬司，必撤公座，相独不撤其里居，谓御史非守土官。每行其中道，丰采类此。

（康熙《贵池县志》卷六"人物略"）

李呈祥[②]

字时龙，幼好学，有必为圣人之志。年三十九以岁贡赴廷试。归，筑一轩，署曰"尚志"。日端坐其中，寻孔颜乐处。闻王守仁倡学西江，扁舟造之，辨析异同，深得良知之旨。转授门徒，柯乔、丁旦皆其高弟。知府侯缄、陆冈、曾仲魁相继荐其笃行，公卿咸敬慕之。时，湛若水为南吏部尚书，尝过呈祥小邱山隐居，题其亭曰"神交"，为之记。所著有《古源日录》《知行二论》。子敬之，岁贡，由兖州府通判迁随州知府、永昌府同知，颇著政绩。蕴之，为乡善士，克绍家学。

（光绪《贵池县志》卷二十六"人物志"）

---

① 柯相（1481—1557），字元卿，号狮山，自誉"狮山主人"。生活于明朝正德、嘉靖年间。为明代重臣之一，在政治和文化方面有突出贡献，有《狮山文集》十卷，《狮山题咏》二卷。

② 李呈祥（1484—1554），字时龙，号古源，谥宏毅夫子。应嘉靖壬午贡，终生不仕，课徒授业。著有《古源日录》《知行二论》行于世。

欧阳德①

字崇一，江西泰和人。嘉靖三年，由进士知州事。公受学于王阳明先生，谦虚和易，不任刑法，民爱而吏畏之。暇日习童子以四礼，弦歌满城，课士以举业，示以圣贤正学，儒风丕变焉。毁淫祠，肇建书院为讲习所。值岁大饥，饿殍被野，开粥厂食之。居者赈以金粟，疫疠施药饵，所全活者万计。表节义，减滥役，考绩擢南司寇，再移北司寇，复转翰林院编修，历官礼部尚书。卒谥文庄。

（万历《六安州志》卷六"列传"）

闻人诠②

字邦正，余姚人。游阳明先生门，起家进士。政尚平恕，以循良称。暇与诸生谈说先正，确有理趣。七年旱蝗，运河水且涸，漕运都御史都水郎中并檄县滀水以行运艘，毋启闸。诠命启之，曰："民命是甦，即吾获重谴于当道，无憾也。"是岁旱，不为灾。谓邑有湖患，力主开越河之议。试筑样，工寻应。

（万历《宝应县志》卷七）

王世禄③

青阳人。率门人族子于九华李白祠为讲会，文艺之外，勖以实学。常让家业于其弟，无吝色。以子一桢贵，封文林郎，赠通奉大夫、湖广左布政使。

（乾隆《池州府志》卷四十六）

---

① 欧阳德（1496—1554），字崇一，号南野，江西泰和人，祖籍湖南长沙，官至礼部尚书兼翰林院学士，卒赠太子少保，谥号"文庄"。为王阳明重要学生之一。

② 闻人诠，字邦正，生卒年未详，明余姚（今属浙江）人。嘉靖五年（1526）进士，官至湖广按察司副使。与王阳明有亲族关系。

③ 王世禄，生卒年不详，明代人，王一桢父。

王世禄，字南溪，青阳人。学宗良知，聚徒于九华李白祠讲学。所著有《语录》及《南溪遗稿》。

（光绪《重修安徽通志》卷二百二十）

明王世禄，字南溪，十五都人。邑庠生。持身端亮，幼慕理学，沉心研究。爱九子山，率门人暨子一桢□干讲学太白书院，阐明良知宗旨。著有《语录》及《南溪遗稿》，人称南溪先生。陪祀王文成公祠。

（光绪《青阳县志》卷四"人物志"）

施达①

字下之，十六都人。研精理学，不应科举，隐天柱峰。一门之内，家人应对起居，悉准《内则》《曲礼》。传经讲学，听受者常数百，人称天柱先生。崇祯九年，尚宝卿、张玮以隐士荐，不赴，卒。其门人即天柱讲堂祠之。著有《读书知易信》《序卦杂卦图解》《儒行注》《孝经注》《韩文征》《天柱志》。同邑陈自藻、沈元复皆学于达，为入室弟子。元复尝论返博归约之旨，学者宗之。又尝诣台使者条上采矿、崇妖、媚灶诸弊，皆有辟风教之言。

（光绪《青阳县志》卷四"人物志"）

柯乔②

柯乔，字迁之，青阳人。幼游贵池李呈祥之门，笃志好学。及王守仁来游九华，乔迎谒，甚见器重，即遗之诗曰："尔家双峰下，不见双峰影。如锥处囊中，深藏未脱颖。盛德心愈卑，幽人迹多屏。悠然望双峰，可以发深省。"乔于是执贽为弟子。既闻湛若水讲学南都，又往请业焉。嘉靖七年，举应天乡试。八年成进士，授行人，

---

① 施达（1573—1636），字下之，青阳杨田人。一生治学不仕。泰昌元年（1620），迁居九华山天柱峰，得友人资助，筑天柱书堂，就此授徒讲学。

② 柯乔（1497—1554），字迁之，号双华，南直隶池州府青阳县九华山莲玉里柯村。嘉靖八年（1529）进士，官至巡海道副使，曾在沿海地区抗击倭寇、葡萄牙殖民者的入侵。为王守仁何湛若水的门生。著有《九华山诗集》二卷。

考选为贵州道监察御史。俄外转为湖广按察司佥事。驻沔阳，筑江堤数百里。立廛市，造浮桥，兴学校，辨冤狱，楚人德之。寻以忧去。服阕，补福建按察司佥事。时闽浙有倭寇，乔备兵海上，佐浙抚朱纨，剿御甚力，而以事触权贵，罢归。先是，乔偕同学在九华山化城寺之右创阳明书院，在中峰创甘泉书院，日与诸生江学曾、施宗道辈讲习其中。而所居双峰下构双峰草堂，王守仁有《赠侍御柯君双峰长短行》曰："九华天作池阳东，翠微堤边复九峰。两华亘起镇南极，一万七千罗汉松。松林繁阴霭灵秘，疑有神物通其中。大者孕精储人杰，次者凝质成梁虹。荡摩风雷壮元气，推演八卦连山重。大华一百四峰出愈奇，芙蓉开遍花丛丛。小华二十四洞华盖虚，连珠累累函崆峒。云门高士祷其下，少微炯炯汩漠冲。华山降神尼父送，宁馨儿子申伯同。三岁四岁貌岐嶷，五岁颖异如阿蒙。六岁能知日远近，七岁默思天际穷。十岁卓荦志不羁，十四五六诗书通。二十以外德义富，仰止先觉陟高风。谪仙遗躅试一蹶，文晶吐纳奔霓虹。阳明山人亦忘年，倾盖独得斯交宗。良知亲唯吾道诀，荒翳尽扫千峰融。千峰不断连一脉，岩崿嶙崒咸作容。中有两峰如马耳，壁立万仞当九空。龙从此起云泼岫，膏霖海宇资化工。化工一赞两仪定，上有丹凤鸣雍雍。鸣雍雍，和气充，餐松啮芝欲不老，飘飘洒逸如仙翁。小华巨人迹可以匡天步，大华仙人阪可以登鸿蒙。双华之颠真大观，尚友太华峨岷童。俯瞰八荒襟四渎，我欲跻攀末由从。登登复登安所止，太乙三极罗胸中，双华之居夫子宫。"至是，乔遂终老其内，而复在阳明书院之右自筑精舍。至郡依李呈祥讲堂，湛若水所题神交亭之侧，筑室以居，寓不忘其师之意。既殁，学者即精舍为祠，以从祀阳明焉。

（乾隆《池州府志》卷四十六）

柯乔，字迁之，九都人。幼游贵池李呈祥之门，笃志好学。及王守仁来游九华，乔师事之。偕同学在化城寺右创阳明书院，又在中峰创甘泉书院，日与诸生江学曾、施宗道辈讲习不辍。所居双峰下构双峰草堂，终老其内。复在阳明书院之右自筑精舍。至郡依李呈祥讲堂，湛若水所题神交亭之侧，筑室以居，寓不忘其师之意。

既殁，学者即精舍为祠，以从祀阳明焉。著有《九华山诗集》二卷。

（乾隆《池州府志》卷四十七）

江学曾①

少尝师阳明、甘泉二先生，讲学有得，司放江浙，造士有方。

（万历《青阳县志》卷四）

一都人。王守仁至九华，学曾即与同学柯乔、施宗道辈从游。及湛若水讲学南都，乃及门焉。九华构甘泉书院，实其经纪之力也。嘉靖中，以岁贡为嵊县训导，迁新建教谕以殁。

（光绪《青阳县志》卷四"人物志"）

青阳人。王守仁至九华，学曾即与同学柯乔、施宗道辈从游。及湛若水讲学南都，乃及门焉。九华构甘泉书院，实其经纪之力也。嘉靖中，以岁贡为嵊县训导，迁新建教谕以殁。

（乾隆《池州府志》卷四十六）

施宗道②

小名儒魁，字子中，号南华，泫次子。宏治戊午年正月十九日亥时生。选贡生。崇尚理学，与邑贡士江学曾同游湛文简、王文成之门。文成有"江生施生颇好奇"之句。训迪弟子，人文勃盛，公之力为钜。娶下分王氏，生一子，良臣，三女，长适天峰山章世魁，次适湾里陈宗斌，三适徐尚武。嘉靖庚子年六月十六日巳时卒。王氏万历己卯年二月十六日子时卒，合葬涧上香塘港南向。

（《文阳施氏宗谱》卷三"今六世列传"）

青阳人。与同学柯乔、江学曾辈俱从事王守仁、湛若水者，构甘泉书院于九华，亦与有力焉。

（乾隆《池州府志》卷四十六）

---

① 江学曾，生卒年不详，明代池州府青阳县人，湛若水门生。
② 施宗道，生卒年不详，明代池州府青阳县人，湛若水门生。

井一成①

字起祚，建德人。从学于贵池李呈祥之门，既又事湛若水、邹守益，以名宿著嘉靖中。以选贡为孝丰、靖安两县知县，俱有惠政，民去思焉。

（乾隆《池州府志》卷四十六）

张元忭②

字子荩，别号阳和，山阴人。嘉靖戊午举于乡。父官太仆，就逮于滇，元忭侍以往。及释归，乃入京诵冤。事解，又归侍于家。一岁中，往返奔走三万余里，其至性如此（隆庆辛未）。南宫射策第一，授修撰，仕至翰林侍读。学从王龙溪，得其绪。唯龙溪只谈本体，不言工夫，元忭则谓："本体无可说，可说者，皆工夫也。主义在善有善几，恶有恶几。于此而慎察之，善必真好，恶必真恶，格不正以归于正为格物。"可谓善学龙溪者。游九华，有"九九峰头无限乐，何年卜筑细攀跻"之句。卒年五十一。

（旧志及《明儒学案》。民国《九华山志》卷四"流寓门"）

罗赐祥③

字应敬，号钦所，青阳人。幼好学，在九华僧舍，篝灯夜读，焚其巾，不自觉，山僧称为"焚巾秀才"。隆庆四年，举应天乡试，历官武库司郎中，出为湖广按察司副使。师事耿恭简公定向，悉本良知宗旨，以主敬为先务，不欺为实际。分守湖北时，苗夷杂居，

---

① 井一成，字起祚，建德（今池州市东至）人。早期师从李呈祥，后礼湛若水、邹守益等人为师。历任孝丰、靖安两县知县。

② 张元忭（1538—1588），字子荩，号阳和，浙江山阴（今绍兴）人。隆庆五年（1571）状元及第，授翰林修撰，后充经筵讲官。著有《张阳和集》。

③ 罗赐祥（1540—1605），字应敬，号钦所，青阳杜村人。师事耿定向，曾九任吏司天官。

俗悍而贾淫，乃以坦易化之，不加束缚，一意噢咻。洞煍溪苗，耆伏向迩。有精舍，附阳明祠，即以陪祀焉。

（道光《九华纪胜》卷七）

字应敬，幼好学，在九华僧舍习举业，篝灯夜诵，三岁不一归。师耿定向，以主敬为先务，不欺为实际。有精舍附九华阳明祠，即以陪祀焉。

（光绪《青阳县志》卷四"人物志"）

何璧①

字莆溪，素博洽，擅文誉，卑以自牧。幼游邹守益、王畿、钱德洪之门，及艾犹退，然如不胜衣也。掩抑诸生中廿余年，应嘉靖四十一年贡，当赴廷试，以亲老不行。督学耿定向旌之，陪祀阳明祠。

（光绪《青阳县志》卷四"人物志"）

何璧，字莆溪，青阳人。素博洽，擅文誉，而卑以自牧。幼游邹守益、王畿、钱德洪之门，及艾，犹退然如不胜衣也。掩抑诸生中廿余年，应嘉靖四十一年贡，当赴廷试，以亲老不行。督学耿定向旌之。

（乾隆《池州府志》卷四十六）

吴邦治②

字淡所，青阳人。讲学修行，出其门者，尽一时名士，人甚重之。

（乾隆《池州府志》卷四十六）

字淡所，讲学修行，出其门者，尽一时名士，人甚重之。

（光绪《青阳县志》卷四"人物志"）

---

① 何璧，生卒年不详，为明代邹守益弟子。
② 吴邦治，生卒年不详，明代青阳县人，刘织曾从其游。

孙楠①

字木所，下图三甲人。陪祀阳明祠。详乡贡。

（光绪《青阳县志》卷四"人物志"）

孙楠，下图人，字木所，以贡授广昌县丞。有膂力，尝驱猛虎，擒巨憝，祷雨立应，邑人著《三异录》以颂之。升兴安知县。县新设，诸政未举，楠首葺学宫，修武备，劝民耕垦，由是深箐无伏莽，邑大治。见《省志》。

（光绪《青阳县志》卷五"人物志"）

孙杞②

字汝厚，下图三甲人。陪祀阳明祠。详乡贡。

（光绪《青阳县志》卷四"人物志"）

刘织③

字章甫，青阳人。幼从乡先正吴邦治讲学，领悟其要，以主静为功，而极之于不动心。时九华山阳明书院为六郡之会，织往往为之主。尝训其子光复曰："勿以鼎钟铄性命，勿以锯镬疚身心。"其在乡，每以孝弟倡。立宗祠，设义仓，所最著也。后以子贵，累封文林郎、河南道监察御史。有还素精舍，傍九华阳明祠，殁即其所祀之，并陪祀文成。

（乾隆《池州府志》卷四十六）

刘织，字章甫，青阳人。幼师吴邦治，后闻罗汝芳、查铎，深得守仁之旨，往受业焉。于是领悟其要，以主静为功。尝训其子光复曰："勿以鼎钟铄性命，勿以锯镬疚身心。"盖得于良知者深。

（光绪《重修安徽通志》卷二百二十）

---

① 孙楠，字木所，安徽青阳下图人，生卒年不详。明嘉靖十二年（1533）贡生，曾任兴安知县。父亲为南山孙公，孙子为孙星祚。

② 孙杞，生卒年不详，明代人。

③ 刘织，生卒年不详，明代青阳县人，刘光复之父。

邹元标[①]

字尔瞻,号南皋,吉水人。万历初进士。官至总宪,谥忠介。公尝曰:"我明学有两派,河东醇儒也,新会、余姚则直拈圣学之宗矣。"《登地藏塔》诗有云:"炼性台空在,传心偈尚存。"此九华之实录也。

(乾隆《池州府志》卷四十六)

字尔瞻,号南皋,吉水人。万历初进士,官至总宪,谥忠介。天启初,建首善书院,与冯恭定同讲学。工部郭兴治曰:"今干戈倥偬之际,礼乐润色,性命精微,无裨短长。"元标曰:"天下治乱,系于人心;人心邪正,系于学术。凡法度、风俗、进贤退不肖,舍明学末由。今之学者,除训诂、括帖外,无功课;除青紫荣名外,无意趣。其恶闻讲学,固宜。殊不知,不闻道,即位极人臣,勋铭旂常,了不得本分事。生是虚生,死是虚死,骨朽青山,而本有昭昭者,不知飘泊何所,诚为可哀。此臣所以至老不敢退堕自甘也。"其学,以"识心体"为本,以"行恕于人伦事物间,与愚夫妇同体"为功夫,以"不起意空空"为极致,故于禅学在所不讳。其"求见本体",即佛家所谓"本来面目"。其所谓"恕",亦非孔门之恕,而为佛家"事事无碍"。尝游九华,《登地藏塔》诗有"炼性台空在,传心偈尚存"之句。

(旧志及《明儒学案》)(民国《九华山志》卷四"高僧门")

任柱[②]

东莞人,字子东,癸未乙榜,池州同知。

(道光《广东通志》卷七十三"选举表十一")

---

① 邹元标(1551—1624),字尔瞻,别号南皋,今吉水县城小东门邹家人。与顾宪成、赵南星成为"东林党三君"。为人耿直,多次批评时政而遭到贬官。崇祯初年(1628年),追赠为太子太保、吏部尚书,谥号忠介。

② 任柱,生卒年不详,明代东莞人,曾为池州知州。

吕一麒

号虞田，贵池人。幼嗜学，出李呈祥之门，与丁旦相友善。后亦从游于王畿、邹守益，以私淑王守仁，步趋绳墨崭如也。后以岁贡为鄢陵训导，盱眙、当涂教谕，沂州学正。归二十余年卒，年八十余。

（乾隆《池州府志》卷四十六）

号虞田，出李呈祥之门，与丁旦善。后从王畿、邹守益游，以私淑王守仁，步趋绳墨，一介必严。以岁贡任鄢陵训导，盱眙、当涂教谕，沂州学正，皆教化盛行。归二十余年卒，年八十余。

（光绪《贵池县志》卷二十六"人物志"）

周金和尚②

自少林来居化城寺东，舍身厓石窦中。正德己卯，王阳明登九华，金与医官陶埜来谒。金盖有道行者，阳明亦往顾其所居，与坐语者数四，若有所动。因留一偈云："不向少林面壁，却来九华看山。锡杖打翻龙虎，只履踏倒巉岩。这个波皮和尚，如何容在世间？呵呵！会得时，与你一棒；会不得时，且放在黑漆桶里偷闲。"金微笑云："老僧不死。"又书一幅与金云："岩头有石人，为我下嶙峋。足曳破履五十两，身披旧衲三十斤。任重致远香象力，餐霜坐雪金刚身。夜寒双虎与温足，雨后毒龙来伴宿。手握顽砖镜未光，舌底流泉梅渐熟。夜来拾得遇寒山，翠竹黄花好共看。同来问我安心法，还解将心与汝安。"嘉靖戊子去九华，不知所之。

（万历《青阳县志》卷四）

金，一作"经"。明正德间，自少林来居九华东崖石窦中。新建伯王守仁登九华，金谒之，守仁与语，有契，赠之诗曰："夜来拾得

---

① 吕一麒，号虞田，贵池人，生卒年未详。与丁旦为同学，先礼李呈祥为师，后从王畿、邹守益等人学习，私淑王阳明。历任鄢陵训导，盱眙、当涂教谕，沂州学正。

② 周金和尚，生卒年不详，明代人。

遇寒山，翠竹黄花好共看。同来问我安心法，还解将心与汝安。"嘉靖戊子，金去九华，不知所之。

（光绪《青阳县志》卷十二"艺文志"）

正德间，太平山僧也。游少林寺，还居九华东岩。值王阳明复游九华，金访之，相与谈心，甚契。阳明书偈曰："不向少林面壁，却来九华看山。锡杖打翻龙虎，只履蹑破巉岩。这个泼皮和尚，如何容在世间。呵呵！会得时，与你一棒；会不得，且放在黑漆桶里偷闲。"后书"正德庚辰三月八日，阳明山人王守仁到此。"偈刻于宴坐岩悬石倒覆处。更有赠周金和尚诗，见"艺文"。至嘉靖戊子，金仍还太平山。一日，召寺僧说偈曰："千圣本不差，弥陀是释迦。问我还乡路，日午坐牛车。"语讫，跏趺而逝。《齐山磨崖辨》曰：马公《郡志》以《阳明先生年谱》"庚辰正月入九华"，二月已有《观兵九江》之作，疑其三月不应尚留九华。兹据寄隐岩磨崖："清明在齐山。"是岁清明乃三月九日，则三月八日在东岩，有足证也。年谱云云，殆二月有观兵之命，至三月初旬，方自九华过齐山而去耳。

（民国《九华山志》卷四"高僧门"）

周金和尚墓在西庙（即昭明太子庙，在池州城西杏花村）前。金自少林来，居九华东崖，值王阳明再登九华，金谒之。阳明赠之偈云："不向少林面壁，却来九华看山。锡杖打翻龙虎，只覆踏破巉岩。这个泼皮和尚，如何容在世间。呵呵！会得，时与你一棒；会不得时，且放在黑漆筒里偷闲。"嘉靖戊子，金自九华山还罗汉寺。一日告众曰："千圣本不差，弥陀是释迦。问我还乡路，日午坐牛车。"语讫，跏趺而逝。

（郎遂《杏花村志》卷三）

慧庵[①]

万历时人。邹南皋为作像赞序曰："予游九华索高僧，而得慧

---

① 慧庵，生卒年不详，明代人。

庵，盖数见而相欢焉。阳明祠圮，庵忧见形色。今祠宇重新，祀典大备，庵默翊之力居多。夫庵所学者佛，所慕者儒。其见儒与佛无异耶？亦有见分儒分佛为堕名相耶？求予为祠记，援笔付之。慧庵归矣。偶有绘其像者，敬为之赞。"《纪胜》载，见《九华散录》。

（民国《九华山志》卷四"高僧门"）

明地藏洞异僧①

弘治十四年，王阳明初游九华，闻地藏洞有异僧，坐卧松毛，不火食，历岩险访之。正熟睡，先生坐抚其足。有顷，醒，惊曰："路险何得至此？"因论最上乘，曰："周濂溪、程明道是儒家两个好秀才。"后正德中，阳明再至，僧已他适。故先生游化城诗，有"会心人远"之叹。

（民国《九华山志》卷四"高僧门"）

明实庵②

为长生庵僧。明弘治间，王阳明来游，实庵与语，有契。阳明题赠曰："从来不见光闪闪气象，也不知圆陀陀模样。翠竹黄花，说什么蓬莱方丈。看那九华山地藏王，好儿孙，又生个实庵和尚。噫！那些妙处，丹青莫状。"

（民国《九华山志》卷四"高僧门"）

蔡蓬头③

不知其名，常蓬头，因以为号。弘治十四年，王阳明先生审录江北。事竣，游九华，闻其善谈仙，待以客礼。请问，蔡曰："尚

---

① 地藏洞异僧人，生卒年不详，明代人。
② 实庵，生卒年不详，明代人。
③ 蔡蓬头，生卒年不详，明代人。

未。"有顷，屏左右，引至后亭。再拜请问。蔡曰："尚未。"问至再三。蔡曰："汝后堂后亭，礼虽隆，终不忘官相。"一笑而别。

（民国《九华山志》卷四"高僧门"。据《王文成公全集》增改）

丁旦①

字惟寅，气骨朗峻，音如洪钟。幼即不妄言动，事父兄孝谨。闻同里李呈祥贤，师事之。学既通，更从邹守益、王畿、钱德洪、欧阳德诸君子游，以私淑王守仁，转相教授，大江以南，门徒最盛。家素贫，初，兄杲经纪家政，待旦甚友爱，故旦得砥砺于学。至是旦以修饩自给，以宅让其兄，由是里中严重之。虽童稚亦呼为"丁夫子"。耿定向督学南畿，举旦文行异等，命有司以礼聘入试监司，守令常踵其庭咨政治得失，旦知无不言，言无不尽。孝子贞妇力请旌扬。遇冤抑辄密以告，不令人知。隆庆中一让恩贡，复让岁贡。及万历元年，始就岁贡，入太学。阅十年，任衡州府通判，却例金，厘夙弊，倡修社学义仓。与衡人士讲学不倦。卒于官，贫不能殓，士林悲之。旦生平务诚信，哭师呈祥，目几盲，亲负土筑其墓。尝为文逐虎虎遁，祈雨雨应，作赋驱山鬼，鬼啸绝声，人皆以为至诚所感云。其论学曰："才仆，即硬挣立起。有过，即暴白不瞒。"又曰："伊尹放桐之日，一毫利害之心不存。周公东征之时，一毫毁誉之心不入。"又曰："天理不远人情，造化不逾物则。物来顺应，时动事兴。"卒，葬贵池石都山之阳。耿定向题其碣曰："名贤丁惟寅之墓。"以子绍轼官赠武英殿大学士。

（光绪《贵池县志》卷二十六"人物志"）

---

① 丁旦，字惟寅，生卒年不详。曾礼李呈祥为师，后又从邹守益、王畿、钱德洪、欧阳德等人学习，私淑王阳明。为学为人，皆受时人推重，世称"丁夫子"。

吴文梓[1]

青阳人。万历丁丑进士，授太常寺博士，历兵科都给事中。时倭寇方张，在廷议封贡以款之，文梓独持不可。未几，奏捷献俘，特蒙褒赏。后以言事忤旨，谪从善典史。天启初，褒录先朝建言被斥者，赠文梓太常寺少卿。著有《谏垣草》。

（乾隆《江南通志》卷一百四十八）

吴文梓，青阳人。万历中，由进士授太常寺博士。考选入省，擢兵科都给事中。时东南俱用兵，在廷议封贡以罢之，文梓独持不可。未几，师中以捷闻，钦赏银四十两。于是忌者中之。以言事降崇善县典史，卒于家。天启初，褒录先朝之建言被斥者，特赠文梓太常寺少卿。

（乾隆《池州府志》卷四十二）

吴文梓，九都人。万历丁丑沈懋学榜选太常寺博士，历官兵科都给事中。

（光绪《青阳县志》卷三"选举志"）

吴文梓，九都人。万历丁丑进士，授太常寺博士，擢兵科都给事中。时倭寇方张，廷议封贡以款之，独持不可。未几捷闻，特蒙褒赏。以言事忤旨，谪从善典史。天启初，褒录先朝建言者，赠太常寺少卿。著有《谏垣草》，见《行志》。

（光绪《青阳县志》卷五"人物志"）

王一桢[2]

陪祀阳明、太白二祠。详骏绩。

（光绪《青阳县志》卷四"人物志"）

---

[1] 吴文梓（1536—1620），字子乔，号南台。明朝邑庠生，万历丁丑科进士，官至兵科都给事中加五级。曾协助戚继光抗击倭寇。殁后配享九华阳明祠。

[2] 王一桢（？—1618），字柱明，明代青阳人。曾为山东邹县知县，累官至左、右布政使，功绩卓著。

王一桢，字柱明。万历中以进士授邹县知县。课民农桑，设官庄百余所，以处民之无恒业者。岁大祲，安集流移，赈恤备至。又广置学田，建孟子庙。邹人德之，立生祠十有二处。擢北兵部主事，请停矿税，典河南乡试，所拔称得人。擢广西按察司兵备副使，转湖广按察使、左右布政使。御苗靖盗，选侍卫，制藩珰，争册立，清皇木余价三十万两，裁纸额五十万两，并贮库以充边饷。台史者方疏上其事，而以劳卒官，朝论惜之，给传归其榇。所在祀名宦，郡县祀乡贤。邑西与九华有专祠，并陪祀太白祠。详《省志》。

（光绪《青阳县志》卷五"人物志"）

刘光复[①]

字建初，青阳人。父织，以理学名。光复举万历戊戌进士，授诸暨令，置备赈仓，筑湖堤七十二所，垦田二十余万亩。擢御史，巡按山西，大着风采。以挺击事入对慈宁宫，忤旨系狱。光宗立，起光禄丞。卒赠太常寺少卿。

（乾隆《江南通志》卷一百四十八）

刘光复，江南青阳人。万历戊戌进士，令诸暨。洁己爱民，始终不渝，而遇事果断，无能旁挠者。邑境枕大山，潴为七十二湖，大苦旱涝。光复相高下，筑麻溪坝，定七堰。又于诸湖中画为区界，治长圩以捍水，沿江起大堤，开水门，以时蓄泄。浣江出县界，水势盘折，泛溢为害，光复欲直其江，率民开通，谓之新江。著有《经野规略》一书。至其置义田，立义冢，严革陋俗，如停丧、溺女、锢婢及同族为仆。

（乾隆《绍兴府志》卷四十三）

刘光复，八都人。登万历戊戌赵秉忠榜，任诸暨知县，为政廉平，选河南道御史，巡按山西。甲寅以张差事召对，建言被逮，击狱五年，庚申元旦释归。光宗起光禄寺丞，寻致仕卒。熹宗恤录，

① 刘光复（1566—1623），字敦甫，号贞一，晚号见初。明池州府青阳人，万历二十六年进士，后因上书触怒神宗下狱。著有《见初集》。

赠太常寺卿，恩以祭葬，崇祀名宦、乡贤。街西有专祠，详骏绩。

（光绪《青阳县志》卷三"选举志"）

刘光复，字见初。父织，以理学名。光复早著文誉，万历中，由进士授浙江诸暨知县，置备赈仓，筑湖堤七十二所，垦田二十余万亩，以最闻，擢河南道监察御史，巡按山西，素着风采。万历四十三年，以张差挺击一案，召廷臣入对慈宁宫，光复以国本未奠，终为隐忧，上疏曰："皇上于东宫，因心之爱，素笃于宫闱，天性之亲。母形于面谕，承麻九庙，而托重万年，自钟至情，宁忍玩视？然此，惟皇上独知而独信之耳，臣民无由见也。今官僚未备，讲席尘封，贵妃膳田未给，皇孙外傅未就，凡此皆皇上一举笔易了之事，而顾久格不行，则通国所共见共闻，而共以为忧疑者也。臣民方怀危疑之心，奸人忽逞奋击之举，奈何不凛凛寒心耶？以故台省请鞫于先，部寺诸臣节次发奸推究，非独为东宫已也。太子天下本，皇上之储贰，设太子未安，皇上之心亦必不安。六宫藩屏，以至远迩臣民，又何能有一得安者？此举朝吁天而呼，必欲肃清反侧，以舒神人之愤也。张差行径，非细故也。排入宫门，逞悍殿檐，殴伤内侍，惊动皇储，为世所不经见之变。内外诸人供有姓名、年貌、住址，与棍引进，俱有来路原委。其间造端合谋，一经质讯，情景毕露。谓宜即下部疏，明旨森严，根究情实，务期元恶伏辜，普天称快，内以安慰皇太子，而外解通国之惑，岂非圣明所决然哉？乃仅邀法司提问之初旨，余疏悉置高阁，即该部催请至再，亦屡日杳无纶音。此何等时也，而可玩易屑越之若是，又何怪乎叩阍之踵至？臣即谓圣主重具事，法司必精核推鞫，正奸宄而流言自息。若圣主缓其事，法司反观听群议，稽案牍而猜嫌益深，日酿月激，将来更生不测，可为痛哭流涕长叹息者此也。东宫之受侮，已共追悔于前日，贻东宫以无虞，正当着紧于今日。官校内侍，乞明诏倍增员数，仪卫盈庭，使令毕给，奠国本于泰山四维，皇上之自为社稷计，固宜若此也。红封涅槃，布满畿内，方士羽流，流闻道路，长此不禁，宁保内地无他变乎？皇上聪明超世，遇警而惕，屏绝此辈，以杜奸萌，此犹保护其外也。臣思自东宫受警以来，皇上顾复营怀，当不知何如为心者。自圣念轸切至今，东宫定省惟殷，亦又不知如何为心者。臣每见人家父子，当暌隔系念之时，一朝会食聚言，闺门和乐且耽。宋韩琦因英宗危疑，进言太后曰：'太后照管大家，大家自然照管太后。'太后曰：'我心更切。'母子孝爱，诵美千古。况我皇上慈爱本隆，及今频召东宫，承欢御前，分馔宠颁，特加慰抚，仍优礼中宫，委托主器之重，传谕嫔嫱，共保国储，融融泄泄，将数世赖之，不独今日情意流通忻豫而已。"

疏上，随而奏埤下班后声高。神宗不审其所奏何语，但闻太子仁孝四字。大怒，即命缚下狱。时光宗在青宫，谕厂卫曰："须还我生刘光复。"一系五稔，至万历四十八年正月一日始释归，建齐山书舍。光宗即位，以光禄寺丞起用，未及赴官而卒。天启元年，即赠太常寺卿，荫一子，谕祭葬于县之龙口桂家山。子永祚，闻光复被逮，伏阙三上疏，愿以身代，不报，以瘁死。别有传，详《省志》。

（光绪《青阳县志》卷五"人物志"）

柯之来[1]

字咸虚，贵池人。祖相以名绩世其家。之来幼工文善诗，仿七子体。尝与丁文恪公绍轼、余孝廉翘同辑《池州府志》，而出之来手者尤多。后究心理奥，尽改少年辞章之学。又论湛若水诸经解为切当，儒者多韪其说。卒年七十九。

（乾隆《池州府志》卷四十七）

翟视[2]

字仲明。少旷达，以豪杰自命。既师事湛若水有得，由贡生司训信丰，升石门知县。晚号狂斐子，精数学，自谓梦九华老人授之，

---

[1] 柯之来，生卒年不详，明代贵池人。
[2] 翟视，字仲明。明代人，曾师事湛若水。

撰《原一数学洞微》十二册，其术不传。

（嘉庆《泾县志》卷二十）

谭潜①

字见之，正德己卯举人。知嵊县，惠而能断，令行政举。大吏有不便其所为者，即谢事归，以古道约乡人，人皆敬信。与邹东廓、王龙溪互相切磋，虚己集善，湛甘泉、周讷溪并称之。

（嘉庆《宁国府志》卷二十七）

陈一敏②

字少竹，石埭人。尝偕邑中毕似范立馆祀阳明先生，联讲会，寒暑无间。子光乾，亦掺行端洁，施不责报，以厚传家。

（乾隆《池州府志》卷四十六）

毕似范③

字一衡，号心坡，石埭人，少保尚书锵之仲子。幼笃学，有希圣之志。长以荫，历户部员外郎。万历间，命中使采珠宝于滇广，疏请罢之，不报，遂弃官归，益研精心性之学。于九华筑精舍，延四方来学之士，欢欣接引，适馆授餐，虽资竭不顾也。后遭母丧，辟踊七昼夜，裂肺而死。学者祠之九华东壁。

（《九华纪胜》卷七）

汪景④

字希道。生而敏慧，读书寝食几废。忽一朝掩卷叹曰："今之所

---

① 谭潜，生卒年不详，明代太平县人。
② 陈一敏，生卒年不详，明代池州府人，曾与毕似范立馆祭祀王阳明。
③ 毕似范，字一衡。明代人，曾于九华山筑精舍接待四方讲学之士。
④ 汪景，生卒年不详，明代南陵人，曾从湛若水、邹守益等学。

谓读书者，日记万言，适以增耳目之障，曾何粹于理义？理义心之同然，惟圣人先得之而发于言载于书，后之学者读其书而知其言以会其心。心而通其理，究天人性命之原，稽古今是非治乱之实，为真能读书耳。"于是一意攻苦，务求文行交致。乃负笈从湛甘泉先生游，一时邹东廓、钱绪山辈咸曰："此畏友也。"中南畿乡试，数上公车，不售。司理嘉兴，移汝宁，折豪右之强梗，碎势家之盘固。里中有仇家数人，论戍治所，人谓可得甘心，景释不问，且善遇之。甫考绩，即陈情乞归。盖景三岁失生母王，继母朱奉其父秋崖翁中馈之托，已六十年。秋崖没，朱亦年高。凡数十请，始得抵家。侍母卒，终丧。有劝赴补者，景曰："向求一命，只因亲老。今亲墓既封，复又何求？"遂不复仕。景惟以实心求实学，以实学应实事。尝谓："淡为进德之基。耳惟淡，故听不失聪；目惟淡，故视不失明；口惟淡，故食不失味；心惟淡，故思不失睿。且淡可以济俭，而奢则败制；淡可以助廉，而贪则蛊贞；淡可以养静，而华则逐物。天下之至味皆生于淡，而淡实生于心之无欲也。"乃筑楼深山，歌咏徜徉，不知老之将至。见一时学者多宗自然虚无之教，每言圣门之学以身体实践为功，真知自得为贵，作《良知辨》《读陆子集辨》，悉有功于斯道云。

（嘉庆《南陵县志》卷八）

王之璘[1]

青阳人，布政使一桢子。天启丁卯北闱副榜，考授通判。明季，征辟贤良，大吏交荐，之璘以养母坚辞不赴。设义田赡族，建义塾训士。岁饥，籴谷助赈，乡人德之。楚兵南下，之璘罄家财，募壮勇，婴城固守，邑赖以全。

（乾隆《江南通志》卷一百六十一）

本朝王之璘，字伯玉，青阳人。父一桢，为楚方伯。家世贵盛，

---

[1] 王之璘，生卒年不详，明末清初人，王一桢子。

而沉潜谦退，恂恂如处子。好读书，前明天启四年恩贡，考授府通判，未仕。崇正中，知府欲以贤良荐，辞。左兵南下，之璘出家财募众助城守，一邑获全。尝设义田、会田，为族人周贫乏，资膏火，亲知无不仰给者。殁之曰："犹焚数千金逋券焉。"崇祀乡贤，并附祭九华山太白、阳明二祠。

（乾隆《池州府志》卷四十七）

曹绳祖[①]

字其武，邑廪生。十一都。敦孝友，崇品概，博群书，能文章。访学吴浙诸郡，从游名士王云衢、方朴山门下，其诣益进。制艺、诗文[②]、书法无不精妙。晚年邃于理学，得王文成公宗旨。筑寻乐书舍，教授生徒，先德行而后文艺。所有俸金，给资寒儒膏火，士子赖其作育，成就百数十人。居父母，寝苫枕块。子树滋，见懿行。

（光绪《青阳县志》卷四"人物志"）

（二）湛若水与九华诸学侣往来诗文

与闻人诠

贺闻人母太孺人六十六华诞诗有序

闻人母者，闻人侍御诠之母，冢宰海日公之女弟，新建伯阳明子之姑母也，归贞庵公，相之儒业。贞庵告逝矣，母三十而孀居，六十如一日，志则贞矣。有子曰闿、曰诠，诠病剧，闿为焚香，请身代之，遽毙。母曰："天乎闿也，爱弟而毙乎！"哭之哀，乃丧明，其慈孝弟友则交感矣。诠学成，行令宝应，有声。擢御史，有声。帝乃推原善教，褒封母为太孺人。太孺人华诞，适逢其会，辛卯六

---

① 曹绳祖，生卒年不详，明末清初人。
② "文"，原为"古"，形近而误。

月十有二日也，则感应之致矣。甘泉子闻之，曰："以予观于世而知王道之易易也。夫父子兄弟上下之心，一于感应而天下治矣。"为赋诗以寿焉。且用告夫观风者。

今日谒为乐，闻子开寿筵。小寿逢六六，大寿祈百千。何以祈百千，不朽无期年。何为不朽名，圣善流芳声。母仪自贞则，海日难为兄。伏生传《尚书》，卓为女中英。嘉言不出梱，善行溢家庭。我为众宾陈，众宾为我听。兄代弟病毙，母哭子丧明。一门感慈孝，蔼然为嘉祯。和德协上下，精诚达穹冥。仲氏新骑骢，宝应留清风。帝曰母善是，孺人特褒封。龙章与凤翟，五色来云中。风日清大夏，华诞适与逢。乃悟天人际，感应常相通。特为王母寿，于以寿无穷。

（《湛若水诗集》卷四）

寿闻人母王大夫人七十华诞诗有序

祁门程生清告甘泉子曰："六月十二，寔维我宗师北江子闻人先生母夫人七十初度之辰，维我公以道义之雅，宜有言以寿祝。"甘泉子曰："寿其可知也，此吾素所期于北江子以臻之于太夫人者也。且以学曾子之事亲，而方诸老莱子之儿戏，以豸绣而善养，当乎斑衣之舞跌，诚未知其孰贤也。吾何爱于言哉？"言之不足，遂长言之。

王母下瑶台，开颜宴曾孙。亦有偷桃儿，闯焉来窥门。夫人天姥精，圣善女中英。阳明为之姪，海日为之兄。盛夏物生长，天地何高广。有子开寿筵，万寿歌遗响。何谓寿之道，生生之谓寿。何以寿生生，天地共悠久。

（《湛若水诗集》卷五）

与柯乔

福建长乐柯生乔可尚迁，博学士也。斋戒三日，

尽弃其学而请学焉。喜而与之诗二首

问道三千程，斋戒三阅日。斋斋致太虚，白日生尔室。

骑牛以问牛，牛在宁他求？即此斋戒心，便与神明游。

（《湛若水诗集》卷十一）

柯生尚迁乔可，长乐士也。凡游江浙金陵之间，足迹半天下，

以求自得师。每欲谒予，而每每相左。今年秋，自古冈九山子

以书送至西樵，斋戒三日而问学，遂入天关，凡三阅月而别，

诗以送之

闽士多及门，好问惟汝贤。不肯俯拾养，日注书数篇。周礼广

大胸，吾且有择焉。斋戒三问道，后归于无言。扫除意见障，云开

见青天。斋戒通神明，一念无穷年。

（《湛若水诗集》卷十一）

大行人柯子归寿其大人云门先生七十华诞 柯迁之，名乔

丈人九华秀，曳裾自王门。归来逐云月，壁立华山尊。有子恭皇

命，适逢岳降辰。天寿祝平格，百龄安足论。

（《湛若水诗集》卷四）

与柯双华宪副

昔闻双华罹不测之患，昌言于众，以明华夷大义，方以为戚。

及闻双华自安如羑里读书，以为慰。今者是非大明，得遂归。双华

其外务谢绝，修得力可知。想日与古源究竟大道，斯道有托矣。幸

甚！幸甚！良便布小启兼新图，附上一览，庶万里如同席也。《九思
九歌》，老怀不忘。九华九鲤，湖梦若验，或终如愿也。谨启。

（《湛若水书信集》）

答萧师孔，论柯乔可斋戒请学第一纸　戊申十月九日

　　昔太公将传丹书之训于武王。武王君也，太公臣也，犹曰："王
欲闻之，请斋戒矣！"武王斋戒七日而后传，岂苟哉！柯生斋戒然后
请学，此便是作圣基本。夫以丹书之训不过数言，圣武岂不素知之
哉？而请斋戒焉何也？柯乔可平生于吾言岂不有所闻？于古圣贤之
言岂不亦博有所闻？只恐吾言之出，闻之亦曰："此吾素所闻所知者
耳！"则又何益？请以此复，何如？

（《甘泉先生续编大全》卷七。《湛若水书信集》）

与师孔第二纸

　　适览乔可诗"黄唐以上道浑浑"之语，吾心正欲复此浑浑也。
吾又读其大有省发，向时逐外之见，于身心无分毫益，又有结庐净
身之说，又有回家不见先庐之说，是能舍己从人，致虚以受矣。其
几矣！其几矣！若柯生者诚不易得矣，特趁此苗头之发，令小童引
入大有洞天，坐小朱明、朱陵之轩，一默一语，弟恐所与语者不出
乎乔可今斋戒之自有自为者耳。幸毋少之。

（《甘泉先生续编大全》卷七）

潜江县新建四城门记

　　维嘉靖□年，皇帝诏可抚臣之议，以潜江县隶承天府。承天府，
陵寝重地，其以承、德二府立分巡道于沔阳，以为捍卫。时青阳柯
双华迁之乔，由御史来为宪金，寔膺是任，出按于潜。环视形胜，
喟然而叹。顾谓潜尹黄子学准曰："斯地寔边，于江而通于荆，以为
捍卫，可以无城郭乎？"曰："不可。"曰："城可以无门乎？"曰：
"不可。""重门系柝，以御暴客，盖著诸《易》。无城，是无人民

277

矣；无门，是无城矣。无城无门，将曷御焉？有门斯有城矣，成门所以成城也。"

于是作四城门。双华君素定区画，计丈尺，揣高低，议财用，别匠石，措粮。不伤公帑，不劳民财。凡所经营，皆出意外。县有干典之猾，罚出工力之助，以附《周礼》钩金、《吕刑》百锾之义。于是四门先后告成，民若不知有兴作，官若不知有鞭笞。廿三年六月朔迄工。君子曰："使公治天下，以事治事，行乎无事而天下治，亦如此矣。"于是榱栋连云，丹青丽日，县治百余年来，公有依归，民有宁宇，众皆欢喜。昔者形胜斯何，今者形胜斯何。其东曰汉滨之门，汉水走流，经县东而入沔也。西曰郊郢之门，承天为郢，县西护之，言郢之郊也。南曰迎熏之门，以祈阜财解愠，以为民也。北曰望洋之门，排沙河北环如带，蒙泉道岸，凡以作士也。双华子曰："门成即城成，可以责成于丰年矣。"

君子曰："此门犹形势之在外者耳。盖圣人之政治亦有四门焉，子闻之乎？"曰："请闻焉。""书曰：'辟四门，明四目，达四聪。'以言乎去事之壅蔽。壅蔽不辟，则聪明不广，如耳目闭塞，侊然何之！虽有形胜，不能自治。"闻者喜曰："然。吾言城门，得政事之门，敬闻命矣。"曰："此犹四门之在事者耳。惟心亦有四门焉，子闻之乎？"曰："请闻焉。"曰："恻隐之心之端，仁之门也；羞恶之心之端，义之门也；辞让之心之端，礼之门也；是非之心之端，智之门也。是故四端不扩，则四德不达，四塞如阛，虽欲发政施仁，无本不生。"闻者喜曰："吾闻政事之门，又得心术之门，敬闻命矣。"

甘泉子曰："形势不如政事，政事不如心术，心术在乎学，闻大道矣。夫双华子者，志圣人之道，游于阳明、甘泉之间，闻天理、良知之学者也。潜尹黄子政暇之所讲闻，必将以宇宙为家，以天地为城郭，以四方为门户，当不疑于吾之言矣。"因为记以归之，书诸石，以告东西南北之人云。乙巳十一月。

（《湛若水文集》卷三）

明故封奉直大夫、南京刑部、浙江清吏司员外郎柯公墓表

高祖天乙，曾祖昌容，祖淑荣，考璟。

泉州南安县三十九都朴兜山之麓有墓焉，为安平柯氏曰仪尔范之藏。尔范号西田子，人称之曰西岩君。六岁丧父璟，依母林为命。聪慧过人，幼能觉族人之饼毒，以归告，试犬，犬毙。母乃与归，保养于林氏，长乃还业。不能适二百里离母侧，善养母志。事诸舅，无间内族父兄然。匮或为饷，死或为殡，负租或为之偿。母侄察被诬死罪，则为出赀，殚力救免之。令仆者持五百金商，货没于江，归以告，无愠色，曰："汝遭幸无恙乎！"仲子实卿荐于乡，于春官，捷报，见客无喜色。敝衣姁姁，若素有之。不苟取于佛寺之基，亦不苟与于方外之营。不戚戚贫贱而汲汲于富贵。以子实卿贵，封南京户部主事、承德郎，加封南京刑部员外郎、奉直大夫，积德之报也。人以为荣，西田子若固有之。

西田子生成化甲辰，卒嘉靖丁酉，寿五十四，葬以又明年己亥三月□日。病革，顾其配黄宜人以泣。黄问所欲，曰："吾得甘泉先生表吾墓焉，足矣！吾目瞑矣！"或曰：是曷取于甘泉子哉？为其文欤？才辩欤？智能欤？名位欤？世之以文辩智能立取高位者多矣，而西田子不之取。彼甘泉子者，世之君子所睥睨欲摈之者，而才辩智能无以逾人，位旅旅在人后耳，而西田子乃独违众而慕之。将死，真情也，犹愿得其文以表之焉，则其平生人品识趣可知矣。噫！若西田子者，诚使仕而至公相，则其所取所举，以人事其君，以共成正大光明之业者，孰不可至哉。如使古之伊、傅、太公之流而不遇，则亦海滨田野耕钓之叟耳矣。古今之人品，其可一一能自表见于世耶？甘泉子曰：西田子盖三代之遗直人也，闻之黄子淑清氏，莲峰子之所善也。吾表之哉，吾以自附于圣人微显阐幽之指。

子三人：秀卿、实卿、奇卿。秀卿，散官；奇卿，有奇质；实卿，笃实士也，从甘泉子讲圣贤之学，今为刑部郎中，能其官，以

显扬其世云。

（《泉翁大全集》卷六十四）

与李呈祥

代简寄池州李古源上舍

古源眠食今何似，我屋中华近到无。惊报双华消息恶，世间滟
澦在荣途。

（《湛若水诗集》卷十二）

与李古源上舍

水尝旁思，海内之士如古源辈，可与共学而立也。《易》："忠
信所以进德。"《记》："君子有大道，必忠信以得之。"古源其人乎！
承所赠八十绣寿百字，一字百思不啻矣，盛心何以克当？兹门人类
刻之，以寄左右，同《知言》，墨刻、蜡丸，少引谢意。明年九十，
尚有四方之志，当与君会于九华之上，天意未可知也。公卿不下士，
士不上交公卿久矣。得《与端溪公论学书》，不渎不诒，上下相感而
交成矣。幸甚！幸甚！余非纸笔可既。

（《湛若水书信集》）

与李古源上舍

夏间小儿束之转致手翰，并新刻家训及序文高作，所见的确，
此训愈加精明，观其所见，远进于前。养之使有于己，宇宙间更有
何事？恨地远不得相与切磋以进也。婺源洪觉山侍御罢官而归，寄
声欲秋间来罗浮共讲此学，不识古源能约与俱来乎否？水今年八十
一矣，念来日无几，五月望挈家入西樵山，樵山有旧隐，又云谷
新开精舍，若果遂来，坐进此道，天壤间更有何事也？谨启。丙午
六月。

（《甘泉先生续编大全》卷七。《湛若水书信集》）

与李古源上舍

廿年之别，怀念孔殷。甲寅之春，有传贵札自罗浮者，恍然如古源在罗浮矣。乃贵乡里不能直致，托徐上舍。开缄，则止见与端溪往来辨学之言，而古源乃卓有的见矣。斯道之托，非古源其谁耶？往岁曾有诗卷奉寄，叹双华之事。今双华得归，相与究竟此学，其乐何如！兹以良便，草草布复。适有《九思九歌》奉览，知吾此情终当如愿。

（《湛若水书信集》）

答李时龙

某拜复高士古源李君贤契道盟馆下。二贤嗣赴试来见，即如觌颜色矣。读来书，即如闻謦欬矣，何慰如之！来谕问以改毁书院动心否？此切问也。身外万有皆非真我，非真我则机不在我，人皆可得而夺也。若夫真我，得之于天，天既与我，天亦不能夺也。至于书院之改毁，吾亦若有动心者，其诸异乎人之动心也，为斯文斯世动心也。古源其亦动心否乎？近戒文字言语，《神交亭记》久已许古源矣，不可负初心，此盖夙债也。此种道理似亦不可不一发者。其所书《六字诀》，其实功须于勿忘勿助之间求之，古源其必已下手矣，自知之矣。自知之而犹言之者，所以叮咛于此。入冬及春，当请归。若遂，吾其在罗浮、祝融之上矣。君能索我于朱陵、朱明之间乎？灯下捉笔不既。丁酉八月二十六日。

（《甘泉先生书信集》）

寓奠李古源文

维嘉靖三十六年，岁次丁巳，六月壬午朔，越二十日，友末湛某，谨以香币之仪，寓告于故友高士李古源之灵曰：

于乎古源，胡速逝只。古源古心，学古道只。脱蓰浮名，藐公卿只。贡于大庭，谢游南雍只。拂袖而归，遁小山只。太守到门，不往拜只。我游九华，即山谒只。叩之何为？我为道只。执弟子礼，听讲湛然只。临池有精舍、湛然亭，胡造古虔，越宿遄归只。体认天理，胡佩服只。再游九华，卜中华只。自兹遐违，嗣音问只。我年八十，寓锦图只。绣字寿百，寿言有加只。端溪宗伯，飞翰辨疑只。邑人吴子，归报仙逝只。予哭之恸，胡不假年只。双华柯子，得归讲习只。胡莫我报，渺然不知所之只。将升大化，上从颜、闵，抑揖周、程，请问石翁只。岁月奔逝，不我与只。夜以继日，坐待旦只。子不与我，德业垂成委之只。布怀寓奠，通幽明只。尚异不昧，歆此诚意只。于乎，尚飨！

（《湛甘泉先生文集》卷二十九）

保和堂记

□□□□□□□□□□□走价问□□□于□□□□□□□□也承学□□□□之门，阳明先生大□□□□□□堂矣。□□□于古源李子之邻，惟我夫□□□□□保和之□□□也。有所从事于师友之□□□□□曰：予□□□□四矣，复何言哉！千圣千□□□"随处体认天理"六言尽之矣。阳明公良知一□□□□□必孟子"达之天下"四言，斯尽之矣。知达□□□□□体认乎天之理，则保□之道尽之矣。夫□□□□□《易》不云乎："保合太和。"太和以言道也，正□□□□不如野马絪缊，不足谓之太和。太和以言□□□□□也。故形而上者谓之道，形而下者谓之器，□□□□。《易》曰："一阴一阳之谓道。"阴阳，气也；阴阳□□□□□中正纯粹，和气之至也，道之谓也。天地□□□□□之精也。是故君子之学，存其心以和其□□□□□正其性，以达诸天地而已。夫甘泉翁□□□□□之和，阳明公之和即古源子之和，古源子之和即双华子之和，双华子之和即天地之和。□□□□□□内，浑然一团和气，少助少忘，□□以伤□□□□□□□保□□□□□□□□□□之至也，达之至也，体认之至也。而行所无事，丝毫

无所容保焉尔也，保之至也。双华子以为然，请记诸堂壁，永以
为训。己酉二月。

（《湛若水文集》卷三）

神交亭记

池阳高士有古源李子者，谢太学，隐居小丘山，十余年不出，
志圣贤之道。闻甘泉子而慕焉，然而未尝识面，甘泉亦未尝识其面，
而知之贤而敬之，曰神交矣。或曰："面不相识，何谓神交？"甘泉
子曰："夫人皆识面，浅者也。而谓上下千万年识尧、舜、禹、汤、
文、武、周、孔是何面目，而若相知之深焉，神交也。故孔子梦周
公、高宗梦傅说、舜梦拜乎丞、黄帝梦游华胥、见尧羹墙，皆心也、
神也。神也者，心之所为也，故心之神也。交，通也，通天而天，
通地而地，通万物而万物，通尧、舜、禹、汤、文、武、周、孔，
而尧、舜、禹、汤、文、武、周、孔感而通之，一气也。气也者，
通宇宙而一者也，是故一体也。一体故氤氲相通，痛痒相关，不交
而交矣。"嘉靖丙申八月，甘泉子过池阳，登九华之山，古源子出迓
焉。或曰："子十年不为彼乡士夫出矣，不为郡大夫出矣，而为甘泉
子出，何耶？"曰："吾为道出也。若甘泉公者，所谓旷世遇而呈祥
者也。吾为道出也，非为甘泉公也。"相见而欢若平生交焉，而若
鱼水不足也。执弟子礼而学焉，虔心以相乎，神以相授，又若磁
铁之默合，不待口之相语也，深矣。何则？神交至焉，倾盖次焉。
故知神之所为者，可以尽心矣；知心之所为者，可以知性矣；知
心神之所为者，可以语道矣；尽心知性而存养之，可与语学矣，
尽之矣。

古源子退而作神交亭，甘泉子为次第其语，作亭记。甘泉子
喟然叹曰："於乎！时隆子而知神交之道，则斯亭斯记可两
忘矣。"

（《湛若水文集》卷三）

六字诀

甘泉子曰：可以与吾随处体认天理之学者，其古源李子乎！夫随处体认天理，此吾之心学六字诀也，千圣千言之会也，尽之矣。苟能终日终身而致力焉，直上达天德，无声无臭焉至矣。李子其勖之哉，是在李子。

（嘉靖《池州府志》卷九"杂著篇下"）

与任柱

寿宝安任君砚斋先生华诞诗 有序

《我怀》，寿任君也。何以寿任君也？褒任君之德也。何为褒任君之德也？褒任君之德能成其子柱之贤也。任氏之子柱从甘泉子游，能以学自进，正其心，检其身，以达于政，福于池之民，作于池之士，以崇正学，以为邦家之基也，作《我怀》。

我怀铁江，宝安之阳，隔水汤汤。有美一人，水中之央。水中之奇，中气粹之。何彼德星，生宁馨儿。其馨维谁，柱也之材。黄堂之祯，邦家之维。亦治九华，寿祝无涯。维以大耋，维德之遐。维神斯听，竹实是征。颍川之治，凤凰来鸣。遐以寿昌，遐以显扬。寿斯永斯，君子之光。

（《泉翁大全集》卷三十九）

与汪可立

祁门汪茂才可立久住九华，来寿，予以太极章答之

爱尔九华来秀色，寿予太极之长篇。九华看到同根处，太极中峰坐九年。

（《湛若水诗集》卷七）

与章允贤

侍甘泉湛公游

章允贤

曾共湖西泛夜船，又从萧寺望甘泉。源头活处春常在，游屐忙时节更全。山色静涵千树晚，水声清奏一琴弦。看山欲说山中趣，总在光风霁月边。

（光绪《青阳县志》卷十"艺文志"）

二　九华山王、湛相关遗迹及题咏

（一）相关遗迹

石碑峰

在滴翠峰西，旧《志》石牌误，今据阳明赋临烂石碑之文改正。

（光绪《青阳县志》卷一"封域志"）

列仙峰

在香林峰北，与天柱峰相属。峰顶石有人形，行者、顾者、舞者、拜者，接踵而从，俨然仙侣之列也。明王守仁诗："灵峭九万丈，参差生晓寒。仙人招我去，挥手青云端。"

（光绪《青阳县志》卷一"封域志"）

云峰

在罗汉峰下，晴雨皆有云出入。明王守仁《歌》：九华之峰九十九，此语相传俗人口。俗人眼浅见皮肤，焉测其中之所有。我登华顶扫云雾，极目奇峰那有数。巨餐中盘万玉林，大剑长枪攒武库。有如智者深韬藏，复如淑女避谗妒。暗然避世不求知，卑己尊人羞呈露。何人不道九华奇，奇中之奇人不知。我欲穷搜尽括出，秘藏恐是天所私。旋解诗囊渐收拾，脱颖露出锥参差。从来题诗李白好，却于此山亦潦草。曾见王维画辋川，安得渠来拂纤缟。

（光绪《青阳县志》卷一"封域志"）

芙蓉峰

在化城寺西南九华南。自七井山发脉，连亘石门岭而来，至芙蓉峰，结为珠墩，成地藏塔院。峰不甚高，上起五峦，宛如青莲花。王守仁题云："九华之山何崔巍，芙蓉直傍青天开。"此峰在芙蓉阁之西南，遥与阁对者是。

（光绪《青阳县志》卷一"封域志"）

莲花峰

在广福寺翠盖峰东。乱峰层叠如莲花，上中下三处皆有庵，惟上莲花尤胜。石瓣嵌空，如菡萏初舒，色青紫欲浮。明王守仁诗："灵峭九十九，此峰应最高。岩冻半夜日，地隐九江涛。天碍乌纱帽，霞生紫绮袍。翩翩云外侣，吾亦尔同曹。"

（光绪《青阳县志》卷一"封域志"）

宴坐岩

明正德十四年，王阳明先生入九华山宴坐处。下有锦衣石，乃明武宗遣锦衣使侦阳明先生处。

（光绪《青阳县志》卷一"封域志"）

东峰

在化城寺东，古称东峰。登巅则群峰历历内向。明王守仁更曰"东岩"。虞邦琼诗："东峰高耸碧巉岏，滴翠流霞秀可餐。虎洞生风空谷冷，龙池带雨大江寒。高天坐倚三更月，积岭晴烘九转丹。乘兴登临秋正到，诗成莲社竞相看。"

（光绪《青阳县志》第一卷"封域志"）

东崖，在化城寺东，俗称舍身崖。崖上有岩，深入如屋。昔金地藏始卓锡于此，后异僧周金栖焉。明王守仁示诸生诗："淳气日涸薄，邹鲁亡真承。世儒倡臆说，□瞽□因□。晚遂益沦溺，手援吾不能。乘之入烟霞，高坐云□层。闻茅傍虎穴，结屋依岩僧。岂日事高尚，庶免无子憎。□鸟求其侣，嘤嘤林间鸣。而我在空谷，焉得无良朋。□飘二三子，春服来从行。咏歌见真性，逍遥无俗情。各勉希圣志，毋为尘所萦。"又东岩杂吟一首："瀑流悬绝壁，峰月上寒空。鸟鸣深涧底，僧住白云中。"

（光绪《青阳县志》卷一"封域志"）

东岩，在化城寺东。登巅，则群峰历历内向，故古称"东峰"。横截如屏，又名"东崖"。崖北有岩。深覆如屋，故又名"东岩"。金地藏卓锡于此。后异僧周经，亦栖其间，故又名"宴坐岩"。明王阳明居此，定名东岩，今仍之。明柯乔诗："陵晨升东岩，参差俯层碧。似练江光净，如蒸云气白。幽径盘山椒，孤灯明石室。绝壁舒绮绣，飞流戛琴瑟。其中有至人，味道薄芝术。我欲叩玄关，伊人久超忽。南指千万峰，天台最突兀。丹梯近可扪，鸟道险难即。改途返禅居，停晷披梵帙。即事畅沈悰，触物祛遐戚。忘归信兹辰，终期下容席。"柳佐诗："磴道开成竺寺东，大千一望万尘空。嵯峨岭树层霄上，隐见江天宿雾中。风韵泉声将梵乐，日移秀色照禅宫。大师曾此纡真果，徙倚石床思不穷。"桂应蟾诗："浮空东壁迥松烟，香阁珠林倚半天。白法有缘开胜迹，丹崖无径傲飞仙。云根逗老虚中石，月影澄寒静里泉。倏尔乘风陵绝顶，苍茫疑泛斗牛边。"潘耒诗："大士潜修地，双跌尚宛然。岩空眠似屋，壁削望如船。岭合疑无地，江翻觉有天。由来参观者，相见别峰巅。"清吴德照诗："为探名胜历华峰，积霭浮天一径封。蹑远不知溪外路，登高略见岭头松。老僧座下崖千尺，古佛龛前阁几重。心旷已忘归路近，云烟尽处早闻钟。"程道光诗："独上云深处，东岩异众峰。烟中笼窈窕，天半削芙蓉。密树藏金碧，山空应鼓钟。高人当宴坐，岂是拟仙踪。"

考异曰：东岩俗名"舍身岩"，谓地藏舍身空门。如梁武帝、陈高祖舍身寺中，非果捐躯也。愚人误谓为投崖身死，即得解脱。夫投崖可以解脱，地藏胡弗先为之，而犹坐化函中耶？

（民国《九华山志》卷二"形胜门"）

云门峰

在开元观南。两阜相向如门，云气出入。冬夏有泉涌沸而下。明王守仁诗：云门出孤月，秋色坐苍涛。夜久群籁绝，独照宫锦袍。

（光绪《青阳县志》卷一"封域志"）

伏龙潭

在圆寂寺鹦子峰下。王守仁诗："飞流三百丈，颍洞秘灵湫。峡坼开雷斧，天虚挂月钩。夜深时试钵，吐气或成楼。吾欲鞭龙起，为霖遍九州。"

（光绪《青阳县志》卷一"封域志"）

青阳化城寺

在九华山。晋隆安五年，天竺杯渡禅师建。唐开元间赐额，僧檀号居之。正统间，征僧道泰并后都纲法演、法广及僧佛智、德书、德同、德侃、成敬、成珊、成安、仁懋，造千佛阁、方丈、廊庑、地藏塔殿、石阶、梁道，并绘圣容，规制大备，为九华诸寺之冠。王守仁诗："化城天上寺，石磴入星躔。云外开丹井，峰头耕石田。月明猿听偈，风静鹤参禅。今日揩双眼，幽怀二十年。"

（嘉靖《池州府志》卷三"寺观"）

芙蓉阁

在化城寺山门东僧祎陵建，阳明先生书扁，后毁，能滨重建，宪副陆时雍补书。

（万历《青阳县志》第二卷"亭台"）

在化城寺山门左，佛棱建。后毁，能滨重建。再火，宗佛又建。明王阳明有诗。此阁，与前神光楼、藏经楼，三名皆不顶格者，疑"神光"恐属"地藏塔"，此二属"化城"故。

按：此藏经楼与芙蓉阁，疑为俱属化城寺中之一部分。《九华纪胜》云：万历十四年，颁赐藏经，原珍藏于拱金阁。至清嘉庆二年，僧端昙移藏化城寺后楼。越数日阁灾，而藏经存。是知此楼即为现在安供藏经之所，当无疑义。想此阁，亦属寺中庄严之一。揆厥原因，由向有旧志以至光绪二十六年纂修者，皆为俗儒秉笔。不知佛法与寺庵塔庙之尊严，故将全山寺宇列于书堂祠舍之后，为"营建门"之附属物。至楼阁，不问是否僧居，又皆别于寺庵之外，另为一部。所以将此同属化城寺中之楼阁，又别开主寺，另标二名。今《指南》与最近《山中新钞稿》，皆未另载，尤可作为化城所属之证明。但今人地远隔，无由勘实，故特附载于此。则无论其与化城为一为二，皆不失其与寺接近之关系耳。

（民国《九华山志》卷三"梵刹门"）

东岩禅寺

在化城寺东，原名"东峰"，又名"东崖"。因崖北有岩如屋，故王文成公定其名曰"东岩"。俗又名"宴坐岩"，亦名"舍身崖"。皆由地藏卓锡，敷单宴坐，得此二名有谓由文成宴坐而名者，非。其舍身名义，本志卷二"形胜"东岩条考异，已略辨之。明正德时，周金亦尝居此。文成与之谈心，复赠诗偈。万历间，僧将旧有环奇亭改建佛殿，遂仍岩名而名其寺。得吴给谏文梓，檀护助成及撰碑记。至清同治九年，定慧复募建殿宇，熊祖诒有记。俱见《檀施》。迨民国，心坚住持，安单接众，定为十方丛林。且添建下院，以息行脚僧伽。而心坚从事劳工，身先大众，尤能精持戒律，为全山景仰。近年容虚住持，香火尤盛。惜于二十二年冬，一火而全寺被焚，令人浩叹。宋陈岩《题宴坐岩》诗："掠地霜风黄叶飞，山人宴坐已多时。但知六凿俱通透，不省支床旧有龟。宋时已有宴坐岩之名，足证其名不自阳明始。"

按：此寺现全被焚，目下正在筹募修复，尚未闻成绩如何。因山中寺院虽多，大都子孙剃度性质。唯此为十方道场，望其早日恢复旧观，故仍列于此，与诸丛林并称。

（民国《九华山志》卷三"梵刹门"）

无相寺

在头陀岭下，旧为王季文书堂，季文临终舍为寺。宋治平元年赐额，明王守仁有诗（载"艺文"），咸丰年兵废。

（光绪《青阳县志》卷十二"艺文志"）

在头陀岭下。本唐人王季文书堂，季文临终舍为寺，宋治平元年赐今额。清被毁后，同治十年，玉忠中兴。明王阳明《夜宿寺中》诗："春宵卧无相，月照五溪花。掬水洗双眼，披云看九华。岩头金佛国，树杪谪仙家。仿佛闻笙鹤，青天落绛霞。""老僧岩下屋，绕屋皆松竹。朝闻春鸟啼，夜伴岩虎宿。""坐望九华碧，浮云生晓寒。山灵应秘惜，不许俗人看。""静夜闻林雨，山灵似欲留。只愁梯石滑，不得到峰头。"《重游四首》："游兴殊未尽，尘寰不可留。山青只依旧，白尽世间头。""人迹不到地，茅茨亦数间。借问此何处，云是九华山。""拔地千峰起，芙蓉插晓寒。当年看不足，今日复来看。""瀑流悬绝壁，峰月上寒空。鸟鸣苍硐底，僧住白云中。"又，《重游次旧韵》："旧识仙源路未差，也从谷口问桃花。屡攀绝栈经残雪，几度清溪蹋月华。虎穴相邻多异境，鸟飞不到有僧家。频来休下仙翁榻，只借峰头一片霞。"又，《无相寺金沙泉次韵》："黄金不布地，倾沙泻流泉。潭净长开镜，池分或铸莲。兴云为大雨，济世作丰年。纵有贪夫过，清风自洒然。"

（民国《九华山志》卷三"梵刹门"）

王阳明祠

在青阳县九华山化成寺西，祀明王守仁。

（乾隆《江南通志》卷四十一"舆地志"）

阳明书院，在青阳县九华山化城寺右，明嘉靖初，知县祝增建，以祀王守仁,后改为祠。

　　　　　　　　（乾隆《江南通志》卷九十"学校志·书院"）

　　阳明书屋,在九华山化城寺西。阳明,王公守仁号也。公两至九华,学者多从之游。嘉靖戊子,知县祝增为建书院。

　　　　　　　　（嘉靖《池州府志》卷三"书院"）

　　王文成祠,在府治正学书院,祀明王守仁。

　　　　　　　　（乾隆《江南通志》卷四十一"舆地志"）

　　明新建伯王文成公祠在青阳县九华山化城寺右。嘉靖初,邑令祝增以阳明先生两至九华讲学,故建书院于此,有仰止亭。及阳明先生殁,万历初,邑令苏万民、蔡立身始改建为祠。今有司于每年九月九日致祭一次,以湛若水、任柱、王世禄、柯乔、吴文梓、罗赐祥、刘织、刘光复、刘正初、孙楠、孙杞、王之璘、王平子、何璧从祀。

　　　　　　　　（乾隆《池州府志》卷十八"秩祀志"）

阳明书院

　　阳明书院,在九华山化城寺之右。明嘉靖初,邑令祝增为余姚王文成守仁建,今为祠。见《庙祠志》。今废。

　　　　　　　　（光绪《青阳县志》卷二"学校志"）

　　阳明先生祠,在九华山化城寺西。先生正德间两游于此,聚徒讲学,从者弥众,岩石上多留题处。嘉靖初,知县祝增为建祠宇。前有堂庑,后为仰止亭,肖像刻石于中。门人吕柟、欧阳德、邹守益记。岁春秋次丁祀之。万历二十二年,知县蔡立身重修,置祭器,正祭仪。续奉□道侯命,置祭田一十亩零,累奉院道府捐金修建,创竖石坊,吉水邹元标记。后颓敝。天启癸亥,知县李如桂重建寝室三间,奉先生祠,以凤台前厅任公配。左列柯宪副、吴奉常精舍三间,右列罗宪副、刘侍御御精舍。陪祀□□□任柱、王世禄、王之璘、孙楠、孙杞、王平子、何璧[①]。乾隆十五年,知县段中律因祠

――――――――――――

　　① 按:何璧,一作何璧。或是一人。

祀荒废，增建于妙音寺东，有记。今存遗址惟在九华山者。同治六年，柯、吴、刘、□四姓重修。

（光绪《青阳县志》第一卷"营建志"）

阳明先生祠，在九华山化城寺右。因阳明先生两经游九华，聚徒讲学，岩上有留题处。嘉靖七年，知县祝增建祠。万历九年，例行书院毁鬻，至十九年始复。二十一年，知县蔡立身奉。

（万历《青阳县志》第二卷"祠庙"）

阳明仰止祠，即阳明先生祠。邑人王一桢诗："蝌蚪尼山学，麒麟汉代功。人分千古局，公擅一身雄。元水珠先握，迷川筏早通。青云荫汗简，赤日照葵忠。自奋神羊触，宁甘伏马充。直声寒九域，正气恼重瞳。儋耳投苏老，雷州遣寇公。凭天骄国狗，射影伏沙虫。劫盗遥行刺，孤臣但叩衷。谁知膏办客，犹作沂波翁。信有良知在，无忧直道穷。终焉回圣怒，无复据神丛。风力南溟厚，龙光北斗冲。为霖开幕府，仗剑领元戎。义战宸濠缚，妖氛彭蠡空。康侯劳汗马，枫陛赐彤弓。河带盟淮上，茅封出海东。济川才既伟，铭鼎志尤洪。道牒终无摈，经箱老更丰。寻山同裋褐，聚石倚崆峒。两度芙蓉岭，诸峰锦绣中。曼陀花似雨，听讲狄吟风。半偈东岩喝，纤歌绝顶工。整衣致樽俎，缥缈浙云红。"今存遗址。

（光绪《青阳县志》卷一"营建志"）

蓉城书院

在妙音寺侧，知县苏万民建。前厅三间，东西号舍五间，后堂三间，门一座。泾邑查铎记。

（万历《青阳县志》卷二"城池"）

蓉城书院，旧在县东妙音寺侧，明万历初知县苏万民建。本朝乾隆二十五年，知县孟承尉移旧额建之儒学东。先是，乾隆十八年，邑监生江自珊于县捐建义学一所，输田三十亩，合工费田价共计二千余金，又捐银五百两存典生息。又七年而十七都绅士施霄魁、袁瑛、谢恒年、曹缵祖、何绳熙、何绳南等复加扩充，以书院合焉。

293

江氏义学前厅三间，讲堂三间，斋房十二间。蓉城书院建屋亦如之，又立余屋五间，为庖湢之用。院田一百四十六亩九分，店房二所，阖邑公建公置。邑令周震荣蓉城书院合江氏义学有记，见"艺文志"。咸丰三年毁于兵燹。同治四年，邑绅请将劝农局垦荒余资就故基增高一尺，照旧规模，更名临城书院，计间一十有八。经陈攀桂、徐球、苏江涛、朱道楷、宁英、程名标督理重建。

（光绪《青阳县志》卷二"学校志"）

仰止亭

在九华山阳明书院后，嘉靖间，知县祝增建，事详吕柟《记》，今改为祠。本朝石简诗："九华峰头云满空，九华峰下水为龙。山空幽鸟作人语，哀猿午夜啼秋风。""使君早分勾漏竹，松阴团团悬大渌。黄鹤不返泪如麻，坐对白云思往躅。""九华之胜不可言，中有一峰亭接天。鸡鸣日观尽培塿，请君立马登山巅。"

（嘉靖《池州府志》卷三"宫室"）

南台精舍

在阳明祠东。

（光绪《青阳县志》卷一"营建志"）

怀贤亭

在化城寺禅堂之东，贤盖李青莲王阳明诸先生也。今废。

（光绪《青阳县志》卷一"营建志"）

双华精舍

在阳明祠右。

（光绪《青阳县志》卷一"营建志"）

甘泉书院

明嘉靖初，邑诸生为增城湛尚书若水建，泾野吕尚书柟有记，见《庙祠志》，久废。

（光绪《青阳县志》卷二"学校志"）

甘泉祠，在化城寺东，中峰之下。嘉靖间建，寻圮。万历二十一年，知县蔡立身重修。咸丰年，火于兵。

（光绪《青阳县志》卷二"学校志"）

湛甘泉祠，在青阳县九华山下，祀明湛若水。

（乾隆《江南通志》卷四十一）

甘泉祠，在化城寺东，中峰之下，湛甘泉若水曾游此。嘉靖十三年，督学闻人诠、知府侯缄、同知任柱建，寻废。万历五年，知县苏万民重建。前有石刻"甘泉"二字。

（民国《九华山志》卷六"营建门"）

湛甘泉祠，即书院，在中峰下。明嘉靖初，邑诸生为增城湛文简公若水建，自署其泉曰"甘泉"，亭曰"中亭"。俱圮。

（乾隆《池州府志》卷九"青阳山川下"）

明湛甘泉先生祠，在青阳县九华山中峰之下。本嘉靖中邑诸生为增城湛尚书若水建书院，泾野吕尚书柟记。万历中，邑令蔡立身改为甘泉祠。

（乾隆《池州府志》卷十八"秩祀志"）

甘泉祠，在青阳县九华山。祀明湛若水。今废。

（光绪《重修安徽通志》卷五十五"舆地志"）

湛甘泉祠，在青阳县九华山下，祀明湛若水。

（乾隆《江南通志》卷四十一）

甘泉石

在甘泉书院侧。湛若水题。石底有泉涌出，故名。

（光绪《青阳县志》卷一"封域志"）

太平寺

旧在府治西街，即唐林泉寺地，杜牧有《池州废林泉寺》诗。宋太平兴国中改建，明嘉靖间徙建于景德寺右，湛若水有记。

（光绪《重修安徽通志》卷五十七"舆地志"）

上元亭

在华西八都亭后。有甘泉井，又名甘泉亭，刘姓建。

（光绪《青阳县志》卷一"营建志"）

龙女泉

在青阳县东岩。相传金地藏卜居，方苦远汲，俄有少女云石下有泉，因以手拨石，泉果涌出。又有甘泉在东岩中峰下，明嘉靖初，湛若水讲学于此，后建书院。旁有一泉若水，自署曰"甘泉"。

（光绪《重修安徽通志》卷四十七"舆地志"）

石冈亭

县南十里望仙乡，有石磊磊数百步，如虎豹蹲，如戈戟列，环以奇松，朝晖夕阴，有亭岿然。湛甘泉先生题曰"石冈"。

（嘉庆《太平县志》卷八"古迹"）

当涂县秋蝉桥

夏偕建，湛甘泉题。

（康熙《太平府志》卷六）

（二）九华山王、湛遗迹历代题记吟咏

甘泉书院记

吕柟

九华之下有五溪，曰龙溪、澜溪、漂溪、双溪、曹溪，出山五

谷，合为一流。妙当山央，宛若地肺，九华罗绽乎芙蓉，六泉旁涌乎金碧，于是南引群翠，北入大江。世传江南之山莫秀于九华，九华之胜实衍于五溪，益信吴楚之美，石钟江湖之英者也。嘉靖乙酉，青阳生江学曾、施宗道来南都，受学于甘泉先生，暇或谈及九华，先生飘然有往之意。二生对曰："愿筑书堂，立以候也。"越明年，柯生乔亦及门受业，勃兴共构之心。又明年，邑尹德兴祝增北观而还，亦翻然欲助举之。二生乃遍选九华之妙，获兹五溪之邃，诹日程工，召匠计木。其地旧有小庵，后带淫祠，祝尹即日废撤，用广厥基。宗道曰："经营出于民力，于义则弗堪；创建举于公家，其事则难久。"乃出身赀金以董其务，而祝君捐俸以赞其能。后以他阻，未竟厥成。未几甘泉先生自南少宰，被命征入宗伯。二生及潮阳周孚先、永丰吕怀、宜兴周冲、怀宁尹唐送先生至淮安，或至彭城，先生犹拳拳不忘九华也。使道通、尧臣居五溪，限之以三年，有诗以遣。使克道、汝德游九华，望之以九秋，有诗以送诸君归皆示予，而施、江二生星言先往，衷是地之秀俊以俟也。今甲午春，提学闻人君同巡按虞君共奠阳明先生祠，于是池州侯守因白其事，二君乃相基于化城寺之东，命侯守构讲堂斋舍曰甘泉书院，而同知任君柱遂捐金买田，计二十亩，以为书院资。既落成，学曾请记其事。予叹曰：先生尝患人之徒知而不能行也，则著"知行并进"之说；又患人之徒养心而忘所有事也，则著"心事合一"之说。而以"随处体认天理"发之。诸君之九华筑居者，以是为居，而无忘乎寝兴遣行者；以是为行，而无忘于动履游观者；以是游观，而无忘于登览察之隐微之际，验之饮食男女人伦事物之间，入当见五溪同出一源，九华生于一本也。夫扬州有甘泉行窝，葛涧所作也，予尝记之，以是为说矣。金陵有新泉精舍，史际所作也，予尝记之，以是为说矣。九华先有仰止亭，祝尹为阳明先生所作也，予亦尝记之，以是为说矣。今又于甘泉书院云云。盖楠为先生礼闱所取士，受教最久且深，故敢发先生之旨以告诸君，愿从事于力行而不文饰于外也。不然，则行窝也，精舍也，书院也，适足为先生多，而予记之为赘辞。

（乾隆《池州府志》卷十八"秩祀"）

仰止亭记

吕柟

仰止亭者，青阳祝尹之所构也。正德末年，阳明王公与其徒讲学九华山中，一时青衿之士，如云瀹雾集，而致良知之说，以行为知之论，由此其发也。其徒守之如父母之命，蓍龟之告，而不敢易焉。然亦有得者焉，亦有不得者焉，故天下之士，是阳明之学者半，不是阳明之学者亦半。他日弘斋陆子伯载、东郭邹子谦之，固蚤从阳明游者也，数以难，予曰："予敢以阳明之学为是乎？予敢以阳明之学为不是乎？"二子曰："如子之言，不几于持两端乎？"曰："不然。昔者先生以一言一字发人，而况阳明之学，痛世俗辞章之繁，病仕途势利之争，乃穷本究源，自近及远。而曰行即知也，知本良也，亦何尝不是乎？但人品不同，受病亦异，好内者不可与言禁酒也，好奕者不可与言禁财也。故夫子认牛之躁言，色商之直义，达师之务外，惧由之好勇，故德无不成，材无不达。如人病疮，有在手者，有在足者，有在肩背者，有在面目者，皆足以滞一身之气，壅百骸之肿。所病者去，则全体无不安矣。故受药亦易，而起其病亦不难。故有知而后能行，未有不知而能行者也。犹目见而后足能走，未有不见而能走者也。若曰见走齐举，知行并进，惟圣人能之。故阳明之学，中人以上虽或可及，中人以下皆茫无所归。故《论语》不道也，亦何尝是乎。虽然，自夫俗儒而言，忘其良知而又不知以行之为急也。其弊至于戕民而病国，则阳明之学又岂可少乎哉！"

（嘉靖《池州府志》卷九"艺文"）

九华山仰止祠记

欧阳德

九华山，殿青阳南境，称江南名胜。先师阳明王公每蹑兹山，幽探遐览，动弥旬月。欲结精舍化城寺西偏，与诸生讲业。前御史柯公乔始从乡试告诸县令祝公增，即其处成讲堂五间，堂后辟荆榛莽夷皋为原，构亭曰仰止。公殁，巡按御史虞公守愚、督学御史闻人公诠，奉使至亭，卑隘弗称，虔恭弗展，乃檄同知池州府任公柱改作为祠，视讲堂轩豁有加。庑序门垣，罔不完美。堂室阶陛，冈不廉饰。赡祭有田，奠献有仪，以为公所卜地，神或眷兹，且使受学于公者藏焉修焉。公倡道南服，本良知为教，所谓是非之心不由外铄者，盖自善继而性成，诚立而神发，性命之灵，德行之则也。在昔孔门传心之要，必慎其独。迨孟子示仁，见之怵惕呼蹴之惭恶，孩提之爱敬，平旦之好恶，达之足以保四海，亡之不远于禽兽。周子称静虚动直明通公溥。程子论明觉自然，大公顺应，其揆一也。公之教原人心天命之真，足以质往圣，俟来学焉。瞻堂起敬，闻风知慕，学者益笃，兴者益众，岂曰小补之哉。讲堂成于嘉靖戊子秋，改亭为祠，成于甲午夏。先后相协者池州守侯公缄、陆公冈，通守徐公子宜、节推赵公吴间人公、柯公、侯公、任公，皆公门人。明年乙未冬十月，记祭田并器，识诸碑阳。

（光绪《青阳县志》卷十一"艺文志"）

九华山双华精舍记

任柱

昔阳明先生倡绝学于天下，凡两居九华，惟时侍御柯公及江氏辈偕焉，日相与漱清陟奇，寻幽剔奥，采造化以供吟弄，旷盈视以畅天乐者，何莫而非道也，而非学也，而非教也？是固旷世之胜游也哉。先生逝矣，至今陵隰奠其文，草木含其芬，空渊澄其神，光风流其形，霜雪雷露，融聚凝结，庶物露生，错然人事之前陈，而先生之道之学之教，迥然独存于口耳形迹之外者，则亦何莫而非先生之在目也哉。今柯公以外艰山居，一日肃然凄怆，悲此意之莫将也，商于凤台子相与构堂以祀焉。筑舍两阶以居业，同志若汪子，又远来从柯公游，日与切磋笃良知之学，明天地之奥，触物感通，随处有得。取善于山，培其至静之体，相忘于鹿豕木石，平其万物一体之视。酌泉于涧，通其变易之神，聆鸟声于林，悟其天机之自动。俯仰乎荣悴开落于时，安其始终造化之自然。感不淆寂，内不遗外。一时来学，儒者乃作，梦者乃觉，污者乃有攸濯，罔不知其至简至易，通一无二焉。则夫先生之道之学之教，流布于山水之间者，又何莫而不复见于柯公讲诵进修之内也哉。先生逝矣，而有不与先生俱逝者，是固柯公示我也，是先生之逝未逝也，是使后人而亲见先生也已。君其益懋也哉。先时先生之怡情九华也，先生主之，九华其宾也。今公亦舍以居焉，不又九华之主矣乎？不又天下之来游九华者之主矣乎？予将有约九华，访君问道，赖公为斯道主也，欣然先为之记。

（嘉靖《池州府志》卷九"艺文"）

中亭记

汪景

亭取中名，中峰居华之中也。命名者准？吾师甘泉湛夫子也。夫子建书院于中峰，落成之日，乃来自留都，偕门下诸友共听讲于书堂，而于"为己""为人"之训，谆谆尤不倦焉。越三日，重登眺巅，赞行者独陆侯，以逸兴独追踵其胜迹。景与施子大观，幸获命侍从簪笔之列，其亦不负游山之缘也已。是日，雾廓云收，海天同碧，层峦簇拥，献奇竞秀。惟兹峰屹乎其中，挹众水之归流，环群山之拱峙。盖化城以下诸峰，未及睹也。于是夫子景与地会，物与目会，趣与神会，席草茵以幽憩，攀松崖而遐观。进景谓之曰："道至乎中而备，山至乎中而胜，其义一也。子盍为中亭以志之。"因与陆侯各坐一石，而定其号，复指傍石示景以坐所。岂非以中道立教，欲人各知所止之意欤？噫嘻！自妙有开华之咏，造化尤物之语，一经品题，古今豪俊慕华山者，宁独吾夫子哉！怪如斗鸡，丽如螺髻，丛如莲花，古如老人，峭如云峰，峻如天柱。按图望景，莫不心骇目异，争欲一履其境。然卒考其所之，不过遵旧辙、骋奇观，吊谪仙之遗跡，窥地藏于幻化耳。孰知华山之有中峰，涵精蓄粹，固不因见而显，亦不因未见而隐矣乎！泉翁夫子以中道履天下之地，以中心观天下之物，宜其中峰定天下之居。然则兹峰之得为中也，虽今日而始显，实旷古之有遭。是故亭之作，景不能已也。虽然，窃有言焉。山之中以有定形，人心之中以有定理，理无常在，中无常名，指是亭以见山之中可也。拘四方上下之中，以例吾心万感万殊之中，不几于执中矣乎！后之君子登斯亭者，玩中之义而求诸易之时焉，庶不失夫子命名之义，而知陆侯之守地者，政出于用中矣。景不敏，敢规成亭制，以申一中之教于无穷云。

（民国《南陵县志》卷四十"艺文"）

甘泉祠记

吕柟字仲木，明状元。

学者称泾野先生，陕西高陵人

九华者，池州府青阳县西南之山也。其下有五溪，曰"龙溪""澜溪""漂溪""双溪""曹溪"。出山五谷，合为一流。妙当山央，宛若地肺。九华罗绽乎芙蓉，六泉旁涌乎金碧。于是南引群翠，北入大江。世传江南之山莫秀于九华，而九华之胜实衍于五溪。盖信吴楚之美石，钟江湖之英者也。嘉靖乙酉，青阳生江学曾、施宗道来南都，受学于吾甘泉先生。暇或谈及九华，先生飘然有往之意。二生对曰："愿筑书堂，立以候也。"越明年，柯生乔亦及门受业，勃兴共构之心。又明年，邑尹德兴祝增，北觐而还，亦翻然欲助举之。二生乃遍选九华之妙，获兹五溪之邃，诹日程工，召匠计木。其地旧有小庵，后带淫祠，祝尹即曰废撤，用广厥基。宗道曰："经营出于民力，于义则弗堪。创建举于公家，其事则难久。"乃出身赀金以董其务，而祝君捐俸以赞其能。后以他阻，未竟厥成。未几，甘泉先生自南少宰被命，征入宗伯。二生及潮阳周孚先、永丰吕怀、宜兴周冲、怀宁尹唐，送先生至淮安，或至彭城，先生犹拳拳不忘九华也。使道通、尧臣居五溪，限之以三年，有诗以遣。使克道、汝德游九华，望之以九秋，有诗以送。诸君归，皆示予。而施、江二生，星言先往，哀是地之秀俊以俟也。今甲午春，提学闻人君，同巡按虞君，共奠阳明王先生祠。于是池州侯守，因白其事。二君乃相基于化城寺之东，命侯守构讲堂斋舍，曰"甘泉书院"。而同知任君柱，遂捐金买田，计二十亩，以为书院资。既落成，学曾请记其事。予叹曰："嗟夫！九华者，古九子山也。今兹之名，则唐李白之所改也。白与高霁、韦权舆，尝访道江汉，隐于夏侯回之堂。循檐岸帻，坐眺松雪。以兹山旧云'九子'，按图征名，无所依据。太史公南游，略而不书。事绝古老之口，复缺名贤之纪，虽灵异往复，而赋咏罕闻。于是始改为九华，有联句云。然其诗，或叹标日壁霞之景，或羡玉树羽人之况。若甘泉先生之遣尹、周也，其诗则曰：'人人有真源，自酌乃自得。'送吕周也，其诗则曰：'神物贵变化，九㘞安可停?'彼李白之访道，曾至此乎？夫先生尝患人之徒知而不能行也，则著"知行并进"之说。又尝患人之徒养心而忘所有事也，则著"心事合一"之说。而以随处体认天理发之。诸君之九华，筑居者以是为居，而无忘乎寝兴；遣行者以是为行，而无忘于动履；游观者以是游观，而无忘于登览。察之隐微之际，验之饮食男女、人伦事物之间，久当见五溪同出一源，九华生于一本也。夫扬州有甘泉行窝，葛涧所作也，予尝记之，以是为说矣。金陵有新泉精舍，史际所作也，予尝记之，以是为说矣。九华先有仰止亭，祝尹为阳明王先生所作也，予亦尝记之，以是为说矣。今又于甘泉书院云云。盖柟为先生礼闱所取士，受教最久且深，故敢发先生之旨，以告诸君。愿从事于力行，而不文饰于外也。不然，则行窝也、精舍也、书院也，适足为先生多，而予记之为赘辞。"本记所标"五溪"之名，明清各志，皆讹作龙、池、漂、双泪，只四溪。此依《九华纪胜》本记文所改。但查光绪《周志·山水全图》，本记一样同讹。五溪桥所收之水，为濂、舒、漂、龙、双之五溪。合澜、曹二流为双溪。澜溪，即南塘。且与此文又异。今特注之。

（民国《九华山志》卷七"艺文门"）

九华山甘泉书院田记

明林文俊

甘泉先生起自岭南，以圣贤之学为倡，一时有志之士，不远千里负笈从之游者，户屦常满，故所至辄有书院以为讲学之地。若青阳之九华山，先生足迹所未至而亦有书院者。何哉？初，先生之教南成均也，前御史柯君乔时为诸生，与江生学曾辈十余人，皆自青阳来受学。及先生入为少宗伯，诸生送至淮上，先生作诗与别，每若不能忘情于九华者。故诸生归，谋即兹山创书堂居之，以相与讲明乎先生之学。盖蓄志久矣，而愿莫之遂。嘉靖甲午，提学闻人君、巡按虞君始命池守侯君为先生作书院于兹山化城寺之东，而以先生所作讲义及九华诗刻置壁间，如先生之临乎是也，泾野吕子既为之记。

但山高路峻，四方士之来学者不能裹粮为久居计，二守柯君斥俸金买田十亩入焉，所收仅足以充公费，而赡士之资无所出，柯君患之。邑有宁生涵者，尝从学柯君而慕先生之学。一日告其父曰："今书院虽成，而士无所赡，不能久居于此，其若先生之教何？吾家幸有先人之田，取给饔飧足矣，多蓄赢余以遗子孙，无益也。"其父然之，遂刈腴田百亩入书院，以赡士之来学者。予闻而叹曰：善哉！今夫世之人，往往能畜不能散。能散矣，乃或用之以广异端而徼非望之福，非徒无益，且受诳而甘心焉，其为愚一也。若宁氏者，可谓积而能散，散而要诸道者也。然非先生之道德风教，深入乎人，抑何以致其然哉？于是柯君属江生来南都，征予文记其事，且曰："愿申其说于终篇，以勉学者。"

文俊与泾野子皆先生门下士也，凡先生之所以教人者，泾野子取以为记，发明无余蕴矣，予记书院田耳。此可略也，无已，请以田喻学，可乎？夫学者之于道，犹农之于田也。耨之不勤，其实不栗。农且然，况学乎？孔子曰："苗而不秀者有矣夫，秀而不实者有矣夫。"孟子曰："五谷不熟，不如荑稗。"盖病学之无成也。今四方之士学于书院者，亦既悦慕先生之学矣，亦知实用其力以求深造而远诣者乎？不然，亦归于无成而已，岂非先生之所病哉。学之要致知、力行，二者而已。然亦知之者必若知五谷之可以充饥，而后为知之真；行之者必若食者之求饱，而后为行之至。近世学者，病在徒知而不能行。夫苟不能行，则其为知也口耳而已，岂得谓之真知也哉！此先生知行并进之说，所以为破俗学之陋而大有功于来学也。然则有志于道者即是求之足矣，岂必先生亲居于是，面承指授，然后为有益哉？江生归，试以是说复柯君以为何如？宁生之父名铎，居乡多善行，即此可占其余矣。田之疆亩徭赋及一切条约，则刻之碑阴。

（《方斋存稿》卷七）

重建九华化城寺碑记

清吴国柱

佛寺之兴，多与名山水相表见，而九华之化城，则其尤著者。世谓九华奇秀环峭，当与岱宗乔岳、天台庐峨相并峙；特以地僻江左，其迹若泯若没。唐至德初，地藏自新罗国航海而来，卓锡九华，聚其学徒，屡著灵异。太守张岩身亲护法，为之创寺，奏请赐额化城。后此，高僧名贤，流连化城，趾相错。其担簦而拈花坛坫者不一人，留玉带以镇山门者不一事。明初建立丛林，相沿福庆与道泰主之。泰为天童弟子，敕赐"京万寿戒坛宗师"。至周金与新建，印去文留，俨然明镜台空，一任隔帘钗堕，将心安心，无非露柱风旛。万历中，量远赴京题奏，御前颁发白金重建。复赐额，敕封"护国肉身宝殿"。并赐量远紫衣、经宝、佛像外，建祝寿殿。黄金宝塔，灿耀日星。其敕书诸宝像，犹有存者。然此俱成往迹矣，不具纪。纪今之化城寺，其放光振响也更盛于前。柱其功者为太守喻公。公分理是邦，德信而风和。政暇，时一来游，与山僧证可瞩化城之颓敝不立者，悉去而鼎新之。自庀材及落成，凡若干月。涂以丹漆，像以泥金，铭禅师杯而驻地藏锡。自有华以来，骑驴伏虎有石。赵知微种桃有观。

费拾遗、王季文，有宅。杜荀鹤十哲有别业。宋超回、滕子京，有堂。阳明有书院，有配享精舍。湛甘泉有亭，施天柱有讲台。凡有一建白，即有一堂奥。万派千流，众川一月。华山九子，太守顾而乐之，命余记以一言。余时为属吏，方为公勒日月、镌姓名，即以记事之言而授之石也可。

（民国《九华山志》卷五"檀施门"）

阳明书院记

邹守益字谦之，安福人。明状元

青阳九华山之胜，与匡庐、武夷竞秀，至李太白始发其奇。嗣是，诗人隐士，仙释之流，相与经营其间，而未有以圣贤之学倡而振之者。宏治壬戌，阳明王先生，以恤刑至池，爱其胜而游焉。至正德庚辰，以献俘江上，复携邑之诸生江学曾、柯乔、施宗道以游，尽搜山川之秘，凡越月而去。尝宴坐东岩，作诗曰："淳气日凋薄，邹鲁亡真承。各勉希圣志，毋为尘所萦。"慨然欲建书屋于化城寺之西，以资诸生藏修，而未果也。嘉靖戊子，金台祝君增令兹邑，诹俗稽典，始克成其志。中建正堂，大书曰"勉志"。东西有廊室，而亭其后，曰"仰止"。合而命之，曰"阳明书院"。池守韩君楷，二守张君邦教，往视而嘉之，更议置田以膳学者。而九华之名，将与白鹿云谷，焕然照方策矣。诸生乐其绩之成也，不远南都以来征言，守益窃闻绪言之教矣。先生之学，以希圣为志。而希圣之功，以"致良知"为则。良知也者，非自外至。天命之性，灵昭不昧。自涂之人，至于圣人，同也；特在不为尘所萦而已矣。二三子亦知尘之害乎？目之本体，至精至明，妍媸、皂白、卑高、大小，无能遁形者也。一尘萦之，则泰山、秋毫，莫之别矣。良知之精明也，奚啻于目？而物欲之杂然前陈，投闲而抵隙，皆尘也。故戒慎恐惧之功，如临深渊，如履薄冰，所以保其精明，不使纤尘之或萦之也。纤尘不萦，则无所好乐忿懥，而精明之凝定，廓然大公矣；亲爱贱恶无所辟，而精明之运用，物来顺应矣。大公之谓"中"，顺应之谓

"和"。中以立天下之大本，而天德纯矣；和以行天下之达道，而王道备矣。此邹鲁之真承也。古先圣王，兢兢业业，克勤克俭，不遑不殖，亦临亦保，率是道也。故尧舜禹汤以是道君天下，而孔颜曾孟，以是道为天下师。后之学者，见圣贤之君师天下，其成功文章，巍巍若登天然，而遂以为不可阶；譬诸入明堂清庙之中，见其重门层阁，千万方圆，前瞻后盼，眩然以骇矣。而不知所以创造方圆，规矩之外无他术也。二三子其将求之规矩乎？将求之方圆乎？良知之教，操规矩以出方圆也。而摹方仿圆者，复哄然以禅疑之。鸣呼！爱亲敬长，吾良知也；亲亲长长，以达天下，将非致吾之良知乎？恻隐羞恶，吾良知也；扩而充之，以保四海，将非致吾之良知乎？孰为礼，孰为非礼，吾良知也。非礼勿视听言动，而天下归仁，将非致吾之良知乎？是邹鲁之真承也，而禅之疑。禅之学，外人伦，弃事物，遗肝胆耳目，而要之不可以治天下国家，其可以同年而语乎？书院之建，群多士而育之，固将使脱末学之支离，辟异端之空寂，而进之以圣贤之归也。二三子之朝夕于斯也，其务各致其良知，勿使蒙于尘而已矣。处则以是求其志，达则以是行其义。毁誉不能摇，利害不能屈，夭寿不能贰。使尚论道术者，按名责实，炳炳有征焉。则知良有司鼓舞之典，真为圣代作人之助，规摹宏远矣！岂繫山水岩壑之遇而已乎？

止净按：禅者定也，正是使纤尘不蒙，而保存其良知。又定能生慧，故《大学》称定而后静，以至能安、能虑、能得，正是致其良知。儒佛无二理，记者咎禅学为外人伦、弃事物，非能知禅者。但于儒理有所发明，故存之。

（民国《九华山志》卷七"艺文门"）

蓉城书院记

孟承尉

予莅青七载，邑中诸政务愧未修举。今夏秋之交，年谷顺成，民力稍裕，乃集诸绅士谋建书院，剋期鸠工，自秋徂冬，五阅月而堂室成。又有田若干亩，银若干两，以备支给。斯诚久大之良模，人文日起之机也。夫天之生才难，而其成之也尤不易。一介单寒，孤飞无力，深可痛悼。昔王文成公云：书院之设，如于军伍中择其精锐者，别为一营，其材质较美，则爱惜而成就之者，尤当委曲备至。予数年来，日夕筹划，反覆劝谕，于今乃得稍酬夙愿，其亦可慰已。第天下事莫为之前则基弗立，莫为之后则弊易滋。以今兹所殚精竭虑而图之，功不旋踵而就，懈弛可惜也。以今兹家谕户晓，铢积寸累而输之产，设付托非人，虚耗于中饱之腹，愈无谓也。乃仿古人遗制，分别事宜，著为条款，使来学者有所遵守于其间输流经纪，无从任意游移，私为出入，不亦可垂之久远哉！至于教有多术，因人而施，或仰而企，或俯而就，其授受在心性之微，变化有随时之用。掌教者自寓当可之权衡，予固不能预为拟也。

（光绪《青阳县志》卷十一"艺文志"）

蓉城书院续志序

聂学义

蓉城之有书院，自王文成公讲学始，其遗址已不可求。乾隆癸酉，监生江自珊承父江道济公遗命，捐建义学于黉宫之内。迄庚辰，关邑绅士复公建书院一所，与义学通，有田若干亩，银若干两，以备膏火及入闱卷费，前志所载详已。岁丙戌，董事谢生恒祚、何生绳南、袁生琛、章生化鹏揖余而言曰：江氏义学美举，尝邀各宪题旌，而通邑之重建书院，则《十七都图》铢积寸累而成者。前邑侯孟公以其无从请旌，而其捐输姓氏又不可没，故刊志以垂久远。生等两载以来，于壬午后续置田亩，并本年盈余所置各田，业经公踩绘图，复有禀陈增设规条，现俱刊载《续志》，敢请一言，以光卷首。余因忆少时肄业秀峰书院，风晨雨夕，明师胜友，获益良多。自筮仕蓉城，靡日不以培养多士为念，延师进士张公碧涯、周公浦亭先后掌教，年来人文不振，名公巨卿之至斯者，奖赏有加，此亦司牧者之厚幸矣。今《续志》所载田亩号舍，按图而了如指掌，即其增设规条，皆余亲加

307

斟酌，因时制宜，将使后之经理者均有所凭借，而弊实亦无□而生，斯真足补前《志》所未逮。适江生自珊，同姪宗泳，愿将所捐义学田屋银两并归书院经理，绘图具呈，请登《续志》，且复输田若干亩，以资膏火。余于此益征青邑之好义可风，江氏之乐善不倦，而勤劳公事，虑远计周如诸生者，其有裨于阖邑非小也，故援笔而乐为之序。

（光绪《青阳县志》卷三"艺文志"）

重修王阳明祠记

段中律

阳明先生为前代大儒，文章功业卓卓表著，尝两至九华，爱其奇秀，盘桓不忍去，一时青士从游讲学得宗旨者尤多。后人沐其教泽，立祠化城寺右，岁修祭祀，崇其报享。特是山皆僧寺，人争奉佛，祠所凭依，几等荒芜。夫建先生之祠，欲以广先生之教，与其寂寞深山，依稀俎豆，曷若置诸士流会聚之区，更得有所观感而兴起耶？爰是因何敬存、何若石、王思修等之请，移建于妙音寺东，即莽僧传印厅舍，鸠工庀材，大启门宇，遥临九子，挹秀盈庭，左右陪祀，设主以从。又取先生在青著作真传书列两壁，观其文，思其人，益以佩其教矣。况密迩县治，春秋两祀，当事者主之，无妨簿书。而旧遗祀田十亩三分即在附近，付寺僧办祭纳粮外，余悉资之，亦专司有责。先生精灵，想亦鉴兹。是为记。

（光绪《青阳县志》卷十一"艺文志"）

会华书院记

闻人诠

闻人子尝受学于甘泉、阳明两先生之门，每得闻为学之训，辄以语诸同志曰：道其可知也。尧舜之道，孝弟而已矣。随处体认天理以致其知，易简而天下之理得矣。自孟氏没而圣学失传，有宋濂、洛诸贤始复明之。继濂、洛而有兴者，其惟二公乎！固尝随事精察，以求体认天理之实，本之于心，以致吾心之知，乃知道之本一，而二公之言若合符节。嘉靖岁癸巳，受命督学，每按行畿辅，必以所受于二先生者谆复讲求，谨庠序之教，申之以孝弟之义，南北诸郡翕然兴起，而池阳诸生信向尤切。尝言郡有九华，以地胜名天下，阳明先生两至其地，而诸生多与从游，筑有书院于化成寺右。甘泉先生主教南雍，欲一至而未果，尝有心期之作，传播郡邑，诸生闻而兴起者，亦不远数百里而抠衣焉。故二公之化被青阳也，其泽维均。闻人子曰："懿哉！古人有言，甘受和，白受采。九华山谷之秀，固宜钟灵于多士，而彦杰并生，当必有能受教者矣。"甲午春三月，闻人子与巡按侍御虞子往观于九华，见诸生之承教者日益敏，相与叹曰："二先生教行兹土，其泽均也。"而甘泉书院尚未有立。乃相地寺左，命池守侯子缄、同知任子柱、通判徐子子宜共成之，遂有九华两书院。泾野吕公柟为纪其详矣。后复因心期之作筑室山麓，方斋林公、东郭邹公各为之记，而载藉公田之类，尽勒贞珉。学有师承，士有居业，蔚然邹鲁风度。乙未初夏报成，林麓之竹结实可数万斛。适岁饥，邑民采以为食者日万计，既一月乃已，民用具足，识者咸以为创立书院之瑞。闻人子曰："竹实凤凰所食，考之前史，间著一二，而曾未多见。士学其学而居食于兹，必有祯鸾祥鹏羽仪当世者出于其间，其为瑞也宜矣。"维时甘泉先生又进秩宗于留都，群弟子因请命焉，而以"瑞应"名其堂。四方之士景德承风，勃然争育。陆子冈继守兹土，推官赵子昊适初至，与任、徐二子同心翼励，乃白巡按侍御宋子茂熙撒，贵池尹钱乾复，于池郡东湖相公墩筑会华书院，为先生异日燕游之所。巡江侍御曹子煜闻之，助以俸金，工益宏丽，前堂后寝，重闼缭垣，楹堵共计凡若干。湖波清浅，澄静涵虚，九华之胜，统会于此，真一方奇观。后之由池阳以陟九华者，轫于会华，愒于心，期以止宿于两书院，升高自卑，陟遐自迩，随有所至，各得所安。其于随处体认天理之旨，不必广喻曲譬而身履之矣。学者于此藏修游息，会天理之全，致良知之实，孝弟行于家，而仁爱及于物，人人亲其亲，长其长，而天下平矣。孟氏曰：人皆可以为尧舜。予何人也，而肯自委于乡人哉？因会华之地，以求斯道之全者，当不远于若人也。门人江学曾辈侍进曰：

"会华之义，先生发之尽矣。"请纪石以诏来者。

（嘉靖《池州府志》卷九"艺文"）

九华山凤台精舍记

柯乔

初，凤台任子学于阳明先生治池。明年，为先生祠。祠既成而北上，则又筑舍阶下，共予居之距数时，弗忍去。嗟乎！此岂崇先生之声而为之哉？窃闻先生之设科也，以致良知为主，入道之秘，盖自先生尽泄之。先生之去此非远也，凤台之所得，予虽不能尽知，然以输萧山则乎，以令舞阳则治，以守吾池则百务斩斩，比于古之循良者，要为有得于先生，无疑也。夫先生之道，亦必待其人而传。使及门皆若凤台，则道之明于天下可知也。不皆若凤台，则道之不明于天下亦可知也。凤台守池，池之人曰："不得阳明而师之，必也凤台乎！"是凤台能尊先生之道于池矣。其去而之天下，又岂不尔乎？行于此，必达于彼；信于今，将传于后。子既以是为望而又书之精舍，且以为他日之《甘棠》云。

（光绪《青阳县志》卷十一"艺文志"）

游云鹤山记

袁慕安

云鹤山，秀甲蓉城。杜樊川望九华诗自注云：孤峰耸秀，缥缈如云，足觇胜概矣。襄读书莲花峰，老僧为余张皇仙迹，台曰"白鹤"，亭曰"云表"，井曰"振尘"。考邑乘仅载云鹤真人，《九华山志》亦寥寥数语。诚哉！人之通塞，地之显晦，会有时也。年□性好山水，每登眺归，袖中峰纹尚片片飞出。时春雨初霁，偕二三老友暨从僧雏六七人，觅萝径，乘石磴，缘山冈，度仙桥，不寒而栗。幸尔日风微，不则捉裾无人，几欲仙去矣。回顾巉岩千仞，险仄一线，且悸且喜。登绝顶，苍翠撩人，风云眩目，平坦仅周数十步，四围如削，独西南障联三叠，整齐如屏，宛然东壁图画者，则莲花、五老、七贤诸峰也。翠屏南峙，东崖天台，层见叠出，遥与双峰独秀竞奇者，则太白、梦得、阳明诸公所品题。而其西则自四峰逶迤而至六泉，一片爽气，森列眉前。北俯长江如衣带，溪涧如练湖，藉草少饮，幼长咸集。吾辈得此，直隔仙凡。归则别寻幽蹊，半里许，泉涌一缕，涓涓不绝，倘所谓振尘井者非耶？因思亭台名号，虽无从觅其基址，要之长老传闻，夫有所受也。山麓少坐从游，指而叹曰："峰立天表，青入云霄，此非吾所游耶？"欣欣有自得意。余以为读书行己，道亦犹是，奋勇直上，无为不成，是所望于能者。

（光绪《青阳县志》卷十一"艺文志"）

九华山记

何壁[1]

　　青阳县治南三十里有九华山，旧名九子，唐李白以山顶有九峰如莲花，易今名。高数千丈，南望石埭，西望贵池，北由五溪抵山麓，纡径险峻。跻攀而上五里有涌泉亭，稍上有半霄亭，又三里有碧霄亭、大小天仙桥。逾桥三里有望江亭，长江如带，渐幽。有怀贤亭，四面嶙峋，其中平广。依山为化城寺，寺数百楹，垦田顷余，有稻曰黄粒稻，有茶曰茗地源，味并香美。寺东为太白书堂，前为芙蓉阁，西为阳明书院。西南里许有神光岭，岭有塔寺，旧传地藏迁神之后，光如火焰，故名塔。寺西崖有松曰五钗，惟一本。岭西五里有文笔峰，下列芙蓉峰。岭之南，上有古仙峰，下有洞，深数里，有石床石座，或溪或崖，入必以火。东燕坐岩、天贤台、龙女泉，旁有白蟮穴。稍南有平田冈、金钢石，幽胜奇观。塔东里许有东岩，旧名舍身崖，深无底止，阳明尝于绝壁题诗，易今名。又有邃谷岩，岩有溪，傍有石墩。有东藏源，源东为中峰，众峰环外，而此峰居中。上睇日月，下瞷云雨，清泉迸石，翠雾凝空。中峰之上有甘露泉，味洌甘美。有浮桃涧、会仙峰。其下有大还岭、斧柯

---

　　[1]　按：何壁，一作何璧。或是一人。

岭，旧传二仙对弈，故名。其东有列仙峰、齐云岭。岭南香林峰、金光洞，望之若有金色照耀。北曰煎茶峰，下有呈凤岭。有县水。有饮猿潭，澌澌水流绕北麓。有仙人峰，旧为李白书堂基，今有甘泉书院。东北里许有凫雁峰，有龙潭，波流清激，色如苍苔。有绮霞峰，有合洞，二水合流，下泻为千尺泉。有弄珠潭，沤浮如珠。有赤壁峰，下有集福桥。西十里与中峰对峙，有云外峰，有思贤岩，岩半旧为滕司谏书堂。有头陀岭，肖人首为王秘书书堂。岭西有翠屏峰，南有金沙泉，其中为无相寺。东五里有罗汉峰，其下有双峰，旧有卧云庵，下有清漪潭，有处士岩、清隐岩，刘世疏尝大书三字勒石。有十丈洞，石室四围，松桧森秀，前泫一溪。南有葛仙洞，高二丈余，洞口如瓮，茫无畔岸。有三游洞，洞深邃，有三曲。有上、下华池。双峰下曰下华池，泉甘土肥，产异茗。有归云岭，有独秀峰，有野螺峰，有帻峰。其下有观音岩，岩上有真人峰。又东北十里许，折而南为广胜寺，有钓鱼台，有雪潭，流泉涌喷，状类雪花，深不可测。其下有璎珞泉，北有云岩洞，怪石凌空，广邃如堂，奇花茂卉，为九华绝胜。传有猎者逐鹿，偶值其所，再往不可得。

（光绪《青阳县志》卷十一"艺文志"）

游九华记

刘城字伯宗。明诸生。贵池人

天启二年壬戌，秋仲月几望，自郡之青阳，为九华也。次五溪，登望华台，诵王文成公四诗。旁睨汪侍郎珊墓，展焉。晡入西门，宿妙音寺。会邑令缙云李君如桂有世好，骊然道故。谓游九华，必出青阳邑南，至龙口，回视芙蓉修纤绣错。然后归，而从西洪岭广胜寺登化城。然后出六泉口，渡五溪梁，乃为得之。余颔其说。明日别李，抵龙口，凡八九十里。道甚险仄，罕从此上下九华者。还宿南郭。明日晓发，自西洪岭广胜寺上山，宿于立庵。明日，礼地藏塔，遍历东西寮。诘旦，谒李太白祠、阳明祠，有绝句。遂访甘泉祠，憩化城寺。诘旦，上东岩，窥阑悚仄。僧曰："阳明先生来此时，未有阑，履前出岩外者足三分。"诸从游学士，皆变色战战。又曰："焚香之众，誓舍身于兹者，岁数人。多不及防，或损肌肤，卒不得死，亦有失足损躯者。因募十方礐石以干之，乃至今。"余亦赋绝句。既读阳明、周经偈，复览周公汝玑、黄公尊素诸题名。极目遐瞻，凡峰之有嘉名者，以数十计。可视而不可即，犹之乎五溪望华台也。暮返立庵。明日，下定心石、二圣庙。回视鹰石，左右岩岫窈窕，去东岩不远。至老田，少憩。至六泉口，已亭午，徘徊依恋不遽行。至阳华楼，回视芙蓉，犹之乎东岩所见也。既暝，还入通远门。逾三日，李行季达来问游兴。余以三事质之，曰："李太白，久寓秋浦，特表兹山，是开元时也，在地藏前甚久。九华俎豆，宜无先此者；而乃杂处荒居，仅与一片亭垣、两行翠柏。飨此烟霞，可胜叹乎？过此不葺，恐尚为势家之所夺，游事之当讲求者，一也。宋人有言，新罗王子金地藏，非佛国地藏王也，按之九华碑版亦然。然地藏来此，在唐至德以前；其涅槃，在贞元十载。使非诸佛应化之身，岂能生而地涌泉，没而山陨石、锁骨屈伸如故哉？歧地藏而二之，亦非通识，游事之当讲求者，二也。阳明之学，所在必留，况东岩托迹，又有异于寻常题咏者。固不必效庐山白鹿洞，奏置弟子员。凡督学使者莅池，宜奠一爵，以志作人，庶几芹藻得以长存。且初名'阳明书院'，今仅称曰'祠'，岂万历初年，诏革书院之故欤？祠幸不废，然不能必之千秋，游事之当讲求者，三也。"行季闻予说而韪之，曰："兴废，有司职也；辩论，学人职也。请以告后之游者。"

（民国《九华山志》卷七"营建门"）

游九华记

施闰章

山外峻中夷，由青阳西南行，则峰攒岫复，环奇百出，而入其中，则扩以隐。由山麓褰裳，则寒泉数十百道，喷激沙石，碎玉□弦，而入其中，则奥以静。盖岩壑盘旋，白云蓊郁，道士之所族处者，是为化成一峰。屹然四山云合，若群龙之攫明珠者，是为金地藏塔。循檐送目，虚白之气，远接江海，而四方数千里来礼塔者，踵接角崩，叫号动山谷，道士争缘为市，几以市为龙断矣，宁复知有云壑乎？于是择其可游者曰东崖，其上有堆云洞、狮子石，僧屋数间，刻王文成手书。文成聚徒讲学，游憩于斯，有东岩燕坐诗。今求其讲堂，无复知者。天柱峰最高，俯视化城为一盂，绝壁矗立，乱山无数，所谓九十九峰，迷离莫辨。如海潮涌起，作层波巨浪，青则结绿，紫则珊瑚，夕阳倒蒸，意眩目夺，盖至此而九华之胜乃具。惜非闲人，不得坐卧十日，招太白、梦得辈于云雾间相共语耳。游以甲午岁十月。

（光绪《青阳县志》卷十一"艺文志"）

阳明祠

桑豸楚执，扬州人

荒祠久寂寞，俎豆有诗篇。业付千秋外，心窥浩劫前。看云留抱朴，把臂觅青莲。长啸空山夜，天风亦飒然。

（光绪《九华山志》卷九"国朝诗"）

阳明书院

宗沐曰扶曦，江都人

是否仙人岭，神奇塔顶光。文成遗迹在，但上读书堂。

（光绪《九华山志》卷九"国朝诗"）

九华山怀王阳明一首

陆鳌

哲人久不作，圣学日以哀。吾师倡其绝，超然咏圣涯。圣言析精微，凿凿如蓍龟。道大世莫容，厥愠靡殄之。侃侃祝尹贤，独立排群疑。作亭九华山，仰止以莫违。何以副仰止？惟思日孜孜。

（嘉靖《池州府志》卷八"艺文"）

九华山怀王阳明一首

施宗道

嶙峋间俎豆，瞻拜肃巾襦。啼鸟疮痍泪，浮云战业芜。斯文仅邹鲁，世道失唐虞。两字良知在，千年正学孤。

（嘉靖《池州府志》卷八"艺文"）

壁间读阳明先生游九华律句

杨庆琛

手定强藩若等闲，孙吴韬略得追攀。大功未报翻知忌，匹马初归便入山。香界笠飘三竺外，书堂灯火九峰间。即今诗句余灵气，碧海青天独往还。

松顶袈裟花雨浓，楼台横截玉芙蓉。人来初地见明月，僧在上方敲晚钟。岩虎钵龙闻夜啸，洞铺金塔纪游踪。向平婚嫁何时了，准拜先生到此峰。

（光绪《青阳县志》卷十"艺文志"）

九华山人歌次王阳明韵送章汝愚

赓道南

九华之峰九十九，九华山人住谷口。餐精驭气凌高虚，耽寂寻真穿小有。自从结屋栖云露，兰皋萝壁纷无数。十洲元圃登楼台，万宝璇林开府库。华盖芙蓉杳自如，悬崖飞石疑相妒。九华山人真好奇，太白已往今谁知。揭来射策黄金阙，春风桃李非予私。迩复分符江上邑，匡庐秀色还参差。湘光河影互明灭，召父范叔来何迟。出山入山山自好，滴翠崖中觅瑶草。更从何处访名仙，双鹤飞来羽衣缟。

（光绪《青阳县志》卷十"艺文志"）

315

读阳明先生赠周金和尚偈，刻燕坐岩石上，先生手书也

赵国麟

谁道阳明不是禅，周金一偈已居然。良知棒喝传宗旨，桶里偷闲自在眠。

（光绪《青阳县志》卷十"艺文志"）

九华月夜有怀次王阳明先生韵

何飞鹏

月上芙蓉露半钩，辉光遥映大江流。谁知山静还宜夜，始觉峰寒浑是秋。宴坐岩前松子落，浩歌云外墨花浮。到来仰止情何极，逸兴遄飞百尺楼。（高山仰止，阳明祠前额。阳明诗："峰月上寒空。"）

（光绪《青阳县志》卷十"艺文志"）

十一月十一日，雪霁后游九华，晚宿定慧庵玩月。次日登东岩，阴雾无所见，步阳明先生韵二首四首录三

赵国麟 字仁圃。清大学士。泰安人

山头明月映帘钩，雪里泉声赴壑流。仙子卧云丹灶冷，神光照夜塔灯秋。晶宫彩焕千珠动，银海波摇万玉浮。笙鹤数声清客思，不知天上有琼楼。

半径白云飞作雨，满林冻雪缀成花。壑中阴雾铺银海，塔顶晴光映紫霞。一片袈裟藏佛骨，千秋溪涧长云芽。于今岩下闵公墓，名附新罗宁有涯。

雪霁天晶一径深，肩舆岚气布袍侵。千松戴雪立峰顶，万竹拖冰卧壑阴。梵呗定中朝海峤，笙箫天畔响云林。晚来喜寓僧寮静，夜半蟹茶佐苦吟。

（民国《九华山志》卷七"艺文门"）

登玩华亭，次王文成先生韵四首之三

刘柏

登高揽胜觉春深，草向瑶阶绿意侵。翠岭映溪皆入画，甘棠有树尽成阴。繁花何敢争松色，傲节还宜近竹林。留取文成诗句好，山行处处咏清吟。

遥山屏嶂拂帘钩，树影参天翠欲流。几处葱茏横一色，莫嫌萧瑟到三秋。苍鹰健击翻翻下，白鹭闲眠点点浮。数朵莲花晴拥出，试看今古对岑楼。

静观物理闲凭槛，但拂春风尽着花。白屋辛勤耕绿水，青天高迥净朱霞。乔松如盖生芝秀，细草堪锄护稍芽。不夺农时皆帝德，深山到处乐无涯。

（光绪《青阳县志》卷十"艺文志"）

戊子校士过池阳，太守马西斋招游九华，登玩华亭，读壁间王阳明先生诗，依韵成

魏学诚

溪山胜处静缘深，那计丝从鬓里侵。洗尽尘埃生法雨，将劳应接比山阴。百年底事余双眼，半世愚心爱一林。朗诵遗诗三两遍，猛惊潭下老龙吟。

（光绪《青阳县志》卷十"艺文志"）

九华步阳明先生韵

曹惟馨

几朵芙蓉天秀出，谪仙曾到此攀花。碧沙洞口流香径，红树枝头染晚霞。林鸟吟风成好句，岩芝浥露长灵芽。最宜雨后登天柱，云海苍茫未有涯。

（光绪《青阳县志》卷十"艺文志"）

将游九华，移舟宿山寺，次阳明韵

屠羲英梓石，宁国山门人，嘉靖丙辰进士，
浙江学政以争江陵夺情罢归，交荐不起

借宿未游寺，先移已泊船。九华初入梦，一枕听流泉。仰见云归岫，遥知月满川。芳踪追不得，心共佛灯悬。

（光绪《九华山志》卷八"前朝诗"）

望华亭望九华山，用阳明先生韵

吕柟熊封，奉天人

积翠真应落带钩，层轩更爱俯溪流。徘徊螺髻千峰晓，想像龙宫万壑秋。拄笏正宜黄叶下，开襟无俟绿尊浮。悠然相对堪终日，逸思还陵百尺楼。

即事娱情日欲斜，看山何必异看花。直移西爽无穷秀，隔断南溟乍起霞。拔地久疑莲破萼，参天别类竹生芽。莫言百六峰堪数，一气蒙蒙未有涯。

（光绪《九华山志》卷九"国朝诗"）

住五溪桥望华亭，次阳明先生韵

韩学海极观，怀宁人

华山顶上挂银钩，照彻五溪雪影流。一片松涛风作雨，千寻龙届夏仍秋。苍苍远蟑虬蟠绕，缈缈横坡鹊渡浮。今夜登亭频眺望，何年进陟白云楼。

（光绪《九华山志》卷九"国朝诗"）

九子山次王阳明先生韵

谷起凤云章，高淳人

烟迷径绝翠环深，无处尘凡得乱侵。石壁千寻悬夕照，云涛万

壑落秋阴。鸟名佛子归龙洞（山有鸟，名佛子），岭放神光出鹤林。何必年来思望岳，诗瓢闲挂可高吟。

（光绪《九华山志》卷九"国朝诗"）

宿五溪玩华亭，次阳明先生韵

楼锐颖仙，余姚人

层岩小阁逼溪深，倦客停骖爽气侵。槛人泉声泻碧润，亭迎翠色纳清阴。漫寻胜迹穿云径，且看芙蓉插石林。读罢遗文闲眺望，惟余仰止发长吟。

横飞白练挂银钩，瀼瀼遥看带翠流。夜静松涛时作雨，月明幽壑便疑秋。乾坤胜地几多得，今古荣名半是浮。来往行庭忙里过，谁能更上一层楼。

（光绪《九华山志》卷九"国朝诗"）

和阳明夫子九华杂言之一

姜之登听吉，上元人

双峰支碧汉，悬水来奔涛。独立斜阳下，归云湿布袍。

（光绪《九华山志》卷九"国朝诗"）

望华亭用阳明韵

赵国麟字仁圃，清大学士，泰安人

九华游未足，肩舆到望华。面前列五老，平地即仙家。凡事忌太尽，有余味更佳。吾读阳明句，如吃赵州茶。

（民国《九华山志》卷七"艺文门"）

庚子登望华阁和壁间阳明先生韵

闵鹗元

烟树微茫月一钩，晨光欲上碧云流。临溪杰阁涵空翠，入座凉风似好秋。愧乏经纶虚报称，肯教身世共沉浮。前贤芳躅遗篇在，卓尔人高百尺楼。

（光绪《青阳县志》卷十"艺文志"）

九华次王阳明韵

吴濂

化成居傍九华深，万象瑰奇霄汉侵。千古两仪开秀色，重峦六月亦层阴。杳蔼岚光凝列岫，曦微月色上疎林。最是江南称丽绝，神工妆点愧豪吟。

（万历《青阳县志》卷四"序类"）

九华文成祠赠方巿庵

施达

仙舟何幸渡江烟，雅望从知斗极边。发兴云山聊寄适，狎盟儒素尽推先。礼文自昔尊三百，《道德》于今富五千。不浅谭经应有契，交情底说托忘年。

（光绪《青阳县志》卷十"艺文志"）

登望华亭和阳明先生韵

顾元镜

帘卷溪云上玉钩，泉声和雨入溪流。山山瀑布频惊雪，树树松篁并耐秋。洞口烟霞闲吐纳，沙边鸥鹭任沉浮。停骖且尽今朝兴，更上前溪百尺楼。

（光绪《青阳县志》卷十"艺文志"）

参考文献

一　古籍类

（明）蔡立身纂修：万历《青阳县志》，万历二十二年刻本，《原国立北平图书馆甲库善本丛书》第 322 册，国家图书馆出版社 2013 年版。

（明）陈煌修，（明）吴敏道纂：万历《宝应县志》，万历二十二年刻本，南京图书馆藏。

（明）戴瑞卿修，（明）于永享纂：万历《滁阳志》，万历四十二年刻本，《原国立北平图书馆甲库善本丛书》第 325 册，国家图书馆出版社 2013 年版。

（明）冯梦龙：《王阳明出身靖乱录》，浙江古籍出版社 2015 年版。

（明）李呈祥纂，（明）李敬之、李谦然校刊：《古源山人二论》，嘉靖十七年刻本，国家图书馆藏。

（明）李士元修，（明）沉梅纂：嘉靖《铜陵县志》，嘉靖四十二年刻本，《天一阁藏明代方志选刊》第 25 册，上海书店 1982 年版。

（明）林文俊：《方斋存稿》，《四库全书珍本四集》，商务印书馆 1934—1935 年版。

（明）刘垓等纂：万历《六安州志》，万历十二年刊，《明代地方志文献辑存》第 77 册，线装书局 2018 年版。

（明）鲁点：《齐云山志》，万历二十七年刻本，《原国立北平图书馆甲库善本丛书》第 395 册，国家图书馆出版社 2013 年版。

（明）王崇纂修：嘉靖《池州府志》，嘉靖二十四年刻本，《天一阁藏历代方志汇刊》第 543—544 册，国家图书馆出版社 2017 年版。

（明）王守仁撰：《王文成公全书》，隆庆二年郭朝宾等杭州刊本。

（明）王守仁著，（明）钱德洪编次，（明）王畿增葺：《王文成公全书》，隆庆六年谢廷杰刊本。（明）王守仁著，（明）谢廷杰辑刊：《王阳明全集》，中央编译出版社 2014 年版。

（明）王守仁著，王强、彭启彬汇校：《王文成公全书汇校》，广陵书社 2022 年版。

（明）王守仁撰，吴光等编校：《王阳明全集》，上海古籍出版社2015 年版。

束景南、查明昊辑编：《王阳明全集补编》（增补本），上海古籍出版社 2021 年版。

（明）王一槐撰：嘉靖《九华山志》，嘉靖七年青阳县刻本，《原国立北平图书馆甲库善本丛书》第 395 册，国家图书馆出版社2013 年版。

（明）吴应箕、刘城撰，（清）刘世珩辑：《贵池二妙集》，光绪二十六年贵池刘氏刻本，民国九年刊，《贵池先哲遗书》所收，上海图书馆藏。

（明）易鸾纂修：嘉靖《和州志》，嘉靖刻蓝印本，《天一阁藏历代方志汇刊》第 525 册，国家图书馆出版社 2017 年版。

（明）湛若水：《杨子折衷》，《四库全书总目提要》第 18 册，商务印书馆 1931 年版。

（明）湛若水：《湛甘泉先生文集》，万历七年吴沦刻本，国家图书馆藏。

（明）湛若水著，钟彩钧、游腾达点校：《泉翁大全集》，嘉靖十九年岭南朱明书院刊本，万历二十一年重修，"中研院中国文哲研究所"2017 年版。

（明）湛若水撰，黄明同主编：《湛若水全集》，上海古籍出版社2020 年版。

（明）湛若水撰：《湛甘泉先生文集》，康熙二十年黄楷刻本，《四库全书存目丛书·集部》第 56—57 册，齐鲁书社 1997 年版。

（明）赵廷瑞辑：《南滁会景编》，嘉靖刻万历增刻本，《四库全书存目丛书·集部》第 300 册，北京大学图书馆藏。

（清）曹梦鹤修，（清）孔传薪、陆仁虎纂：嘉庆《太平县志》，嘉庆十四年刻本，《中国地方志集成 安徽府县志辑》第 62 册，江苏古籍出版社 1998 年版。

（清）陈守仁修，（清）贾彬、郭维祺纂：雍正《舒城县志》，雍正九年刻本，日本内阁文库藏。

（清）陈蔚：光绪《齐山岩洞志》，光绪二十七年刻本，《小方壶斋舆地丛钞》第 4—7 册，杭州古籍书店 1985 年版。

（清）陈蔚撰：《九华纪胜》，道光元年梅缘书屋刊本，美国哈佛大学汉和图书馆藏，《四库未收书辑刊》第 28 册，北京出版社 2000 年版。

（清）丁廷楗修，（清）赵吉士纂：康熙《徽州府志》，康熙三十八年刊本，《中国方志丛书》第 237 册，成文出版社 1985 年版。

（清）符兆鹏主修，（清）赵继元纂修：同治《太湖县志》，同治十一年刊本，《安徽历代方志丛书·太湖县志·同治卷》，黄山书社 2008 年版。

（清）胡必选修：康熙《桐城县志》，康熙十二年刊本；道光《续修桐城县志》，道光七年增修，《中国地方志集成·安徽府县志辑》第 12 册，江苏古籍出版社 1998 年版。

（清）华椿修，（清）周赟纂：光绪《青阳县志》，光绪十七年刻本，《中国地方志集成·安徽府县志辑》第 60 册，江苏古籍出版社 1998 年版。

（清）黄桂修，（清）宋骧纂：康熙《太平府志》，康熙十二年修，光绪二十九年重刊本，《中国方志丛书》第 236 册，成文出版社 1985 年版。

（清）黄宗羲著，沈芝盈点校：《明儒学案》（修订本），中华书局 2008 年版。

（清）黄廷金修，（清）萧浚兰等纂：《瑞州府志》，同治十二年刊本，载《中国方志丛书·华中地方》第 99 号，成文出版社 1970 年版。

（清）郎遂撰：康熙《杏花村志》，康熙二十四年聚星楼刻本，《四库全书存目丛书·史部》第 245 册，齐鲁书社 1996 年版。

（清）李德淦、周鹤立修，（清）洪亮吉纂：嘉庆《泾县志》，嘉庆十一年刻本，《中国地方志集成·安徽府县志辑》第 46 册，江苏古籍出版社 1998 年版。

（清）李清岩纂修，安徽省铜陵市地方志办公室整理：乾隆《铜陵县志》，乾隆二十三年重镌，黄山书社 2007 年版。

（清）李愈昌修，（清）梁国标纂修：康熙《贵池县志》，康熙三十一年刻本，乾隆十年重刊本，《中国方志丛书》第 684 册，成文出版社 1985 年版。

（清）梁启让等修，（清）陈春华等纂：嘉庆《芜湖县志》，嘉庆十二年刻本，民国二年活字本，《中国方志丛书》第 715 册，成文出版社 1985 年版。

（清）梁延年修，（清）闵燮纂：康熙《繁昌县志》，康熙十四年刻本，《中国方志丛书》第 722 册，成文出版社 1985 年版。

（清）廖大闻修，（清）金鼎寿纂：道光《续修桐城县志》，道光七年增修，《中国地方志集成·安徽府县志辑》第 12 册，江苏古籍出版社 1998 年版。

（清）刘蓟植修，（清）严彭年等纂：乾隆《安吉州志》，乾隆十五年刻本，《中国地方志集成·善本方志辑》第一编，凤凰出版社 2014 年版。

（清）鲁铨等修，（清）洪亮吉等纂：嘉庆《宁国府志》，嘉庆二十年刻本，《中国地方志集成·安徽府县志辑》第 43—44 册，江苏古籍出版社 1998 年版。

（清）陆延龄修，（清）桂迓衡纂：光绪《贵池县志》，光绪九年刻本，《中国地方志集成·安徽府县志辑》第 61 册，江苏古籍出版社 1998 年版。

（清）吴坤修等修，（清）何绍基、杨沂孙等纂：光绪《重修安徽通志》，光绪四年刻本，《中国地方志集成·省志辑·安徽》，凤凰出版社 2011 年版。

（清）谢维喈撰：光绪《九华山志》，光绪二十六年刻本，化城寺藏版。

（清）徐心田纂修：嘉庆《南陵县志》，嘉庆十三年刻本，《故宫博物院藏稀见方志丛刊》第 31—33 册，故宫出版社 2013 年版。

（清）许正绶著，王义胜注：《重桂堂集笺注》，学林出版社 2010 年版。

（清）余谊密修，（清）徐乃昌等纂：民国《南陵县志》，民国十三年铅印本，《中国地方志集成·安徽府县志辑》第 47 册，江苏古籍出版社 1998 年版。

（清）喻成龙、李灿重辑：康熙《九华山志》，康熙二十八年刻本。

（清）张士范纂修：乾隆《池州府志》，乾隆四十四年刻本，《中国地方志集成·安徽府县志辑》第 59 册，江苏古籍出版社 1998 年版。

（清）张廷玉等撰：《明史》（全二十八册），中华书局 1974 年版。

（清）张廷玉等纂修：《明史》（全六册），岳麓书社 1996 年版。

（清）赵弘恩等监修，（清）黄之隽等编纂：乾隆《江南通志》，《景印文渊阁四库全书》第 512 册，台北：商务印书馆 2008 年版。

（清）黄之隽等编纂，（清）赵弘恩监修：《乾隆江南通志》，乾隆元年刻本，广陵书社 2010 年版。

（清）周赟撰，向叶平、方明霞点校，尹文汉审定：光绪《九华山志》，光绪二十六年刻本，安徽文艺出版社 2019 年版。

（民国）胡子正纂：民国《杏花村续志》，民国四年刻本，《北京大学图书馆藏稀见方志丛刊》第 160 册，国家图书馆出版社 2013 年版。

（民国）释印光重修：民国《九华山志》，民国二十七年排印本，《中国佛寺史志汇刊》第 22 册，明文书局 1980 年版。

（民国）谢锡伯：民国《贵池县志续编》，国立北平图书馆 1933 年版。

《莲玉柯氏宗谱》，青阳县档案馆藏，柯氏后人捐赠。

《元明清三朝进士题名碑录》，元至正元年至清光绪三十四年（1341—1908 年），北京国子监碑石，民国时期拓本。

二 专著类

安徽省地方志丛书铜陵县地方志编纂委员会编纂：《铜陵县志》，黄山书社 1993 年版。

繁昌县地方志编纂委员会，张世杰、徐沛主编：《繁昌县志》，南京大学出版社 1993 年版。

高永安：《明清皖南方音研究》，商务印书馆 2007 年版。

耿振生：《明清等韵学通论》，语文出版社 1992 年版。

关步勋等主编：《湛甘泉研究文集》，花城出版社 1993 年版。

郝永：《王阳明诗全集（编年校注评)》，崇文书局 2022 年版。

（明）王守仁撰，计文渊编：《王阳明书迹》，国家图书馆出版社 2020 年版。

中国东方文化研究会阳明文化委员会、王阳明法书文献研究院编，计文渊主编：《王阳明法书文献集》，浙江人民美术出版社 2023 年版。

九华山风景区地方志编纂委员会：《九华山志》，安徽省地方志丛书，黄山书社 2013 年版。

李柏翰：《〈山门新语〉音韵研究》，《中国语言文字研究辑刊》第 17 册，新北：花木兰文化出版社 2015 年版。

李庆：《王阳明诗校注》，上海古籍出版社 2022 年版。

刘正成主编，本卷主编楚默：《中国书法全集》第 52 卷（唐寅、王阳明、莫是龙、邢侗、陈继儒），荣宝斋出版社 2005 年版。

钱明：《阳明学的形成与发展》，江苏古籍出版社 2002 年版。

舒城县地方志编纂委员会编：《舒城县志》，安徽省地方志丛书，黄山书社 1995 年版。

束景南：《王阳明年谱长编》，上海古籍出版社 2017 年版。

束景南：《王阳明佚文辑考编年》（增订版），上海古籍出版社 2015 年版。

孙德高：《王阳明事功与心学研究》，西南交通大学出版社 2008 年版。

桐城县地方志编纂委员会编：《桐城县志》，安徽省地方志丛书，黄山书社 1995 年版。

芜湖县地方志编纂委员会编：《芜湖县志》，安徽省地方志丛书，社会科学文献出版社 1993 年版。

吴尔端编注：《九华山历代名贤诗文笺注》，时代文艺出版社 2006 年版。

杨儒宾、马渊昌也主编：《中日阳明学者墨迹》，台北：台湾大学出版中心 2008 年版。

张宏敏主编：《阳明行迹方志文献选刊》，北京燕山出版社 2022 年版。

朱存德、朱胜：《九华胜境》，团结出版社 2001 年版。

邹建锋、王学伟主编：《阳明心学书院文献丛刊》，巴蜀书社 2022 年版。

三 论文类

陈时龙：《明儒李呈祥的知行分合论》，《贵州文史丛刊》2016 年第 1 期。

陈时龙：《一位理学家的日常生活——读明儒李呈祥〈古源山人日录〉》，《明史研究论丛》第 14 辑，中国社会科学出版社 2015 年版。

高生元：《宁国周赟简谱》，《宣城历史文化研究》微信版第 13 期。

高生元：《晚清谱牒大家周赟和他编纂的家谱》，《宣城历史文化研究》微信版第 1152 期。

高永安：《周赟生平和著作考辨》，《汉语史新视阈》，厦门大学出版社 2019 年版。

郭应传：《依违于儒与佛、道之间的心路嬗变轨迹——以王阳明两次游历九华山为中心》，《安徽师范大学学报》（人文社会科学版）2016 年第 4 期。

侯丹：《王阳明与九华山关系考》，《社会科学论坛》2017 年第 9 期。

胡汪凯、戴悦：《从九华诗赋看阳明思想的儒释道合一》，《王学研究》2017 年第 1 期。

华建新：《平生山水最多缘，独此相逢容有数——王阳明九华山山水诗论析》，《宁波广播电视大学学报》2008 年第 2 期。

黎业明：《湛若水与王阳明关于儒释道问题的论辩》，《学术研究》2009 年第 6 期。

李柏翰：《从〈悉昙字记〉谈梵字字音教材的编写与流传》，载《汉语史新视阈》，厦门大学出版社 2019 年版。

李寄：《九华悟道——论王阳明"致良知"的时间和机缘》，《孔子研究》2017 年第 3 期。

马志勇：《理想与现实的冲突和选择——试论青年王阳明的思想发展》，《历史教学问题》1998 年第 5 期。

钱明：《王学在新安地区的遭遇与挫折——以王守仁与汪循关系为例》，《黄山学院学报》2008 年第 4 期。

束景南、赵玉强：《新发现王阳明三篇重要佚赋》，《文学遗产》2010 年第 1 期。

谭甲文：《阳明心学与九华佛学》，《池州学院学报》2008 年第 4 期。

徐成志：《九朵莲开佛国城——漫说九华山的佛教文化》，《中国典籍与文化》1997 年第 4 期。

尹文汉：《王阳明游九华山综考》，《池州师专学报》2006 年第 2 期。

张民权：《〈元秘史〉汉译本时代与元代语言问题》，《汉语史新视阈》，厦门大学出版社 2019 年版。

郑国铨：《九华山的佛理与诗情》，《华夏文化》1995 年第 5 期。

郑树森：《宁国周赟与"六声韵学"》，《宣城历史文化研究》微信版第 169 期。

诸焕灿：《吾心自有光明月——王阳明行迹考察散记》，《浙江学刊》1990 年第 3 期。

四　学位论文类

李桂红：《四大名山佛教文化及其现代意义》，四川大学 2003 年博士学位论文。

刘旭冬：《清光绪〈九华山志〉研究》，贵州师范大学 2021 年硕士学位论文。

卢忠帅：《明清九华山佛教研究》，南开大学 2013 年博士学位论文。

唐萌：《中国古代九华山诗研究》，安徽大学 2013 年硕士学位论文。

张昌翔：《清代九华山佛教地理研究》，安徽大学 2015 年硕士学位论文。

后　记

　　九华山是一座融儒、释、道三家文化于一体的历史文化名山。五百多年前，王阳明先生两次亲临九华山，寻僧访道，作赋吟诗，授徒讲学，创建阳明书院，亲手缔造了九华山儒家文化的第一次繁荣兴盛。若干年后，明代心学的另一位大家湛若水先生，沿着王阳明先生的足迹，登上九华，开坛讲学。在嗣后五百余年中，九华山因此成为皖南乃至全国儒家文化的一个中心。在阳明书院周围，后学们相继自构精舍，相互研习良知之学，砥砺品行。其中之佼佼者，或高中进士，居庙堂之上，为民鞠躬尽瘁；或隐居山林，著书立说，继万世之绝学。

　　山因人显，人以山灵，人山相映。对王阳明先生而言，九华山之行是他生命历程中至为重要的节点。他两次上山，每次都"越月而去"。这里留下了他六十多首诗歌，成为他一生中诗歌创作最多的大山；这里留下了他不顾险阻、寻僧访道的脚步，成为他直面僧道，共论上乘，进而归宗圣学的地方；这里留下了他悬崖宴坐、临危不惊的身影，成为他化险为夷、顿悟良知的福地。

　　为了便于人们更好地了解和研究王阳明与九华山的这一段历史及其影响，将相关的基础性文献资料进行综合整理，编辑《王阳明与九华山文献汇编》一书成为九华山阳明书院同仁的共识。本书编辑工作得到了国内学界的大力支持，各编具体分工如下：

　　"甲编：王阳明与九华山"，由孙国柱（中国政法大学人文学院副教授）负责，张丁同学协助此一部分的引文核查。

　　"乙编：湛若水九华山诗文"，由李福标（中山大学图书馆古籍部研究馆员）负责。

"丙编：九华学侣"，由尹文汉（池州学院九华山文化研究中心教授）负责。其中，李呈祥著《古源山人二论》由尹文汉、向叶平（池州学院九华山文化研究中心研究员）共同点校，高宽、向晖协助做了一些文字工作。

"丁编：遗风流韵"，由雒少锋（陕西师范大学哲学学院教师）负责。

刘洋（河北省社会科学院哲学所助理研究员）对于全书涉及的资料进行了梳理和解读，魏玮协助整理了全书的参考文献。

本书由宗学法师任主编，尹文汉教授、中国佛教文化研究所能仁法师任副主编，孙国柱副教授任执行主编。全书内容安排、编辑体例由主编、副主编、执行主编共同商定，各编内容由全体编辑人员分工合作完成。

感谢北京大学楼宇烈教授欣然出任九华山阳明书院名誉院长和本书顾问，并为本书赐序。

本书的出版，得到成都蔡英女士发心资助，中国艺术研究院黄海贝副研究员、中国社会科学出版社韩国茹女士做了大量工作，在此一并感谢！

九华山阳明书院

2024 年 1 月